法学与法治建设研究文丛
孟庆瑜 主编
RESEARCH ON JURISPRUDENCE AND RULE OF LAW
16

河北大学一流大学建设项目经费资助

河北省高等学校人文社会科学重点研究基地
——河北大学国家治理法治化研究中心资助

2019年度河北省社会科学基金项目“三权分置视阈下宅基地使用权流转研究”（项目编号：HB19FX018）之最终研究成果

“三权分置”视阈下宅基地使用权流转研究

On the Transaction of Rural Residence Land’s Usage Right in the Perspective of Separation of Ownership Rights, Contractors’ Rights and Land Management Rights

刘广明 尤晓娜 著

法律出版社 LAW PRESS·CHINA
——北京——

图书在版编目(CIP)数据

"三权分置"视阈下宅基地使用权流转研究 / 刘广明, 尤晓娜著. -- 北京 : 法律出版社, 2021
(法学与法治建设研究文丛)
ISBN 978-7-5197-5220-0

Ⅰ. ①三… Ⅱ. ①刘… ②尤… Ⅲ. ①农村-住宅建设-土地管理法-研究-中国 Ⅳ. ①D922.324

中国版本图书馆CIP数据核字(2020)第248908号

"三权分置"视阈下宅基地使用权流转研究
"SANQUAN FENZHI" SHIYU XIA ZHAIJIDI SHIYONGQUAN LIUZHUAN YANJIU

刘广明 尤晓娜 著

策划编辑 陈 妮
责任编辑 陈 妮 黄 筝
装帧设计 马 帅 臧晓飞

出版发行 法律出版社
编辑统筹 法治与经济出版分社
责任校对 王 丰 李景美
责任印制 吕亚莉
经　　销 新华书店

开本 710毫米×1000毫米 1/16
印张 13.25　字数 190千
版本 2021年7月第1版
印次 2021年7月第1次印刷
印刷 固安华明印业有限公司

地址:北京市丰台区莲花池西里7号(100073)
网址:www.lawpress.com.cn
投稿邮箱:info@lawpress.com.cn
举报盗版邮箱:jbwq@lawpress.com.cn
销售电话:010-83938349
客服电话:010-83938350
咨询电话:010-63939796

书号:ISBN 978-7-5197-5220-0
定价:73.00元

总　序

“完善和发展中国特色社会主义制度，推进国家治理体系和治理能力现代化”是党的十八届三中全会确立的全面深化改革的总目标。在实现这一总目标的过程中，法治发挥着至关重要的作用。《中共中央关于全面推进依法治国若干重大问题的决定》进一步深刻指出，“依法治国，是坚持和发展中国特色社会主义的本质要求和重要保障，是实现国家治理体系和治理能力现代化的必然要求”。因此，如何将国家治理的现代化目标与全面推进依法治国的战略布局相结合，实现国家治理的法治化，不仅是党和政府需要全面推进的重大改革任务，而且是广大社会公众，特别是广大法律、法学工作者必须积极参与的重大系统工程。正是在这样一个特定的时代背景下，河北大学国家治理法治化研究中心适时成立和运行，并成功获批为河北省高等学校人文社会科学重点研究基地。

河北大学国家治理法治化研究中心是依托河北大学人大制度与地方立法研究中心、河北省人民政府法治研究中心等学术机构，整合法学、政治学、经济学、社会学等多方面的科研力量创建的，与河北省人大常委会法制工作委员会、河北省人民政府法制办公室、河北省人民检察院和河北省高级人民法院等国家机关和法律实务部门之间已建立交流与合作长效机制。中心拥有一支政治素质高、业务能力强、富有团队协作和创新精神的专兼职相结合的学术队伍，主要围绕人大制度与地方立法、政府法治与政府执行力、社会治理与法治创新、京津冀协同发展与地方法治等方向开展科学研究、人才培养和社会服务等工作。迄今为止，中心在课题研究方面，承担国家社会科学基金项目近10项，其中，中心负责人孟庆瑜教授主持承担的国家社会科学基金重点项目《京津冀区域生态环境协同治理政策法律问题研究》实现了河北省在该领域的突破；在决策咨询与服务方面，接受省人大法制工作委员会、省政府法制办公室、省人民检察院等部门委托，承担委托起草、专家论证、立法后评估、检察公信力测评等工作40余项；在学术交流方面，承办或协办第三届海峡两岸能源经济与能源法学术交流会、第六届中国农村法治论坛、第九届中国财税法前沿高端论坛、中国经济法学研究会2015年年会等多次全国性学术会议。

《法学与法治建设研究文丛》是河北大学国家治理法治化研究中心创设的，由法律出版社负责出版的研究成果转化平台，着力对法学研究和法治建设方面的原创性或实用性成果予以资助出版，以期能为推进国家治理体系和治理能力现代化这一总目标的实现提供必要的理论支撑和决策参考。

河北大学国家治理法治化研究中心
《法学与法治建设研究文丛》编辑委员会
2015年12月

目录

第一章　宅基地使用权流转的多维检视

一般认为，所谓宅基地使用权流转，是指宅基地使用权人自愿将其依法取得的农村宅基地使用权以一定方式让与他人的法律行为，包括转让、赠与、抵押、出租、交换、继承、入股等具体方式。宅基地使用权流转并非法定概念，现行法律对其内涵并未予以明确界定，仅对部分具体流转方式作出了规定。宅基地使用权流转不同于宅基地使用权退出，流转是宅基地使用权或其部分权能的循环流动，而退出则是宅基地使用权所涉全部权能重归所有权的单向流动，退出意味着宅基地使用权的消灭。“权利转换型”流转亦不属于严格意义上的宅基地使用权流转，在“权利转换型”流转中，宅基地使用权变更为农村集体建设性用地使用权是实现流转的必要条件，因此完成“权利转换”后，农村集体土地的性质已不再是宅基地，实际上属于宅基地使用权的“变相”退出。实践中出现的联建、联营等“新型”形式，从本质上来看，实际上属于转让、入股等流转方式；“地票”制度创新中生成的用地指标流转亦不属于宅基地使用权流转范畴，因为宅基地使用权在复垦环节已经消灭。总之，规范意义上的宅基地使用权流转应当是一个循环流动状态，无论以何种形式进行流转，宅基地使用权仍然存在且权利属性不发生变化。这是本书研究开展的立基所在。

一、宅基地使用权流转的现行规定分析

（一）宅基地使用权流转现行法律规定分析

我国法律并没有对宅基地使用权流转问题作出专门性规定，相关规定散见于《宪法》《民法典》《土地管理法》等法律之中。《宪法》第 10 条第 4 款规定，“任何组织或者个人不得侵占、买卖或者以其他形式非法转让土地”，“土地的使用权可以依照法律的规定转让”；《土地管理法》第 2 条第 3 款对《宪法》这一规定予以再次强调，“任何单位和个人不得侵占、买卖或者以其他形式非法转让土地”，“土地使用权可以依法转让”。《宪法》第 10 条第 4 款和《土地管理法》第 2 条第 3 款虽未对宅基地使用权流转（转让）问题作出直接规定，但明确了宅基地使用权流转的基本准则“依法转让”。《民法典》“物权编”第十三章以专章形式对“宅基地使用权”进行了规定，但对宅基地使用权流转问题没有作出明确规定，而是规定，“宅基地使用权的取得、行使和转让，适用土地管理的法律和国家有关规定”。〔1〕《土地管理法》第 62 条第 4 款规定，“农村村民出卖、出租、赠与住宅后，再申请宅基地的，不予批准”。这是法律对宅基地使用权流转最为直接的规定，但主要是明确了宅基地使用权附随宅基地之上房屋（住宅）进行流转后的法律后果。同时，《民法典》对宅基地使用权抵押这一流转方式进行了明确规定，除法律规定可以抵押之外，“宅基地、自留地、自留山等集体所有土地的使用权”不得抵押。〔2〕 此外，《民法典》第 365 条规定，“已经登记的宅基地使用权转让或者消灭的，应当及时办理变更

---

〔1〕《民法典》第 363 条规定：“宅基地使用权的取得、行使和转让，适用土地管理的法律和国家有关规定。”

〔2〕《民法典》第 399 条规定：“下列财产不得抵押：……（二）宅基地、自留地、自留山等集体所有土地的使用权，但是法律规定可以抵押的除外……”

登记或者注销登记”。

由上述法律规定或可作出如下判断:(1)法律对宅基地使用权流转问题没有作出直接规定;(2)法律并不绝对禁止宅基地使用权流转,宅基地使用权可附随地上住宅一并流转,包括出卖、出租和赠与等方式;(3)法律对抵押这一宅基地使用权流转方式予以明确禁止;(4)使用权人将其宅基地使用权及地上住宅流转后,“再申请宅基地的,不予批准”;(5)对于依规定转让的,应当及时办理宅基地使用权变更登记手续。

(二)宅基地使用权流转现行政策规定分析

除法律外,相关政策也对宅基地使用权流转问题进行了规定。1999年5月6日国务院办公厅印发的《关于加强土地转让管理严禁炒卖土地的通知》(国办发〔1999〕39号)明确规定:“农民的住宅不得向城市居民出售,也不得批准城市居民占用农民集体土地建住宅,有关部门不得为违法建造和购买的住宅发放土地使用证和房产证。”2004年10月21日国务院颁布的《关于深化改革严格土地管理的决定》(国发〔2004〕28号)提出,要“加强农村宅基地管理,禁止城镇居民在农村购置宅基地”;2004年11月2日国土资源部印发的《〈关于加强农村宅基地管理的意见〉的通知》(国土资发〔2004〕234号)再次强调,“严禁城镇居民在农村购置宅基地,严禁为城镇居民在农村购买和违法建造的住宅发放土地使用证”。为治理由宅基地使用权违规流转而引发的“小产权房”[1]问题,2007年12月30日国务院办公厅印发《关于严格执行有关农村集体建设用地法律和政策的通知》(国办发〔2007〕71号),该通知不仅明确规定,“单位和个人

---

〔1〕 一般认为,所谓小产权房,又称乡产权房、村产权房,是指建设于农村集体土地之上由本集体经济组织以外的成员以购买等方式取得且不能取得产权登记的房屋。在实践中,往往将其与拥有完全产权的商品房相比较,后者称为“大产权房”。

不得非法租用、占用农民集体所有土地搞房地产开发”，而且再次强调，“农村住宅用地只能分配给本村村民，城镇居民不得到农村购买宅基地、农民住宅或‘小产权房’”。[1] 2007 年 12 月 31 日中共中央、国务院发布的《关于切实加强农业基础建设进一步促进农业发展农民增收的若干意见》(2008 年中央一号文件)亦对此进行了明确规定，即“城镇居民不得到农村购买宅基地、农民住宅或‘小产权房’”。此外，1990 年 8 月 25 日，国家土地管理局还以“答复”的形式对 1988 年《土地管理法》第 47 条关于“以其他形式非法转让土地”这一规定的具体认定进行了明确，《国家土地管理局关于以其他形式非法转让土地的具体应用问题请示的答复》指出，“原宅基地使用者未经依法批准通过他人出资翻建房屋，给出资者使用，并从中牟利或获取房屋产权，是属于‘以其他形式非法转让土地’的违法行为之一”。

由上可知，政策对宅基地使用权流转持否定态度，尤其体现为坚决反对城镇居民购买农村宅基地及其地上房屋。但需要指出的是，政策对继承这一宅基地使用权流转则持相对开放态度。例如，2008 年 7 月 8 日国土资源部所印发的《关于进一步加快宅基地使用权登记发证工作的通知》在规定“严格落实农村村民一户只能拥有一处宅基地的法律规定”的同时，明确指出，“除继承外，农村村民一户申请第二宗宅基地使用权登记的，不予受理”。

(三)宅基地使用权流转现行规定的整体性分析

由上可知，无论是法律，还是政策，均未对宅基地使用权流转问题作

---

[1] 实际上在此之前，作为主管部门的原建设部已经就“小产权房”问题作出明确表态。2007 年 6 月 18 日，建设部新闻发言人在谈到“购买新建商品房要注意加强风险意识”的问题时，明确表示：目前的法律法规不允许在集体土地上进行房地产开发；不允许集体土地上建设的房屋向本集体经济组织以外成员销售；城市居民不要购买在集体土地上建设的房屋；非集体经济组织成员购买此类房屋，将无法办理房屋产权登记，合法权益难以得到保护。

出直接、明确和系统性的规定,而间接、隐含和零散的规定不仅导致相关规定的适用障碍,而且引起了认知分歧。例如,有的研究者就认为,《关于加强土地转让管理严禁炒卖土地的通知》(国办发〔1999〕39号)、《关于深化改革严格土地管理的决定》(国发〔2004〕28号)、《〈关于加强农村宅基地管理的意见〉的通知》等为代表的相关政策并非法律,而依据《立法法》的规定,[1]对属于民事基本制度的宅基地流转问题只能由法律加以规定,因此,相关政策规定并不能成为规范或否定宅基地使用权流转的相关准则,《宪法》、《土地管理法》、原《物权法》等相关法律规定则为宅基地使用权流转提供了法律依据。[2] 上述观点或许陷入了"就法论法"的思维逻辑,并不符合经济社会发展的实际情况,也对法律的地位和功能出现了认知偏差。法律虽然是重要的社会规范,且必将会发挥更大的作用,但除法律外,还有道德、纪律等社会规范,对经济社会发展也起到了至关重要的作用,并对人们的行为产生了相应约束、提供了重要指引,政策亦是如此。此外,原《物权法》也承认了国家政策之于宅基地使用权流转调整的法律地位,该法第153条不仅规定宅基地使用权的取得、行使和转让应当适用"土地管理法等法律",而且要适用"国家有关规定"。

---

〔1〕《立法法》第8条规定:"下列事项只能制定法律:(一)国家主权的事项;(二)各级人民代表大会、人民政府、人民法院和人民检察院的产生、组织和职权;(三)民族区域自治制度、特别行政区制度、基层群众自治制度;(四)犯罪和刑罚;(五)对公民政治权利的剥夺、限制人身自由的强制措施和处罚;(六)税种的设立、税率的确定和税收征收管理等税收基本制度;(七)对非国有财产的征收、征用;(八)民事基本制度;(九)基本经济制度以及财政、海关、金融和外贸的基本制度;(十)诉讼和仲裁制度;(十一)必须由全国人民代表大会及其常务委员会制定法律的其他事项。"

〔2〕参见李全庆:《农村宅基地流转:法律分析、操作困境和出路》,载《石河子大学学报》(哲学社会科学版)2009年第2期;方金华:《禁止农村宅基地使用权流转的正当性质疑》,载《中州大学学报》2010年第3期;肖兴江:《关于农村宅基地使用权流转的思考》,载《扬州教育学院学报》2004年第4期;等等。

理论和实践均证明,作为两大社会规范力量,政策和法律各有优势,[1]对经济社会发展均具有重要的保障和推动作用。随着依法治国理念日益深化、社会主义法治进程持续推进,法律的作用必须要也注定会极大强化,但这并不意味政策不再重要。尤其是在改革进入“深水区”的当下,在某些领域,改革的推进仍需仰赖政策的作用。从历史和实践来看,政策的科学设定、妥适运用对法治建设具有十分重要的意义。一方面,很多法律制度、法律规则源于政策,通过实践检验的成熟政策往往会通过立法程序转化为法律;另一方面,政策能够在一定程度上弥补法律的宏观性和滞后性,促进法治精神、法律规定得以更好地贯彻落实。宅基地使用权流转正是因循了上述规律,政策在过去和现在都发挥了重大作用;并且可以预见的是,即便法律制度不断完善,政策亦应有其作用的空间。就宅基地使用权流转现行规定而言,基于对法律与政策的整体性分析,或可得出如下结论:宅基地使用权流转虽未绝对禁止但呈“严格限制”状态。一方面,严格禁止城镇居民购买宅基地使用权及其地上房屋;另一方面,宅基地使用权可在本集体经济组织内部进行有条件流转,流转后再申请宅基地使用权不予批准。

二、宅基地流转制度变迁的历史考察与经验启示

今天和明天的选择是过去决定的,过去只有在被视为一个制度演进的历程时才可以理解。[2] 作为法学研究的重要方法,历史分析法具有重

---

〔1〕 如有的研究者指出,政策具有灵活性和指导性,法律具有稳定性和规范性,二者相互补充,无法自给自足。参见杨在会:《宅基地“三权分置”:裁判审视、理论阐释与法权构造》,载《宜宾学院学报》2018 年第 9 期。

〔2〕 参见[美]道格拉斯·C. 诺斯:《制度、制度变迁与经济绩效》,刘守英译,上海三联书店 1994 年版,第 1 页。

要意义,通过回溯历史,不仅能够知晓、把握规则确立的原因,而且有助于探索发现制度完善的经验与方向,进而实现"以往事今,为今所用"的效果。就宅基地使用权流转而言,历史告诉我们,其并非一直秉持"严格限制"的规范模式。

(一)宅基地流转制度变迁的历史考察

1. 允许宅基地所有权流转阶段

1949 年 9 月 29 日中国人民政治协商会议第一届全体会议所通过的《中国人民政治协商会议共同纲领》明确提出,"有步骤地将封建半封建的土地所有制改变为农民的土地所有制",这为新中国土地改革指明了方向。1950 年 6 月 28 日,原中央人民政府委员会第八次会议通过了《土地改革法》,旨在"废除地主阶级封建剥削的土地所有制,实行农民的土地所有制",进而"解放农村生产力,发展农业生产,为新中国的工业化开辟道路"。1950 年冬全国土地改革开始,在党的正确领导下,到 1952 年春,除部分少数民族地区外,我国普遍实行了土地改革,农民土地所有制得以全面确立。在农民土地所有制下,农民拥有宅基地所有权,并可予以买卖、出租、出典和继承。[1] 1954 年 9 月 20 日第一届全国人民代表大会第一次会议所通过的《宪法》第 8 条第 1 款也对农民土地所有制予以了再次确认,即"国家依照法律保护农民的土地所有权和其他生产资料所有权"。为应对小农经济所导致的两极分化问题,农业合作化开始推行,在此过程中,尤其是由初级社向高级社过渡过程中,包括宅基地在内的农地交易虽然开始受到限制,但仍可以进行买卖、典当及其他转移。例如,1955 年 5 月 7 日国务院发布的《关于农村土地的转移及契税工作的通知》就规定,

〔1〕《土地改革法》第 30 条规定:"土地改革完成后,由人民政府发给土地所有证,并承认一切土地所有者自由经营、买卖及出租其土地的权利。"

“对农村土地的买卖在法律上虽不禁止,但在实际工作中应防止农民不必要的出卖和出典土地,因此,今后农村土地买卖、典当及其他转移,均应首先报请乡人民委员会审核,转报区公社或区人民委员会批准(未设区的报县、市人民委员会批准),并取具区公所或区人民委员会的介绍信(未设区的应取具县、市人民委员会的介绍信),始得办理契税手续”。1956 年 6 月 30 日第一届全国人民代表大会第三次会议所通过的《高级农业生产合作社示范章程》不仅维持了宅基地农民所有制,而且对宅基地用地需求的解决进行了明确规定。[1] 在这一时期,农民不仅拥有宅基地,还享有基于此地而建造的住宅所有权,无论是宅基地还是基于此地而建造的住宅均能够自主交易、租赁、典当及继承等。[2]

2. 允许宅基地使用权流转阶段

1962 年 9 月 27 日中国共产党第八届中央委员会所通过的《农村人民公社工作条例(修正草案)》第 21 条不仅明确规定,“生产队范围内的土地,都归生产队所有”,而且进一步规定,“生产队所有的土地,包括社员的自留地、自留山、宅基地等等,一律不准出租和买卖”。该规定在明确农民集体土地所有制的同时对宅基地所有权流转予以了禁止。《农村人民公社工作条例(修正草案)》还对社员房屋的所有权及其流转问题进行了明确规定:一方面,“社员的房屋,永远归社员所有”;另一方面,“社员有买卖或者租赁房屋的权利”,“社员出租或者出卖房屋,可以经过中间人评议公平合理的租金或者房价,由买卖或者租赁的双方订立契约”。但该草案

〔1〕《高级农业生产合作社示范章程》第 16 条第 2 款规定:“社员原有的坟地和房屋地基不必入社”,“社员新修房屋需用的地基和无坟地的社员需用的坟地,由合作社统筹解决,在必要的时候,合作社可以申请乡人民委员会协助解决。”

〔2〕参见周全、高璐、黄莹莹:《农村宅基地有偿转让制度障碍与改革》,载《蚌埠学院学报》2018 年第 3 期。

对社员房屋流转后宅基地的权利变动问题没有进行规定。1963 年 3 月 20 日中共中央发布的《关于各地对社员宅基地问题作一些补充规定的通知》对此问题进行了明确,该通知规定,“房屋出卖以后,宅基地的使用权即随之转移给新房主,但宅基地的所有权仍归生产队所有”。此外,该通知还对宅基地集体所有制和宅基地使用权保护予以再次强调:社员的宅基地,包括有建筑物和没有建筑物的空白宅基地,都归生产队集体所有,一律不准出租和买卖;但仍归各户长期使用,长期不变,生产队应保护社员的使用权,不能想收就收,想调剂就调剂。1963 年 8 月 28 日发布的《最高人民法院关于贯彻执行民事政策几个问题的意见》对此予以再次确认。[1] 宅基地使用权流转规则由此确立,以因应宅基地由农民所有到农民集体所有的制度变革。

3. 限制宅基地使用权流转阶段

改革开放后,随着经济发展水平的日益提高,很多农村地区出现“建房热”,与之相伴的就是宅基地(使用权)占用与流转规模的扩大,并在一定程度上影响了耕地资源保护。为规范宅基地(使用权)流转、加强耕地资源保护,1981 年 4 月 17 日国务院发布《关于制止农村建房侵占耕地的紧急通知》,该通知不仅重申“农村社队的土地都归集体所有”,而且强调“分配给社员的宅基地、自留地(自留山)和承包的耕地,社员只有使用权,既不准出租、买卖和擅自转让,也不准在承包地和自留地上建房、葬坟、开矿、烧砖瓦等”。为进一步加强宅基地管理,1982 年 2 月国务院制定颁布了《村镇建房用地管理条例》,不仅再次强调,“社员对宅基地、自留

---

〔1〕《最高人民法院关于贯彻执行民事政策几个问题的意见》在宅基地使用权纠纷解决上明确了以下主要规则:社员的宅基地,包括有建筑物和没有建筑物的空白宅基地都归生产队集体所有,一律不准出租和买卖;但仍归各户长期使用,长期不变;社员有买卖或租赁房屋的权利,房屋出卖以后,宅基地的使用权即随之转移给新房主,但宅基地的所有权仍归生产队所有。

地、自留山、饲料地和承包的土地,只有按照规定用途使用的使用权,没有所有权”,而且明确规定,“出卖、出租房屋的,不得再申请宅基地”,“严禁买卖、出租和违法转让建房用地”。

4. 允许城镇居民取得宅基地使用权阶段

1986 年 6 月 25 日,第六届全国人民代表大会常务委员会第十六次会议通过的《土地管理法》除对“出卖、出租住房后再申请宅基地的,不予批准”这一规则予以确认外,还在宅基地使用主体问题上进行了较为积极的创新,即允许城镇居民获得宅基地使用权。该法第 41 条规定:“城镇非农业户口居民建住宅,需要使用集体所有的土地的,必须经县级人民政府批准,其用地面积不得超过省、自治区、直辖市规定的标准,并参照国家建设征用土地的标准支付补偿费和安置补助费。”这一规定打破了长期实行的宅基地“农有农用”规则,确立了宅基地使用权“城农共用”及流转的新规则。[1] 1991 年施行的《中华人民共和国土地管理法实施条例》对这一规则的具体适用进行了细化规定:城镇非农业户口居民建设住宅需要使用集体所有的土地的,应当经其所在单位或者居民委员会同意后,向土地所在的村农业集体经济组织或者村民委员会或者乡(镇)农民集体经济组织提出用地申请;使用的土地属于村农民集体所有的,由村民代表会或者村民大会讨论通过,经乡(镇)人民政府审查同意后,报县级人民政府批准;使用的土地属于乡(镇)农民集体所有的,由乡(镇)农民集体经济组织讨

〔1〕 实际上在此之前,最高人民法院在处理宅基地纠纷问题时,就从司法政策方面确立了这一规则。1984 年 8 月 30 日最高人民法院所发布的《关于贯彻执行民事政策法律若干问题的意见》规定在处理宅基地纠纷时应当秉持如下原则:(1)村镇公民之间由于买卖房屋转移宅基地使用权而发生的纠纷,应根据国务院《村镇建房用地管理条例》中规定的审查、批准手续处理;(2)公民在城镇依法买卖房屋时,该房屋宅基地的使用权应随房屋所有权一起转归新房主使用;(3)城市房屋所有人在原宅基地上翻建、改建、扩建自己的房屋时,未按规定办理合法手续的,依法不予保护;行使宅基地的使用权而妨碍公共利益和他人利益的,应依法予以制止。上述规定意味着城镇居民得以流转方式获得宅基地使用权。

论通过,经乡(镇)人民政府审查同意后,报县级人民政府批准。此外,回原籍乡村落户的职工、退伍军人和离、退休干部,以及回家乡定居的华侨、港澳台同胞,需要使用集体所有的土地建设住宅的,也可依照法定程序申请。1993年5月7日国务院第三次常务会议通过的《村庄和集镇规划建设管理条例》对城镇非农业户口居民申请使用宅基地的程序作了进一步完善。[1]

5. 严格限制流转且禁止城镇居民取得宅基地使用权阶段

1998年8月29日第九届全国人民代表大会常务委员会第四次会议对《土地管理法》予以修订,删除了1988年《土地管理法》第41条关于城镇居民取得宅基地使用权的规定;1999年,国务院办公厅发布《关于加强土地转让管理严禁炒卖土地的通知》,以"进一步加强土地转让管理,防止出现新的'炒地热',保持农村稳定,保护农民利益,保障经济和社会可持续发展",重要措施之一就是明确规定"农民的住宅不得向城市居民出售,也不得批准城市居民占用农民集体土地建住宅,有关部门不得为违法建造和购买的住宅发放土地使用证和房产证"。此后,《土地管理法》《土地管理法实施条例》的后续修正、修订以及以《关于深化改革严格土地管理的决定》为代表的相关政策的出台都因循了这一模式——严格限制宅基地使用权流转。

---

〔1〕《村庄和集镇规划建设管理条例》第18条规定:"农村村民在村庄、集镇规划区内建住宅的,应当先向村集体经济组织或者村民委员会提出建房申请,经村民会议讨论通过后,按照下列审批程序办理:(一)需要使用耕地的,经乡级人民政府审核、县级人民政府建设行政主管部门审查同意并出具选址意见书后,方可依照《土地管理法》向县级人民政府土地管理部门申请用地,经县级人民政府批准后,由县级人民政府土地管理部门划拨土地;(二)使用原有宅基地、村内空闲地和其他土地的,由乡级人民政府根据村庄、集镇规划和土地利用规划批准。

城镇非农业户口居民在村庄、集镇规划区内需要使用集体所有的土地建住宅的,应当经其所在单位或者居民委员会同意后,依照前款第(一)项规定的审批程序办理。回原籍村庄、集镇落户的职工、退伍军人和离休、退休干部以及回乡定居的华侨、港澳台同胞,在村庄、集镇规划区需要使用集体所有的土地建住宅的,依照本条第一款第(一)项规定的审批程序办理。"

（二）宅基地流转制度变迁的经验启示

1. 制度变迁的基本规律：经济社会发展

如前文所述，新中国成立后宅基地流转制度历经数次变迁，回顾历史，最重要的经验就是宅基地流转制度变迁遵循了“经济基础决定上层建筑”的基本规律。新中国成立后，我们完成了由封建半封建的土地所有制到农民土地私人所有制的经济社会重大变革，“解放农村生产力、发展农业生产”并“为新中国的工业化开辟道路”，由此确立了与农民土地所有制相适应的宅基地所有权流转制度；社会主义改造使农地所有制发生重大变化，农民私人所有变革为农民集体所有，与此相适应，宅基地所有权与使用权实现“两权分离”，宅基地使用权流转制度亦正式建立；改革开放后，随着农村经济社会的发展、农民收入水平的提高，很多农村地区出现“建房热”，宅基地（使用权）占用与流转规模亦相应扩大并在一定程度上影响了耕地资源的有效保护，为规范宅基地（使用权）流转、加强耕地资源保护，对宅基地使用权流转规制转为“限制”；20 世纪 90 年代末，随着经济发展水平的日益提高，宅基地使用权经济价值得以显著提升，宅基地使用权流转规模日渐扩大，部分地区甚至出现了“炒地”现象，为维护农村稳定、保护农民利益，进而实现经济社会可持续发展，我国对宅基地使用权流转给予了更为严格的限制，尤其是严禁城镇居民取得宅基地使用权。

2. 制度变迁的核心目标：农民居住保障

新中国成立以来，宅基地流转制度变迁的另一重要经验就是始终以保障农民居住需求为核心目标。“上无片瓦遮雨，下无立锥容身”，这是对旧社会贫苦农民居住状态的生动描述。新中国成立后，旋即全面开展土地革命，废除封建半封建的土地所有制，实行农民的土地所有制，目的就在于将土地这一最宝贵的生产生活资料分配给农民以解决其生存发展之需。社会主义改造完成之后，在宅基地所有权基础上剥离出独立的宅基地使用权，目的也在于满足农民居住需求。改革开放后，随着经济社会发展水平的快速提高，宅基地使用权流转规模显著扩大，但与此呈“反方向”的是，对宅基地使用权流转的规制却日趋严格并逐渐确立了严格限制流转的现行模式，其目的其实也在于保障农民的居住需求、强化宅基地(使用权)的保障功能，以防止因流转范围的拓展、社会主体的介入而使相对处于弱势地位的农民失去宅基地(使用权)这一居住根基。总之，从宅基地制度确立之初，居住保障就定位为其首要功能，宅基地制度变迁也始终以保障农民居住需求为核心目标。

3. 制度变迁的重要立基：保护耕地资源

“土地是财富之母”，作为土地资源中的精华，耕地是最基本的农业生产资料，经济社会的发展、粮食安全的维护均离不开耕地资源的合理开发和有效保护。就我国而言，受人多地少，尤其是耕地人均数量少、总体质量水平低、后备资源不富裕的现实国情所决定，耕地资源保护具有更重要的意义，直接关系国家安全的维护。因此，我国历来高度重视耕地资源保护问题，早就将耕地保护确立为我国的基本国策。[1] 就耕地与宅基地的关系而言，二者呈“此消彼长”状态，宅基地规模的变化直接影响耕地资源的保护。“保护耕地就是保护我们的生命线”，在宅基地制度设计中，全面贯彻了保护耕地这一基本国策，如通过严格限制宅基地使用面积以避免过多占用有限的耕地资源。宅基地(使用权)流转制度变迁的重要立基就

---

〔1〕 1986年3月发布的《中共中央、国务院关于加强土地管理制止乱占耕地的通知》(中发〔1986〕7号)明确提出，“十分珍惜和合理利用每寸土地，切实保护耕地，是我国必须长期坚持的一项基本国策”；而第九届全国人民代表大会常务委员会第四次会议于1998年8月29日修订通过的《土地管理法》以法律的形式明确规定，“十分珍惜、合理利用土地和切实保护耕地是我国的基本国策”。

在于实现耕地资源的有效保护，由“允许流转”到“限制流转”再到“严格限制流转”的模式变革就是最有力的证明，对城镇居民能否取得宅基地使用权态度的转变亦是另一典型例证。严格限制宅基地使用权流转、禁止城镇居民取得宅基地使用权的目的都在于，通过抑制宅基地使用需求以避免宅基地规模不合理扩张进而实现耕地资源的有效保护。

4. 制度变迁的决策思维：慎重稳妥推进

回顾40余年历程，我国改革开放的典型特征之一就是坚持渐进式改革模式。不同于以“休克疗法”为代表的激进式改革，渐进式改革采取先局部试点后整体推进的改革进路，“摸着石头过河”是对渐进式改革模式的生动描述。渐进式改革的基本做法，就是先在一些地方、部门先行先试、重点突破、分步实施，借此积累改革经验、探索改革路径，然后纵深推进、全面发力，进而达到最终目标。渐进式改革模式的优势突出，其有助于减少改革阻力、降低改革风险、积蓄改革力量。渐进式改革模式是立基于我国现实国情和经济社会发展规律的科学选择。[1] 宅基地不仅直接关系农民的居住保障，关涉“住有所居”的实现，而且是农民最重要的财产之一，对农村经济社会发展具有重大影响。因此，对在包括流转在内的宅基地制度改革问题一直秉持慎重稳妥推进的决策思维，审慎而行。这不仅为宅基地流转制度变迁的历程所证明，而且为改革发展的纲领性文件所确认。作为新的历史起点上全面深化改革的纲领性文件，2013 年 11 月党的十八届三中全会所通过的中共中央《关于全面深化改革若干重大问题的决定》明确提出，要“保障农户宅基地用益物权，改革完善农村宅基地

---

〔1〕 参见武汉大学改革开放40年模式研究课题组：《中国40年改革开放模式的八大特征》，载人民网：http://theory. people. com. cn/n1/2018/1226/c40531 - 30489088. html，最后访问日期：2020 年6 月30 日。

制度，选择若干试点，慎重稳妥推进农民住房财产权抵押、担保、转让”。2015年11月中共中央办公厅、国务院办公厅联合印发的《深化农村改革综合性实施方案》亦明确规定，“坚持循序渐进、试点先行”是深化农村改革须遵循的基本原则之一。

5. 制度变迁的规范形式：政策法律并重

理论和实践均证明，作为两大社会规范力量，政策和法律各有其优势，对于经济社会发展均具有重要的推动作用，且在过去特定时期，政策作用的发挥甚至大过法律。[1] 宅基地流转制度变迁就是最好的例证。在人民公社时期，宅基地使用权流转制度的确立就是由政策予以规范的，法律在此阶段呈缺位状态；改革开放之初，为抑制农村地区所出现的“建房热”、控制宅基地使用权流转规模的扩大，亦是由政策对宅基地使用权流转作出了限制性规定；20世纪90年代末，对宅基地使用权流转限制进一步严格，尤其是禁止城镇居民通过转让（出让）方式取得宅基地使用权，仍然是由政策予以明确的。因此，宅基地流转制度变迁的另一重要经验就是，在规范形式上是由政策与法律“双轮驱动”的，现行严格限制流转模式正是政策与法律协同互动、综合作用的结果。可以预见的是，在依法治国方略不断推进、社会主义法治进程日渐深化的今天，法律的作用注定会也必须要极大强化，但这并不意味政策的不再重要，恰恰相反，在改革进入“深水区”的当下，在某些领域内，改革的推进仍需仰赖政策的作用，于宅基地（使用权）流转的规范正是如此。这主要由政策的突出优势所决定，如较之于法律，政策具有突出的灵活性、迅捷性；同时，也是由宅基地（使用权）流转的复杂性与改革的渐进性所决定的。

---

〔1〕 参见刘广明、尤晓娜：《京津冀区际生态补偿制度构建》，法律出版社2018年版，第74页。

三、宅基地使用权流转的功效梳理与问题分析

(一)宅基地使用权流转的功效梳理

1. 为农民住有所居的实现提供了有力支撑

“安得广厦千万间,大庇天下寒士俱欢颜!”住宅是人类的基本生活资料,住有所居、安居乐业是千百年来中国人的梦想和追求,而党的十九大报告不仅将“住有所居”明确规定为“保障和改善民生”的重要目标之一,而且强调,要“……加快建立多主体供给、多渠道保障、租购并举的住房制度,让全体人民住有所居”。[1] 就城镇居民居住保障而言,从改革开放前的“实物配房”到后来的“福利分房”,再到目前以经济适用房、廉租房、公租房等为表现形式的保障性住房供给,虽历经变迁,但总体上来说一直处于国家正式体制保障之内。[2] 但对于广大农民来说,无论是过去,还是现在,其居住保障最可依赖的制度就是农村宅基地(使用权)制度,宅基地(使用权)是农民安身立命的根本所在。[3] 宅基地(使用权)无偿申请规则极大地降低了农民建房的经济支出,长期利用规则使农民可以对宅基地(使用权)予以充分利用,而严格限制流转规则则通过排除处于经济强势地位的非本集体经济组织成员获得宅基地使用权的可能,以避免农民

---

〔1〕 参见《习近平:决胜全面建成小康社会　夺取新时代中国特色社会主义伟大胜利——在中国共产党第十九次全国代表大会上的报告》,载人民网:http://cpc.people.com.cn/n1/2017/1028/c64094-29613660.html,最后访问日期:2020 年 6 月 30 日。

〔2〕 近年来,我国加大了城镇保障性住房的建设力度。2013 年 2 月 3 日国务院转发了国家发展和改革委员会、财政部、人力资源和社会保障部等部门联合制定的《关于深化收入分配制度改革的若干意见》,该意见以专题形式提出要“加大保障性住房供给”,即通过“建立市场配置和政府保障相结合的住房制度,加强保障性住房建设和管理”,以“满足困难家庭基本需求”;此外,该意见还对保障性住房建设的具体目标作出了具体性规定,即“‘十二五’期末全国城镇保障性住房覆盖面达到 20% 左右”。

〔3〕 参见刘广明:《“双轨”运行:城镇化进程中农村宅基地(使用权)制度解困的可行解》,载《法学论坛》2014 年第 2 期。

取得、利用宅基地(使用权)的难度和成本增加,进而更好地保障农民的居住需求。总之,严格限制流转规则与无偿申请、长期利用等规则共同构成了农村住房保障的基础性制度,为实现农民住有所居提供了有力支撑。

2. 为农村社会稳定的维护发挥了重要作用

2018 年 12 月 18 日,习近平总书记在庆祝改革开放 40 周年大会上的讲话中指出:"必须坚持辩证唯物主义和历史唯物主义世界观和方法论,正确处理改革发展稳定关系。"[1]这既是对改革开放 40 年宝贵经验的深刻总结,又是对我们党坚持马克思主义世界观、方法论这一坚定立场的郑重阐发。[2] 由区域面积、聚集人口等因素所决定,农村社会稳定不仅是发展农村经济和深化改革的前提条件,更是整个社会稳定的基础所在。[3] 而关涉农村社会稳定的因素多样,其中,土地问题至关重要。这是由土地问题的重要性所决定的,土地直接关系农民的切身利益,农民对土地问题格外关注。研究表明,在全面取消农业税后,土地纠纷已成为影响农村社会稳定和发展的首要问题,[4]突出表现为由土地征收及补偿资金分配所引发的纠纷与矛盾。[5] 但是,从历史维度来看,自宅基地使用权制度确立以来,宅基地利用方面的纠纷较少,其原因在于,相关制度设计秉持公平核心理念、致力于农民"住有所居"目标的实现。除无偿申请、长期利用外,还确立了"一户一宅"、面积限定等系列规则。所谓"一户一

---

〔1〕 参见《习近平:在庆祝改革开放 40 周年大会上的讲话》,载新华网:http://www.xinhuanet.com/2018-12/18/c_1123872025.htm,最后访问日期:2020 年 6 月 30 日。

〔2〕 参见冯鹏志:《在正确处理改革发展稳定关系中行稳致远》,载人民网:http://theory.people.com.cn/n1/2019/0104/c40531-30503201.html,最后访问日期:2020 年 6 月 30 日。

〔3〕 李国波:《构建维护农村社会稳定的长效机制》,载《山东省农业管理干部学院学报》2011 年第 2 期。

〔4〕 参见于建嵘:《土地问题已成为农民维权抗争的焦点——关于当前我国农村社会形势的一项专题调研》,载《调研世界》2005 年第 3 期。

〔5〕 参见郭亚楠:《当前农村社会稳定面临的挑战与对策》,载《农村·农业·农民》(B 版)2011 年第 7 期。

宅”,是指宅基地(使用权)分配以户为单位,一户农民只能拥有一处宅基地(使用权);所谓面积限定,是指在“一户一宅”的基础上,农户所拥有宅基地(使用权)在面积上不得超过省、自治区、直辖市规定的标准。“一户一宅”和面积限定两大规则很好地贯彻了土地公平分配理念,实现了以“户”为标准的相对平均分配,有效维护了农村的社会稳定。[1] 而现行宅基地使用权流转制度则进一步强化了维护社会稳定的效果,即通过严格限制流转,尤其是禁止非本集体经济组织成员通过流转方式获得宅基地使用权,使宅基地(使用权)的分配与利用置于封闭环境中、处于相对静止状态下,不仅避免了因流转可能造成的利益纷争,而且避免了因流转可能导致的土地兼并。另有研究者认为,在快速城镇化进程中,以严格限制流转为显著特征的宅基地使用权制度还起到了“缓冲阀”的作用,当有的进城农民无法顺利融入城市时,因其仍拥有宅基地使用权而可以重回农村生活,进而从一定程度上避免了如印度等发展中国家城镇化过程中形成的城市贫民窟风险。[2]

3. 为耕地资源的保护、粮食安全的保障创造了有利条件

洪范八政,食为政首。粮食安全是关系国运民生的压舱石,是维护国家安全的重要基础。一个国家只有立足粮食基本自给,才能掌握粮食安全主动权,进而才能稳住经济社会发展大局。习近平总书记深刻指出,对我们这样一个有 14 亿人口的大国来说,农业的基础地位任何时候都不能忽视和削弱,手中有粮、心中不慌在任何时候都是真理。[3] 土地是最基

---

〔1〕 参见刘广明:《“双轨”运行:城镇化进程中农村宅基地(使用权)制度解困的可行解》,载《法学论坛》2014 年第 2 期。

〔2〕 参见唐丽媛:《论我国宅基地使用权流转的制度路径》,载《民商法争鸣》2017 年第 1 期。

〔3〕 参见侯亚景、张芯蕊:《总书记强调,任何时候这根弦都不能松》,载求是网:http://www.qstheory.cn/laigao/ycjx/2020-06/23/c_1126149977.htm,最后访问日期:2020 年 6 月 30 日。

本的农业生产资料,粮食安全的保障首先要实现藏粮于地,尤其是要保护耕地资源。耕地是保障国家粮食安全的基石,是我国最为宝贵的资源。[1] 保障国家粮食安全的根本在耕地,耕地是粮食生产的命根子,耕地红线要严防死守。[2] 习近平总书记强调指出,“我国人多地少的基本国情,决定了我们必须把关系十几亿人吃饭大事的耕地保护好,绝不能有闪失。要实行最严格的耕地保护制度,依法依规做好耕地占补平衡,规范有序推进农村土地流转,像保护大熊猫一样保护耕地”。[3] 宅基地流转制度变迁的历程告诉我们,对宅基地(使用权)流转的规制由自由流转转向限制流转直至严格限制流转现行规则确立的一个重要背景就在于,应对改革开放后农村地区出现的数轮“建房热”,通过严格限制流转以避免宅基地(使用权)规模扩大所带来的耕地占用问题。因此,从这个视角来看,严格限制流转规则为耕地资源的保护、粮食安全的保障创造了有利条件,即通过流转限制控制宅基地规模、保护耕地资源,进而助力粮食安全的有效保障。

(二)宅基地使用权流转的问题分析

1. 流转受限造成宅基地资源闲置

正常流转需求受限进而造成宅基地资源闲置是宅基地使用权严格限制流转现行模式所带来的首要问题。正常流转需求一直存在于经济社会发展实践中,就转出需求而言,如因继承等原因而拥有多处宅基地的村民有意愿将多余宅基地使用权流转出去。而随着城市化进程的深入推进、

---

〔1〕 参加《节约集约用地　严守耕地红线》,载人民网:http://opinion.people.com.cn/BIG5/n1/2020/0625/c1003-31759144.html,最后访问日期:2020年6月30日。

〔2〕 参见《习近平:饭碗要端在自己手里》,载新华网:http://www.xinhuanet.com/politics/2015-08/25/c_128164006.htm,最后访问日期:2020年6月30日。

〔3〕 参见《习近平:做好耕地占补平衡　推进农村土地流转》,载新华网:http://www.xinhuanet.com/politics/2015-05/26/c_1115415731.htm,最后访问日期:2020年6月30日。

农村人口向城市转移的速度不断加快，越来越多的“新市民”基于换取立足城市起步资本等因素的考虑有意将其所拥有的宅基地使用权流转出去，宅基地使用权转出需求因此越来越强烈，所涉及的拟流转宅基地规模越来越大。但是，以严格限制流转为代表的宅基地使用权现行制度使这一正常流转需求严重受限。其原因不言自明，严格限制流转模式将宅基地使用权流转框定于本集体经济组织内部，但受宅基地使用权无偿申请规则所限，[1]宅基地使用权的转入需求极其有限，或可忽略不计。

据自然资源部的不完全统计结果显示，全国至少有7000万套农房和3000万亩宅基地闲置。[2] 同时，诸多研究性调查数据亦能在一定程度上揭示了宅基地闲置的大致情况。例如，有研究数据显示，目前我国宅基地闲置率在10% ~15%；[3]若按这一闲置率计算，全国2亿亩宅基地中有2000万~3000万亩处于闲置状态。另有研究数据认为，我国农村宅基地闲置和荒废达到20%左右。[4] 从地区性调查结果来看，宅基地闲置情况也十分严重。如作为新一轮宅基地制度改革试点地区的江西省鹰潭市余

[1] 无偿申请，是我国现行宅基地使用权制度的另一重要规则，这一规则与农村土地集体所有制相契合，有助于保障农民的居住权。在现行制度下，绝大多数农民首选无疑是无偿申请取得自己所需要的宅基地（使用权）而非通过流转方式在支付经济对价的情况下获取宅基地使用权。

[2] 参见常钦：《让闲置农房成为促农增收的“黄金屋”》，载《东方城乡报》2018年7月26日，第5版。

[3] 参见韩康、肖钢：《积极探索建立有中国特色的农村宅基地市场——启动农村宅基地市场化改革研究》，载《理论前沿》2008年第13期；郭立瑞、赵丹：《实现我国农村宅基地使用权流转的制度创新》，载《农业经济》2013年第5期；韦波、熊凯等：《中国农村闲置宅基地治理研究进展》，载《农村经济》2011年第12期；赖桂林：《农村宅基地使用权流转法律现状、存在问题及建议》，福建省土地学会2014年学术年会论文，福州，2014年9月，第197~198页。

[4] 参见许树辉：《农村住宅空心化形成机制及其调控研究》，载《南方农村》2003年第4期；张寒、楼江：《农村宅基地流转制度优化设计》，载《上海国土资源》2017年第4期；苗清：《关于农村宅基地集约利用的思考》，载《国土资源通讯》2006年第1期；唐自政、孔峰：《论现行我国农村宅基地流转法律制度的完善》，载《长春理工大学学报》2011年第2期。

江区和四川省泸县在改革试点前，宅基地闲置率分别为 24.91% 和 11.13%。[1] 湖南省常德市原国土资源局调查发现，24 个重点调查村共有 167 宗空置宅基地，面积达 28,309 平方米。[2] 此外，随着城市化进程的持续推进，宅基地闲置规模将会越来越大，如有研究者指出，以每年 1200 万农村人口转移至城镇的规模计算，每年将增加闲置宅基地 276 万亩。[3] 宅基地资源闲置的一个典型表象就是"空心村"[4]的出现与发展。河南省原国土资源厅的调查结果显示，全省仅"空心村"的浪费用地就达 150 万亩。[5]

基于城市化速度与城乡人口变动情况的对比分析，也能进一步说明宅基地大规模闲置的现实状态。从经济发展规律来看，随着城市化进程的加快、农村人口的减少，以宅基地为代表的建设用地规模也会同步降低。但研究数据显示，在 1996 年至 2006 年我国城市化速度最快的时期，城市化年增长率为 1.34%、农村人口共减少约 1.23 亿人，但宅基地规模并没有同比减少，甚至出现一定幅度的增长，新增宅基地约 80 万亩，人均宅基地面积也从 0.29 亩上升到 0.34 亩。[6] 农村人口与宅基地并未同步减少的一个重要原因就在于，规模可观的宅基地处于闲置状态。

---

〔1〕 参见曾旭辉、郭晓鸣：《传统农区宅基地"三权分置"路径研究——基于江西省余江区和四川省泸县宅基地制度改革案例》，载《农业经济问题》2019 年第 6 期。

〔2〕 参见尹放鸣、尹东风等：《常德农村宅基地管理现状调查及对策探讨》，载《国土资源导刊》2009 年第 2 期。

〔3〕 参见郭立瑞、赵丹：《实现我国农村宅基地使用权流转的制度创新》，载《农业经济》2013 年第 5 期。

〔4〕 目前，学术界对"空心村"的概念和表述尚未达成共识，但一般大多根据住房和城乡建设部 2005 年"新形势下村镇建设的基础性调查"的研究内容，从地理学意义上对其进行定义，即空心村是指农村新建住宅大部分集中在村庄外围，而村庄内却存在大量的空闲宅基地和闲置土地。

〔5〕 参见韩康、肖钢：《积极探索建立有中国特色的农村宅基地市场——启动农村宅基地市场化改革研究》，载《理论前沿》2008 年第 13 期。

〔6〕 同上。

2. 隐形流转带来系列衍生问题

隐形流转是宅基地使用权流转实践中所存在的又一突出问题。隐形流转，又称灰色流转、灰色交易，是指宅基地使用权人违反现行规定将其所拥有的宅基地使用权流转给非本集体经济组织成员的一种行为。从隐形流转实践来看，宅基地使用权流转继受人多为城镇居民，宅基地使用权流转方式多为转让、出租、抵押、以租代售等，[1]流转多发区域为经济发达地区、城市郊区、城乡接合部以及风景秀丽的地区。经济诱因是宅基地使用权隐形流转发生的根本原因所在，法律和政策的限制难以阻挡市场的魅力。[2] 宅基地使用权转出方的村民，具有十分强烈的流转需求，通过流转或能够获得立足城市的初始资本或能够获得改善生活状况、实现生产扩大的必要资金；作为宅基地使用权转入方的非本集体经济组织成员（尤其是城镇居民）而言，突出的性价比是激发其参与宅基地使用权流转、转入宅基地使用权的直接动因，购置宅基地使用权及其地上房屋的对价远比在城市购买商品房的价格要低很多，借此或能够解决住有所居的刚性需求或能够满足自己的投资需求或能够进一步提升生活水平（如享受乡村休闲时光等）。并且，在经济发展水平持续提高、城市住房价格不断走高的形势下，因严格限制流转而被极大抑制实际经济价值的宅基地使用权的吸引力注定会越来越强。

对于宅基地使用权隐形流转状况的总体把握，调查数据是一个有力的说明。原国土资源部的统计数据显示，在经济发达地区尤其是城乡接

---

[1] 在宅基地使用权灰色流转实践中，流转双方当事人往往并不采用转让（买卖）这种“硬性”违规的流转方式，而多采取以租代售等变通方式，如通过签订永久租赁协议或预签多期租赁协议以实现规避现行规定的目的，并且多以地上房屋而非宅基地使用权为交易对象。

[2] 参见李文谦、董祚继：《质疑限制农村宅基地流转的正当性——兼论宅基地流转试验的初步构想》，载《中国土地科学》2009 年第 3 期。

合部，通过房屋买卖、出租、抵押等变相方式流转宅基地（使用权）已是普遍现象并形成了自发的隐形市场，宅基地使用权流转比例为 10% ~ 40%。[1] 丰富的研究性调查数据亦能反映出宅基地使用权隐形流转的大致状况。例如，有调查显示，在城乡接合部，以房屋买卖、出租和抵押等"地随房走"方式进行隐形（非法）交易的比例已经达到 10% ~15%。[2] 据一次覆盖全国 28 个省（自治区、直辖市）的 1083 个自然村的调研数据显示，42.9% 的村庄存在宅基地使用权买卖的情况，部分城郊农村宅基地使用权流转比例更是高达 70%。[3] 宅基地使用权隐形流转的普遍亦能从地区性调查中得到佐证。上海市南汇区惠南镇城南村 80% 的宅基地使用权流转给了外来人员；湖北省荆州市宅基地使用权流转比例为 29%；海南省三亚市城乡接合部地区农房出租比例达到 20% 以上，有的近郊地区更是高达 85% 以上；[4] 江苏农村宅基地使用权隐形流转的比例高达 48.89%；[5] 北京市城乡接合部宅基地使用权隐形流转（地下交易）的比例约为 1/3；[6] 山东省 75% 的城乡接合部地带的村庄都发生过住宅出卖情况。[7]

---

〔1〕 参见杨建波等：《农村宅基地入市问题与路径研究——以长垣县为例》，载《农学学报》2018 年第 2 期。

〔2〕 参见张汉飞、石霞：《我国现行农村宅基地制度及创新》，载《农业经济问题》2018 年第 12 期。

〔3〕 参见王崇敏：《论我国宅基地使用权制度的现代化构造》，载《法商研究》2014 年第 2 期。

〔4〕 参见郭立瑞、赵丹：《实现我国农村宅基地使用权流转的制度创新》，载《农业经济》2013 年第 5 期；中央党校地厅级班（第 52 期）农村改革发展支部第三课题小组：《因地制宜推进农村宅基地流转》，载《理论前沿》2009 年第 12 期。

〔5〕 参见贺日开：《农村宅基地流转、收回及补偿的制度建议》，载《唯实》2014 年第 12 期。

〔6〕 另有调查数据显示，京郊大部分地区（如昌平区、怀柔区等）的宅基地使用权流转比例为 10% 左右，有的地区（如朝阳区）高达 40% 以上。参见章波、唐健：《经济发达地区农村宅基地流转问题研究——以北京市郊区为例》，载《中国土地科学》2006 年第 1 期；姚丽、魏西云、章波：《北京市郊区宅基地流转问题研究》，载《中国土地》2007 年第 2 期。

〔7〕 参见王文军：《论农村宅基地上房屋的买卖》，载《清华法学》2009 年第 5 期。

宅基地使用权隐形流转最为“极端”的形式就是小产权房的开发与交易。[1] 自2007年正式叫停小产权房[2]直到今天，中央政府明令禁止的态度从未改变，但即便如此，小产权房的开发与交易从未停止，小产权房的规模亦不断扩大，[3]在部分地区甚至出现了豪宅化趋势。[4] 小产权房野蛮生长的原因复杂，如法不责众心理的存在、政府执法力度的偏软等，但根本原因在于经济利益激励使然：对于开发用地的提供者（农村集体经济组织及其成员）来说，其能够获得远高于农业生产、土地征收等其他利用方式所带来的经济收益；对于小产权房的开发商来说，其能够凭借用地成本的低廉、相关税费的“豁免”而赚取更多利润；对于小产权房的保有者[5]来说，其能够以低廉的价格实现“居者有其屋”或资产增

---

〔1〕 从实践来看，小产权房开发与交易的方式多样。在开发环节，小产权房的建设往往以“旧村改造”“新民居建设”等名义进行；在交易环节，交易方式已由初期的房屋售卖到目前的变相售卖，其中，最常见的方式就是“以租代售”，通过签署长租协议或者预签多期协议的方式进行，以达到规避监管的目的。小产权房开发与交易的隐蔽性是其多年来未得到根治的重要原因之一。

〔2〕 2007年12月30日国务院办公厅所发布的《关于严格执行有关农村集体建设用地法律和政策的通知》要求，“农村住宅用地只能分配给本村村民，城镇居民不得到农村购买宅基地、农民住宅或‘小产权房’”。一般认为，这是中央层面对小产权房的正式叫停。实际上中央政府对小产权房的禁止性态度还可以追溯更为久远，如1999年5月6日国务院办公厅所发布的《关于加强土地转让管理严禁炒卖土地的通知》明确规定：“农民的住宅不得向城市居民出售，也不得批准城市居民占用农民集体土地建住宅，有关部门不得为违法建造和购买的住宅发放土地使用证和房产证。”

〔3〕 研究数据显示，截至2013年年底，国内小产权房建筑面积已超过70亿平方米（参见曾福生：《理性处置小产权房》，载《中国乡村发现》2014年第2期；李思潼：《小产权房转正之说引来非分之想》，载《中华工商时报》2013年11月8日，A1版；等等），较之2007年又有大幅增长。

〔4〕 参见李国民：《清理小产权房必须找准突破口》，载《检察日报》2012年3月22日，第4版。

〔5〕 为回避小产权房不得买卖的禁令，在实践中，很大一部分小产权房的交易是以长期租赁形式进行的，“名租实购”与小产权房买卖并无实质性区别。本处所称的“保有者”既包括以买卖形式获得小产权房的购买者，也包括以长期租赁形式获得小产权房的“长租者”，实际上是对小产权房购买者广义上的界定。

值的目的;[1]对于个别地方政府及相关部门的工作人员而言,其能够通过对小产权房开发行为的“睁一只眼,闭一只眼”而获得“额外的收益”。由“违法性”特征所决定,[2]小产权房的开发、交易与保有并未纳入住建、房管、不动产登记等官方统计体系之中。虽无权威数据加以佐证,但通过梳理相关资料,亦能对小产权房的规模作一个大致判断,其中,“7.6 亿”和“66 亿”两个数字被提及、使用得最多。调查数据显示,1995 年至 2010 年全国小产权房竣工建筑面积累计达到 7.6 亿平方米,相当于同期城镇住宅竣工面积总量的 8%;[3]而截至 2007 年上半年,全国小产权房面积已经达到 66 亿平方米,相当于地产销售高峰期 2007 年销售量的 10 倍。[4] 此外,还有一些地区性调查数据可供参考。调查数据显示,北京

---

〔1〕 很多人认为,小产权房的保有者为无力购买商品房的低收入人群,但事实上并非完全如此。相关调查显示,在北京市,有很大一部分小产权房保有者不是“买不起房子的没钱人”,而是城里有房、有车的“有钱、有闲人”,其以较低价格购买小产权房并作为“第二居所”(参见李珍贵:《“小产权房”违法之痛》,载《中国土地》2008 年第 1 期)。在河北石家庄、保定等地也存在类似的现象,因小产权房的购置成本低廉,很多城市居民将其作为投资对象,或用于转售,或用于出租,经济收益十分可观。

〔2〕 从理论研究来看,学界虽对小产权房尚存不同认识,如部分研究者认为,小产权房的产生有其合理性,因此,应当承认或至少将其有条件“转正”[参见王静:《“小产权房”产生的原因及对社会经济的影响》,载《山东国土资源》2014 年第 4 期;王文龙:《小产权房转正对中国城市化的影响研究》,载《吉首大学学报》(社会科学版)2013 年第 4 期等],但绝大多数研究者认为,仅从现行法律规定来看,小产权房的违法性不容置疑;从政策实践来看,中央相关文件也始终将小产权房界定为“违法”,并明确要求对其加以严格控制。

〔3〕 参见陈淑云、周静:《“小产权房”合法化的破解路径与产权确定》,载《湖北社会科学》2016 年第 1 期;马俊驹、王彦:《解决小产权房问题的理论突破和法律路径——结合集体经营性建设用地平等入市进行研究》,载《法学评论》2014 年第 2 期;黄日生:《法经济学视角下小产权房的成因及治理对策》,载《经济体制改革》2015 年第 6 期;赵沛楠:《小产权房清理试水》,载《中国投资》2012 年第 5 期;等等。

〔4〕 参见韩伟丹:《小产权房存量够全国卖十年》,载《北京青年报》2008 年 11 月 18 日,第 9 版;尹中立:《14 部委研究制订小产权房清理整治政策方案》,载网易网:http://news.163.com/10/0602/14/686A93EL00014AED.html,最后访问日期:2019 年 11 月 30 日;王春槐:《小产权房　千万人参与的违法现实》,载《民主与法制时报》2009 年 7 月 13 日,D1 版;季雪:《“小产权房”的问题、成因及对策建议——基于对北京地区实情的考察》,载《中央财经大学学报》2009 年第 7 期;等等。

市小产权房面积有上千万平方米之多,占商品房销售总量的 20%;[1]而深圳市小产权房建筑面积则高达数亿平方米,占住房总建筑面积的半壁江山,[2]在高发区域,甚至出现过 50 个在建楼盘中仅有一个商品房项目的现象。[3]

在隐形流转中,作为宅基地使用权转出方的农民、作为转入方的非本集体经济组织成员(尤其是城镇居民)以及其他利益相关者虽然能够获得不菲的经济利益以及其他需求,但隐形流转的高发也同时带来了一系列问题,主要体现在以下方面:(1)诱发法律纠纷。由"脱法"或"违法"性质所决定,在隐形流转中,作为不动产的宅基地使用权无法办理正常的产权变更登记手续,宅基地使用权的权利变动和当事人的权利义务分配仅由"一纸文书"进行约定,仅具有债权约束力而无物权变动的实际效果,无法确保交易安全,流转当事人(尤其是作为宅基地使用权人的转出方)一旦改变主意、撕毁协议必将发生法律纠纷。实践证明,流转的宅基地使用权大幅升值之时(如面临拆迁补偿)就是法律纠纷产生之日,"宋庄画家村"案例就是典型代表。正如有研究者所指出的那样,因缺乏法律和政策的"保驾护航",宅基地使用权隐形流转在呈现欣欣向荣的同时陷入众多纠

[1] 参见王春槐:《小产权房 千万人参与的违法现实》,载《民主与法制时报》2009 年 7 月 13 日,D1 版;贾海峰:《区分对待"小产权房" 承认农村建设用地处置权》,载《21 世纪经济报道》2008 年 3 月 4 日,第 8 版;陈西婵:《城镇化、小产权房与房地产税》,载《中国房地产》2014 年第 3 期;谢良兵、刘彦:《北京叫停小产权房始末》,载《中国新闻周刊》2007 年第 7 期;蔡继明:《小产权房的制度根源及治理方略》,载《理论前沿》2009 年第 22 期;等等。

[2] 参见刘天利:《城乡二元结构下"小产权房"治理的法律困境与路径选择》,载《西北大学学报》(哲学社会科学版)2014 年第 4 期;张鹏:《小产权房治理的缘由、途径与政策——以广州市为例》,载《城市观察》2014 年第 6 期;郑荣华:《房产税"扩军"可为可不为》,载《中国房地产报》2012 年 5 月 24 日,B8 版;等等。

[3] 参见王春槐:《小产权房 千万人参与的违法现实》,载《民主与法制时报》2009 年 7 月 13 日,D1 版。

纷的泥淖而无法自拔。[1]（2）导致利益失衡。如上文所述，在严格限制、明令禁止的情势下，宅基地使用权隐形流转依然呈高发状态的根本原因就在于，无论是作为转出方的农民，还是作为转入方的非本集体经济组织成员，均能通过流转获取经济利益、满足自身需求。那么，问题是隐形流转行为有无利益受损方？如果有的，那么利益受损方是谁？就这一问题的分析或许可以从宅基地使用权隐形流转模式着手讨论。在集体经济组织或村委会主导的隐形流转中，宅基地使用权转出方、转入方、宅基地所在集体经济组织都会从流转获得相应利益，集体经济组织其他成员也可能会通过集体经济组织分享部分利益，但国家则可能因此遭受税费等方面损失，成为利益受损方；而在村民主导的隐形流转中，宅基地所在集体经济组织及其成员、国家则都可能会成为利益的受损方。而从对土地市场正常秩序的影响来看，按照规定依法取得国有建设用地使用权、依法购置商品房等正规产权住房的主体则也可能成为利益受损者。总之，宅基地使用权隐形流转不能实现各利益相关主体的“共赢”，只会导致利益分配的失范、失衡。（3）削弱规则意识。如上文所述，法律与政策均是重要的社会规范，均具有行为约束力，宅基地使用权流转制度的生产与发展就是由法律与政策所共同推动和保障的，严格限制流转模式及具体规则设计同时源于法律与政策。抛开合理性的探讨，仅基于合规性的分析，宅基地使用权隐形流转无疑是违反现行规定的，这不仅有损国家法律和政策的权威，导致法律和政策规制目标的落空，而且将极大地削弱民众的规则意识和法治信仰。

---

〔1〕 参见邓达江：《宅基地使用权流转的利益分配与风险防范》，载《中国不动产法研究》2015 年第 1 期。

3. 严格限制流转所造成的其他问题

除造成宅基地资源闲置、诱发隐形流转外，宅基地使用权严格限制流转模式还会导致系列严重负面效应，主要体现在以下方面。

(1)减损农民关键权益

对于农民而言，宅基地使用权流转严格限制所带来的最大负面效应就是导致其财产权和融资权受到严重侵害。“安得广厦千万间，大庇天下寒士俱欢颜。”住有所居是千百年来中国人的梦想所在，是人们追求美好生活的核心标准之一。从古至今，中国人对于房屋倾注了太多情感，同时投入了太多资财。对于广大中国民众来说，房子的意义深远而重大，一套房子的背后可能是一家人甚至“两家三代人”多年积累的成果，很多年轻人可能一生都在为属于自己的一套房子而努力奋斗，[1]而农民对于房子的感情可能更为深厚、深沉。原农业部副部长韩俊所主持的调研项目揭示，“改革开放以后，农民有了余钱，第一位是修房、建房”。[2] 有的研究者则指出，住宅在农民财产中所占的份额始终居于前列，1978 年在农民家庭财富中住宅占到 68.4%，1997 年为 42.61%，2002 年为 43.73%。[3] 笔者所进行的调研也印证了这一点，住房及其宅基地使用权是农民现阶段价值最高的财产，绝大多数受访者在回答“自己所拥有的最值钱的财产”这一问题时，都把住房作为了第一选项，且经济相对富裕和经济相对贫困的农民对于该问题的答案基本上是一致的。一个重要原因就在于农民对房子有深厚的“情感寄托”和迫切的现实需要：一方面，房子往往是农民在村内经济实力、社会地位的一个重要体现，房子的好坏往往成为评价农民

---

〔1〕 参见刘广明：《农地抵押融资功能实现法律制度研究》，人民出版社 2016 年版，第 90 页。

〔2〕 参见韩俊：《中国农村土地问题调查》，上海远东出版社 2009 年版，第 31 页。

〔3〕 参见程国栋：《我国农民的财产性收入问题研究》，福建师范大学 2005 年博士学位论文，第 11 页。

能力高低的一个重要依据，因此，农民有了钱，往往首选修建、翻盖住房；另一方面，农民对于房子有直接的“现实需求”，是“为儿娶妻”的必要条件，是对于子女的一个“应有的交代”“必需的说法”。[1] 总之，房子不仅是农民生活品质、经济能力的体现，而且蕴含着于父母于子女的责任，更是其家庭财富最重要的载体。财产是人们赖以生存和发展的物质基础，拥有必要的财产并得到法律的有效保护，是社会主体得以生存和发展的基础。[2] 对于农民来说，亦是如此。鉴于房屋之于民众的重要意义，我国很早就对房屋的财产属性予以了明确规定。例如，1986 年 4 月 12 日第六届全国人民代表大会第四次会议通过的《民法通则》不仅明确规定，“公民的合法财产受法律保护”，而且具体指明，房屋系“公民的个人财产”。[3] 2007 年 3 月 16 日第十届全国人民代表大会第五次会议通过的《物权法》因循了《民法通则》的立法模式，不仅进一步强调，“私人的合法财产受法律保护”，[4] 而且明确，私人对其合法的房屋享有所有权。[5] 2020 年 5 月 28 日第十三届全国人民代表大会第三次会议通过的《民法典》亦明确规定，“私人对其合法的收入、房屋、生活用品、生产工具、原材

---

〔1〕 参见刘广明：《农地抵押融资功能实现法律制度研究》，人民出版社 2016 年版，第 90 ~ 91 页。

〔2〕 参见李昌麒：《中国农村法治发展研究》，人民出版社 2006 年版，第 39 页。

〔3〕 原《民法通则》第 75 条规定：“公民的个人财产，包括公民的合法收入、房屋、储蓄、生活用品、文物、图书资料、林木、牲畜和法律允许公民所有的生产资料以及其他合法财产；公民的合法财产受法律保护，禁止任何组织或者个人侵占、哄抢、破坏或者非法查封、扣押、冻结、没收。”

〔4〕 原《物权法》第 66 条规定：“私人的合法财产受法律保护，禁止任何单位和个人侵占、哄抢、破坏。”

〔5〕 原《物权法》第 64 条规定：“私人对其合法的收入、房屋、生活用品、生产工具、原材料等不动产和动产享有所有权。”

料等不动产和动产享有所有权”,〔1〕“私人的合法财产受法律保护”。〔2〕

处分权能是所有权的核心内容之一,可流转性则是合法财产的重要社会属性。作为农民最为重要的财产,农房应可以用于转让、出租、抵押等多种流转途径。在“房地一体”的现行不动产转移规则之下,农房的流转意味着所涉及的宅基地使用权亦应一并流转。但是在现行规定下,宅基地使用权流转被严格限制,不仅不能超出本集体经济组织范围,而且对于部分具有流转需求的本集体经济组织成员亦有严格条件要求,包括需符合宅基地(使用权)申请条件、需遵循“一户一宅”规则等;加之,宅基地使用权无偿申请规则的适用,如无特殊要求(如对于宅基地区位的青睐),农民必定会选择以无偿申请方式而非有偿流转方式获得相应宅基地使用权。宅基地使用权流转的严格限制意味着与其一体的农房流转亦受到严格限制,流转范围的狭小意味着市场价格机制的抑制,由此带来的结果就是,属于农民合法财产且当然可以通过流转方式予以处分的经济价值无法得到彰显,甚至只能与所依附的宅基地(使用权)一道闲置,成为农民有名无实的合法财产。农房不仅不能像以商品房为代表的城市住房随经济社会发展而实现保值增值,而且可能会因长期闲置、日渐破败而造成其经济价值不断降低。这将导致农民财产权益的减损,更不符合权利平等保护的基本原则。〔3〕

同时,宅基地使用权严格限制流转模式还会严重障碍农民顺利融资

---

〔1〕《民法典》第266条规定:“私人对其合法的收入、房屋、生活用品、生产工具、原材料等不动产和动产享有所有权。”

〔2〕《民法典》第267条规定:“私人的合法财产受法律保护,禁止任何组织或者个人侵占、哄抢、破坏。”

〔3〕在现行制度下,宅基地使用权具有突出的福利属性,一个基本表征就是符合规定条件的农民可通过无偿申请方式取得相应宅基地使用权,这也是严格限制流转模式支持者所“津津乐道”的重要论据之一。但是,对于“房改房”、经济适用住房等具有福利属性的城市住房在现行制度下却可以上市交易,由农民投资建设的农房本身不具有福利属性,仅是因其所依托的宅基地(使用权)具有一定福利性而不能正常流转,这很难说不是一种城乡居民之间于住房财产权利方面的不平等对待。

进而减损其发展权益。为确保贷款安全，金融机构在贷款的发放上，以要求借款人提供担保为一般性原则，以发放信用贷款为例外。《商业银行法》第 7 条第 1 款规定："商业银行开展信贷业务，应当严格审查借款人的资信，实行担保，保障按期收回贷款。"而该法第 36 条第 2 款则规定，只有"经商业银行审查、评估，确认借款人资信良好，确能偿还贷款的"，才"可以不提供担保"。抵押贷款是金融机构最青睐，也最常用的贷款发放方式。从金融机构对抵押担保物的基本要求〔1〕来看，对于农民来说，基本上只有农地使用权和依附于宅基地之上的农房能够被金融机构接收为贷款抵押品，除此之外，很难再觅得其他适格的贷款抵押品。〔2〕但如上文所述，严格限制流转模式的一个突出特点就是禁止宅基地使用权抵押，《民法典》第 399 条〔3〕等相关规定都对此作出了明确规定。而依据"房地一体"原则以及农房依附于宅基地的自然属性，作为农民所拥有的最为重要的财产，农房也失去了成为农民融资适格抵押品的机会。严格限制流转模式极大地抑制了宅基地使用权及地上房屋的融资功能，严重阻碍了农民的顺利融资。据有关部门专项调查的结果显示，只有总数不到 10% 的农户的贷款需求能够得到满足。〔4〕在严格限制流转模式下，宅基地使用权及其地上房屋是"死资产"而非"活资本"，宅基地使用权与农房融资

---

〔1〕 为规避金融风险，除合法性要求，金融机构对抵押担保物主要有经济价值高、物理稳定性强、处置变现易等基本要求，在实践中，只有符合以上要求的物品才可能被金融机构接受为贷款发放的抵押担保物。

〔2〕 参见刘广明：《农地抵押融资功能实现法律制度研究》，人民出版社 2016 年版，第 49 页。

〔3〕 《民法典》第 399 条规定："下列财产不得抵押：(一)土地所有权；(二)宅基地、自留地、自留山等集体所有土地的使用权，但是法律规定可以抵押的除外；(三)学校、幼儿园、医疗机构等为公益目的成立的非营利法人的教育设施、医疗卫生设施和其他公益设施；(四)所有权、使用权不明或者有争议的财产；(五)依法被查封、扣押、监管的财产；(六)法律、行政法规规定不得抵押的其他财产。"

〔4〕 参见张笑寒、张娟：《农户贷款困境与农地金融制度的构建》，载《江西财经大学学报》2005 年第 6 期。

功能的严重抑制不仅意味着农民财产的沉淀，而且导致农民无法像城市居民一样凭借其住房而获得发展所需的资本支持。诚如研究者所指出的那样：“权利的贫困影响了机会的贫困，而机会的贫困直接导致财产的贫困。”[1]由宅基地使用权之于农民的重要意义所决定，对其流转予以严格限制就犹如“南美洲的一只蝴蝶轻轻扇动翅膀”，看似一个不大的“瑕疵”却会对农民权益保护整个制度体系带来不可估量的影响，直接压缩农民的发展空间，抑或是限制农民的正常发展。

(2)影响农村经济发展

影响农村经济社会发展是宅基地使用权流转严格限制所带来的更深远的问题：第一，严格限制流转接造成土地资源配置与利用的低效、影响耕地资源的保护。宅基地是农村建设用地的重要类别，耕地是农用地的核心构成，二者呈现此消彼长的实际样态、具有休戚相关的密切联系；在很多农村地区，尤其是平原地区，宅基地规模的逐渐扩大会直接造成耕地资源的相应减少。如上文所述，严格限制流转所导致的直接后果就是宅基地资源的规模闲置，实际上，这也意味着耕地资源的严重浪费。从应然性上来讲，这些宅基地资源应可通过退出、复垦等机制而转化为农业生产所必需的耕地资源；但从实然性上来看，很多农村地区却呈现这样的景象：地块适宜、交通便利的村周边耕地资源逐渐变为宅基地并建设有宽敞明亮的农房，而面积稍小、交通不便的村内部宅基地及其地上房屋则日益闲置。总之，严格限制流转模式所带来的，绝不只是宅基地资源的闲置，还有对耕地资源保护的直接影响和严重压力，而这将直接冲击农业生产的根本，进而影响农业现代化水平的提高。第二，严禁非本集体经济组织

---

[1] 参见洪朝辉：《论中国农民土地财产权利的贫困》，载爱思想网：http://www.aisixiang.com/data/3874.html，最后访问日期：2020年6月30日。

成员取得宅基地使用权将导致农村丧失获得更好发展的机会。在"三级所有,队为基础"的农民集体所有制下,农村土地资源的配置与利用呈封闭运行的显著特征,而依托于农村土地集体所有的宅基地使用权严格限制流转模式的一个核心特征就是"农有农用",其严格限制非本集体经济组织成员获得本集体经济所有的宅基地资源,尤其是禁止城镇居民取得宅基地使用权。在社会主义市场经济体制日益完善、农村经济市场化程度不断提高的今天,形成于人民公社时期的宅基地使用权流转制度适应能力越来越低、弊端愈发凸显。在严格限制流转模式下,宅基地使用权流转被死死地框定于本集体经济组织内部,不仅意味着宅基地使用权交易价值的极大降低、资本功能的严重抑制,而且意味着外部资源进入农村的渠道封闭,来自本集体经济组织之外的,尤其是来自城市的资金、人才、技术等资源无法通过宅基地使用权流转方式而进入农村,无法与农业生产、农村经济发展实现紧密结合,无法在农村落地生根、开花结果,进而使农村丧失更好的发展机会。第三,禁止宅基地使用权抵押会阻碍农村金融的正常发展。"金融是现代经济的核心",2017 年 4 月 25 日,习近平总书记在主持中共中央政治局第四十次集体学习时指出"保持经济平稳健康发展,一定要把金融搞好"。就农村而言亦是如此,"农村金融是现代农村经济的核心"。但从实践来看,农村金融非但未成为农村经济社会发展的有力助推,反而成为其"瓶颈性"约束:农民金融需求严重受限,贷款难度大、成本高,很难从正规农村商业性金融机构获得贷款;农村金融资金总量供给不足,"泵出"效应明显,农业、农村自身有限的金融资源大量外流;[1] 农村金

[1] 据相关资料显示,1998 年以来,四大国有商业银行县级及其以下机构每年以吸储上存的方式从农村流出资金为 3000 亿元左右。参见郭郛:《农村金融资源"非农化"的治理》,载《东北财经大学学报》2004 年第 5 期。

融服务水平低下,创新不足。[1] 农村金融发展滞后的一个重要因素就在于农村“安全性”金融环境的缺失,而“安全性”环境缺失的重要制度性原因就在于,由严格限制流转而导致的宅基地使用权及其地上房屋不能用于抵押,造成农民缺乏获得金融资源的适格担保物,进而与“确保安全”这一金融经营活动的首要原则相抵牾。[2] 由金融之于现代经济的核心地位所决定,农村金融发展滞后对农村经济社会发展所带来的负面影响注定深远和复杂。正如有的研究者所指出的那样,现行农村金融系统不仅没有很好地发挥其应具有的支持农村经济社会发展的功能,而且在很大程度上抵消了国家通过财政渠道和(政策性)金融渠道对“三农”的资金支持力度,从而形成了我国农村正式金融供求缺口巨大的现实图景。[3]

(3)迟滞城镇化进程

除减损农民关键权益、影响农村经济发展外,宅基地使用权流转的严格限制还在一定程度上迟滞了新型城镇化进程。一方面,严格限制流转导致农民市民化受阻。改革开放以来,随着经济的发展,我国进入了一个相对快速的城镇化过程,其突出表现之一就是越来越多的农民涌入城市,成为“新市民”。与城市居民一样,“安居”是农民在城市落地扎根、顺利转变为“新市民”的重要前提,但受城市住房的当前价格及未来趋势所决定,这需要一笔不菲的资金;同时,在城市中,子女教育等其他方面的生活支出也是一笔不小的数目。但是,正如上文所述,作为农民最具经济价值

---

〔1〕 参见刘广明:《市场化改革视域下的中国农村金融环境优化探讨》,载《改革与战略》2014 年第 3 期。

〔2〕 “确保安全”被一致认为是金融经营活动的首要原则。我国《商业银行法》第 4 条明确规定“商业银行以安全性、流动性、效益性为经营原则”。

〔3〕 参见何德旭、饶明:《金融排斥性与我国农村金融市场供求关系失衡》,载《湖北经济学院学报》2007 年第 5 期。

的财产，宅基地使用权及其地上房屋却受严格限制流转模式所限而无法顺利变现或无法有效变现，造成农民无法获得在城市立足的资本保障，无法实现安居乐业，市民化进程因此受阻。厉以宁先生归纳的“两个老鼠洞”现象[1]生动揭示了一些进城农民的尴尬处境：随着城镇化水平的日渐提高，越来越多的农民进入城市，但其在农村的住房却因农地使用权流转的严格限制而不得以长期闲置，于是成了老鼠窝；同时，农民进入城市后，却因无法通过宅基地使用权及其地方房屋的有效流转、顺利变现而获得立足城市的必要资本，因收入低下而不得不居住在条件简陋的住所。资料显示，我国数以亿计的农业转移人口在城镇拥有自有房产的比例仅为30%，而市民则高达89.70%；90%以上的农业转移人口，即便是有技术的，在城镇打拼20年仍“上无片瓦，下无寸地”。[2] 另一方面，严格限制流转造成城市建设用地供应紧张。城镇化的深入不仅意味着城镇人口的增加，而且体现为城镇面积的扩大。正如有的研究者所指出的那样，在城镇化进程中，土地扮演着极其重要的角色，无论是产业结构的调整，还是人口的集聚，基础设施的建设，都必须通过同时承载着资产和资源属性功能的土地的重新配置来实现。[3] 即便实行土地资源的高度集约化利用，城镇化程度的提高也需要相当规模的建设用地予以保障，建设用地供给已经成为影响城镇化进程的重要因素之一。基于人均耕地资源严重不

---

〔1〕 厉以宁先生在阐释城镇化问题时，以“两个老鼠洞”的事例形象地说明了错误理解中国城镇化所带来的危害。厉以宁先生认为，如果简单把中国的城镇化理解为农民进城、农民上楼，就会形成“两个老鼠洞”。“一个老鼠洞”是指农民在村里的老房子，因为进城打工而闲置，成了老鼠窝；而“另一个老鼠洞”则是农民进城打工后，因为收入不高只能住在地下室或条件较差的出租房里，也是老鼠出没的地方。参见孙永剑：《城镇化不能让土地流泪》，载《中华工商时报》2013年1月18日，A01版。

〔2〕 参见刘权、刘俊志：《城乡一体化的制度建构——基于供给侧结构性改革的思考》，载《中共福建省委党校学报》2016年第8期。

〔3〕 参见宋戈：《中国城镇化过程中土地利用问题研究》，中国农业出版社2005年版，第1页。

足的现实国情，为有效保护耕地资源，我国对建设用地的供给实行严格的指标管理制度并辅之以占补平衡等措施。对城乡建设用地规模及调整予以综合考虑是实施建设用地指标管理的重要原则，农村建设用地规模及调整会对城市建设用地管理产生直接影响。在建设用地指标管理制度下，严格限制流转模式不仅带来宅基地资源的大规模闲置，而且造成城市建设用地指标分配减少、用地供应受限，导致城乡间建设用地的结构性短缺矛盾突出。[1] 作为非农产业在城镇集聚、农村人口向城镇集中的自然历史过程，城镇化是人类社会发展的客观趋势、是国家现代化的重要标志，其关键在于同时解决好“人”与“地”的问题，要使农民顺利融入城市社会、要实现建设用地资源的高效利用，但宅基地使用权流转的严格限制则使这两大问题的全面解决面临重大障碍，由此在很大程度上迟滞了城镇化进程。

---

〔1〕 参见刘权、刘俊志：《城乡一体化的制度建构——基于供给侧结构性改革的思考》，载《中共福建省委党校学报》2016年第8期。

第二章 宅基地使用权流转理论主张介评

一、共识：促进宅基地使用权规范流转

(一)规范宅基地使用权流转

如前文所述,宅基地使用权流转处于严格限制状态,并由此引发了包括宅基地资源闲置、隐形流转盛行等系列问题,学界对此予以了高度重视并进入全面、深入研究,虽对宅基地使用权流转的制度重构存在重大认知分歧,但绝大多数学者对规范宅基地使用权流转这一问题还是达成了共识。研究者认为,发轫于社会主义改造时期,形成于人民公社时期的宅基地使用权严格限制流转模式在明确宅基地使用权福利属性、建立宅基地无偿使用规则的基础上将其流转范围限定于本集体经济组织内部,进而对间接保障农民实现住有所居、对维护农村社会稳定、促进农业生产发展等目标的实现起到了重要作用。但是,随着人民公社的解体、农村经济社会的发展,尤其是社会主义市场经济体制的逐步建立与日益完善,承载宅基地使用权及其流转制度的经济社会环境已经发生深刻变化,以福利保障为核心价值导向的宅基地使用权及其流转制度已经远不能满足经济社会发展的实际需求,宅基地资源的闲置、农村财产性收入的受阻等都是其具体表征,[1]非

---

〔1〕 参见邓辉、张晓宁:《宅基地使用权制度的现代化构建:体系与变革》,载《西部法学评论》2017年第2期。

但未成为经济发展的有力助推反而成为制约经济发展的桎梏。[1] 正如有研究者所指出的那样，以非交易性为显著特征的宅基地使用权现行流转模式制约了宅基地经济价值的实现，阻隔了农民的致富道路，阻滞了农村剩余劳动力的转移，已成为破除城乡二元社会结构、推进城市化进程的重要障碍。[2] 生产力的发展会带来生产关系的变动，上层建筑应随着经济基础的变动而自我修正，包括宅基地使用权流转在内的农村土地制度亦应随着经济社会的发展而不断演进。[3] 其中，最关键的就是要通过立法来明确规范农民对宅基地的权利范围，消除规定之间互相冲突的情况，填补法律上的空白点，使制度充分完善起来，以充分保障各方的权益。[4]

(二)促进宅基地使用权流转

除对规范宅基地使用权流转问题达成共识外，绝对大多研究学者还认为应当促进宅基地使用权流转，其具有如下重大意义：

1. 有助于解决闲置浪费问题

造成宅基地资源闲置、浪费是宅基地使用权严格限制流转所带来的首要问题，具有财产属性的宅基地资源只有在流动中才能发现其真正的价值，但现行流转模式阻碍了宅基地资源的高效流动。[5] 有研究者认

---

〔1〕 参见夏和平、汪晓舟：《我国宅基地使用权流转的解禁》，载《湖北工程学院学报》2013年第4期。

〔2〕 参见喻文莉：《转型期宅基地使用权流转之法理分析》，载《中国土地科学》2013年第2期。

〔3〕 参见马晓双、金丽馥：《基于宅基地视角下的增加农民财产性收入研究》，载《改革与开放》2018年第11期。

〔4〕 参见翟全军、卞辉：《城镇化深入发展背景下农村宅基地流转问题研究》，载《农村经济》2016年第10期。

〔5〕 参见苗永干、李全庆：《农村宅基地使用权权能及流转问题研究》，载《安徽农业科学》2007年第31期。

为，规范并促进宅基地使用权流转的直接目的和重要意义就在于解决宅基地闲置问题、实现资源的集约化利用。在人均可利用土地资源不足的现实国情约束下，土地资源的集约化利用是经济社会发展中的一条主线，通过市场机制和政府调控的协调发力以促进宅基地使用权流转，实现宅基地资源从闲置浪费向高效利用的状态转变，[1]达致盘活宅基地存量、优化土地资源配置、缓解建设用地紧缺局面、提高土地资源利用效率、减轻耕地资源保护压力的效果，[2]进而推动农村经济更好更快发展、城乡不均衡状况持续改善。[3] 有研究者指出，宅基地使用权流转法律制度完善势在必行，唯有促进（允许）宅基地使用权规范流转，使其得到合理利用、满足不同群体的需求，才可以解决闲置浪费问题、缓解“空心村”现象，进而使有限的土地资源创造出无限的价值。[4]

2. 有助于消除隐形流转问题

隐形流转是现行严格限制模式所造成的又一重要问题，由“脱法”或“违法”性质所决定，隐形流转由产权主体自发而为，存在信息严重不对称、交易价格偏离价值、交易安全没保障、交易费用过高、交易纠纷频发、土地资源流失等负外部性问题，并非土地资源优化配置方式。[5] 隐形流

---

[1] 参见杨在会：《宅基地“三权分置”：裁判审视、理论阐释与法权构造》，载《宜宾学院学报》2018 年第 9 期。

[2] 参见宣虹燕、马永双：《农村宅基地使用权流转法律研究》，载《合作经济与科技》2017 年第 16 期；宣玉：《宅基地使用权流转：法律困境、利益考量与制度构想》，载《九江学院学报》（社会科学版）2015 年第 2 期。

[3] 参见宋旭明、钟毅：《我国农村宅基地使用权流转问题及对策探析》，载《时代金融》2013 年第 20 期。

[4] 参见姚曙明、杨富文：《宅基地使用权流转的法律分析》，载《湖南工业大学学报》（社会科学版）2015 年第 3 期。

[5] 参见曹泮天：《论宅基地使用权流转的理论基础》，载《法学杂志》2012 年第 6 期；杨在会：《宅基地“三权分置”：裁判审视、理论阐释与法权构造》，载《宜宾学院学报》2018 年第 9 期；宣玉：《宅基地使用权流转：法律困境、利益考量与制度构想》，载《九江学院学报》（社会科学版）2015 年第 2 期。

转的日渐盛行、“小产权房”规模的不断扩大，其直接原因就在于，在现行制度下，现实需求因缺失合理渠道而转向“地下”交易、实行“暗箱操作”。隐形流转如泛滥洪水，宜疏不宜堵。[1] 要消除隐形流转以及由其引发的系列问题，唯有通过促进（允许）宅基地使用权流转以实现负外部性的内在化，将其导向公开化和规范化的现实途径。[2]

3. 有助于维护农民合法权益

“对一项资源的权利具有排他性和可转让性，那么价值就能最大化。”[3] 土地是农民最大的利益所在，宅基地（使用权）及其地上房屋是绝大多数农民最具经济价值的财产所在，但如前文所述，严格限制流转模式极大地减损了以财产权、融资权为代表的农民关键权益。一方面，现行规定对宅基地使用权流转的严格限制直接导致农民所拥有的最具经济价值的宅基地（使用权）及其地上农房丧失了通过多元化流转而真实体现其实际价值的机会，丧失市场化交易机会的宅基地使用权和农房，其资本功能被极大抑制而成为“死产”，这会造成对农民财产权益的减损；另一方面，现行规定明确禁止宅基地使用权抵押并由此导致本身并无福利性属性而是由农民投入真金白银所建设的农房亦无法抵押，使农民失去了以宅基地使用权和农房这一最适格抵押品进行担保融资的机会。研究者认为，对农民来说，严格限制流转的现行规定是不公平的，农民因此无法自主地获得应有的土地权益，因此，应当促进宅基地使用权流转以回应农民财产

〔1〕 参见申建平：《宅基地使用权流转模式的选择》，载《政法论丛》2011 年第 3 期。

〔2〕 参见徐凤真：《农村宅基地有偿使用和合理流转探析》，载《山东经济战略研究》2007 年第 5 期；汤浩、刘旦：《我国农村宅基地使用权流转研究》，载《农业经济》2009 年第 3 期。

〔3〕 参见[美]理查德·波斯纳：《法律的经济分析》，蒋兆康译，法律出版社 1997 年版，第 42 页。

权保护需要。[1] 促进(允许)宅基地使用权流转以全面实现宅基地的资本功能、充分彰显宅基地的财产价值、显著增加农民的财产性收入、有效满足农民的抵押融资需求,[2]这是对农民土地权益予以应有保护的根本诉求。促进宅基地使用权流转既是保障农民生存权的需要,也是新时代保障农民发展权的需要。[3] 只有允许流转,宅基地使用权才能真正成为有价值的资源,农民也才能真正从保障其生存的土地价值的实现中受益。[4]

4. 有助于推动农村经济发展

研究者认为,促进(允许)宅基地使用权流转有助于推动农村经济更好更快发展,主要体现在以下方面:(1)促进宅基地使用权流转有助于充分发挥其经济价值,能够有效缓解长期以来阻碍农村经济发展的资金短缺问题,为农村经济的更好更快发展提供必要资金保障。有研究者认为,按照宅基地现有规模和市场价值计算,即便将宅基地使用权的抵押率设定为10%,也将会为农村带来数以千亿计的贷款资金支持。[5] (2)促进

---

〔1〕 参见孙淑云、吴海玲:《论我国宅基地使用权流转制度的完善》,载《湖南科技大学学报》(社会科学版)2012年第1期。

〔2〕 参见谢根成、赵勇勇:《关于农村宅基地使用权流转问题的思考》,载《管理学刊》2012年第1期;周国平、徐净、王丹:《农村宅基地流转的风险防范》,载《科学发展》2013年第11期;任卉:《解禁农村宅基地流转之辩》,载《成都航空职业技术学院学报》2014年第2期;曹泮天:《论宅基地使用权流转的理论基础》,载《法学杂志》2012年第6期;宣玉:《宅基地使用权流转:法律困境、利益考量与制度构想》,载《九江学院学报》(社会科学版)2015年第2期;吕军书、徐明华:《我国农村宅基地使用权流转制度的法律重构》,载《中国青年政治学院学报》2010年第4期;晁健宇:《我国农村宅基地使用权流转的现实困境与制度创新》,载《农业经济》2013年第6期;等等。

〔3〕 参见夏克勤:《宅基地流转改革的价值趋向与改革路径》,载《江西社会科学》2016年第9期。

〔4〕 参见徐凤真:《农村宅基地有偿使用和合理流转探析》,载《山东经济战略研究》2007年第5期。

〔5〕 参见徐涤宇:《物权法热点问题讲座》,中国法制出版社2005年版,第25~29页;李佳鹏、勾晓峰:《专家呼吁中国应尽快制定农村宅基地流转放开政策》,载中国新闻网:http://www.chinanews.com/estate/ghsj/news/2007/03-05/883764.shtml,最后访问日期:2020年6月30日。

宅基地使用权流转不仅意味着资金向农村的流动，而且意味着人才、技术等其他资源向农村经济的聚集，进而为农村经济能更好更快地发展提供必要动力。例如，研究者认为，允许宅基地使用权流转以吸引更多企业来农村投资建厂，不仅有利于加快农村经济发展，而且有利于解决农村剩余劳动力、增加农村就业机会、提供农民收入水平。[1]

5. 有助于加快新型城镇化进程

作为国家现代化的重要标志，城镇化是伴随工业化发展，非农产业在城镇集聚、农村人口向城镇集中的自然历史过程，是人类社会发展的客观趋势。工业革命以来的经济社会发展史表明，一国要成功实现现代化，在工业化发展的同时，必须注重城镇化发展。当今中国，城镇化与工业化、信息化和农业现代化同步发展，是现代化建设的核心内容，彼此相辅相成。[2] 2016 年 2 月 2 日国务院印发《关于深入推进新型城镇化建设的若干意见》（国发〔2016〕8 号），该意见不仅再次强调，“新型城镇化是现代化的必由之路，是最大的内需潜力所在，是经济发展的重要动力，也是一项重要的民生工程”，而且明确提出，要通过“加快建立农业转移人口市民化激励机制”等措施的实施以“积极推进农业转移人口市民化”。新型城镇化与传统城市化的一个显著差别在于，传统城市化更多倚重于土地资源的城市化，即土地资源由农村向城市的流动，表现为城市区域的不断扩大、城市边界向农村的日益延伸；而新型城镇化更看重于人的城镇化，着力实现农村人口的顺利市民化，土地的城镇化是以人口的城镇化为根本

〔1〕 参见赖晓敏：《我国农村宅基地使用权流转现状及对策探析》，载《沈阳大学学报》（社会科学版）2013 年第 1 期；周国平、徐诤、王丹：《农村宅基地流转的风险防范》，载《科学发展》2013 年第 11 期；张卿：《宅基地建房限制流转的法经济学分析》，载《浙江学刊》2009 年第 3 期。

〔2〕 参见《国家新型城镇化规划（2014—2020 年）》，载国务院官网：http://www.gov.cn/gongbao/content/2014/content_2644805.htm，最后访问日期：2020 年 6 月 30 日。

前提。研究者认为，促进宅基地使用权流转是实现新型城镇化战略、加快城镇化进程的关键所在，其原因在于，宅基地（使用权）及其地上房屋是农民融入城市所可倚赖的资产保障所在。〔1〕从实践来看，受长期实行的城乡二元分割体制所限，除宅基地（使用权）及其地上房屋外，农民缺乏向城市转移的资本，无力解决住房购置等基本生活问题，因此导致进城农民未能真正扎根于城市而不得不辗转于城乡之间成为"两栖人"。若改变现行严格限制流转模式允许宅基地使用权进行合法流转，则农民可通过处置宅基地（使用权）、交易农村房屋以获取进入城市所必需的立足资本，进而有利于农民顺利实现市民化的身份转化，也有利于城镇化进程的深入推进。〔2〕此外，促进宅基地使用权流转也有助于解决一直以来束缚制约城镇化进程的建设用地供给问题。蔡继明老师认为，如果允许农村宅基地使用权向本集体组织成员之外的主体进行流转，至少有 1/3 闲置不用的宅基地使用权可以通过抵押担保、出租转让以及城乡建设用地增减挂钩等方式进入市场，那么城镇建设用地就可以增加 70% 以上。〔3〕诚如蔡老师所言，至少位于城市郊区、城乡接合部、经济开发区、工业园区等区域的宅基地使用权的有序流转将会在一定程度上缓解城镇国有建设用地供应紧张的局面。此外，这一论断的必要性亦为改革最新实践所证明。2017 年 8 月 21 日，原国土资源部、住房和城乡建设部联合发布《关于印发〈利用集体建设用地建设租赁住房试点方案〉的通知》（国土资发〔2017〕100 号），该通知提出，"确定第一批在北京、上海、

〔1〕参见周国平、徐诤、王丹：《农村宅基地流转的风险防范》，载《科学发展》2013 年第 11 期。

〔2〕参见徐凤真：《农村宅基地有偿使用和合理流转探析》，载《山东经济战略研究》2007 年第 5 期；周国平、徐诤、王丹：《农村宅基地流转的风险防范》，载《科学发展》2013 年第 11 期。

〔3〕参见侯隽：《全国人大代表蔡继明："三块地"改革关键是处理好农村宅基地的流转》，载《中国经济周刊》2017 年第 9 期。

沈阳、南京、杭州、合肥、厦门、郑州、武汉、广州、佛山、肇庆、成都等13个城市开展利用集体建设用地建设租赁住房试点";[1]2017年9月26日,原国土资源部在湖北省武汉市召开利用集体建设用地建设租赁住房试点工作启动会,就试点工作作出全面部署;[2]此次改革的目的在于拓展集体土地用途、缓解城市房租上涨、促进农村经济发展,试点目标则是"为构建城乡统一的建设用地市场提供支撑",目前改革试点已经取得积极进展。[3]

二、争论:自由流转的"开"与"禁"

农村宅基地制度关系亿万农民的生存与发展权利,而宅基地使用权流转则是制度的关键环节所在,对于宅基地使用权能否流转以及在多大范围流转一直争议较大。[4]《物权法》的制定和实施更是将宅基地使用权流转的讨论推向了又一个高点,获得了学界和社会的广泛关注,其中,关于自由流转的放开与禁止之争则是焦点所在。

(一)自由流转说及其论据

自由流转说是目前的主流观点之一,持该观点的研究者认为,宅基地使用权应当如国有建设用地使用权一样不受任何限制而实行自由流转,要赋予使用权人以完整处置权能,应允许其依照市场经济规律自由

---

〔1〕 参见国土资源部、住房和城乡建设部《关于印发〈利用集体建设用地建设租赁住房试点方案〉的通知》(国土资发〔2017〕100号),载住房和城乡建设部官网:http://www.mohurd.gov.cn/wjfb/201708/t20170828_233077.html,最后访问日期:2020年6月30日。

〔2〕 参见《国土资源部全面启动利用集体建设用地建设租赁住房试点》,载中央人民政府网:http://www.gov.cn/xinwen/2017-09/28/content_5228143.htm,最后访问日期:2020年6月30日。

〔3〕 参见《多个试点城市加快推进农村集体建设用地建租赁房》,载新华网:http://www.xinhuanet.com/politics/2018-08/27/c_1123332241.htm,最后访问日期:2020年6月30日。

〔4〕 参见汤浩、刘旦:《我国农村宅基地使用权流转研究》,载《农业经济》2009年第3期。

流转其宅基地使用权;[1]其核心是要扩大宅基地使用权流转范围,突破仅限于本集体经济组织成员使用的主体限制,[2]让包括城镇居民在内的非本集体经济组织成员通过转让、出租等多种流转方式依法获得宅基地使用权,[3]尤其是要实现宅基地使用权在城乡之间的自由流转;现行严格限制流转模式将宅基地使用权流转范围限定在集体内部,实际上等同于不让流转。[4] 目前学界支持自由流转说的研究者越来越多,特别是《物权法》的制定为宅基地使用权流转制度改革预留了较大空间的情况下,学界呼吁实现宅基地使用权自由流转的声音可谓一浪高过一浪。[5] 除指出唯有实行自由流转方能有效解决宅基地资源闲置浪费问题、消除宅基地使用权隐形流转问题、维护农民合法权益、推动农村经济发展和加快新型城镇化进程外,[6]自由流转说的支持者还从以下方面对宅基地使用权自由流转的必要性进行了深入阐释。

---

〔1〕 参见王辉:《我国农地使用权制度改革探索及创新发展》,载《理论界》2015 年第 6 期。

〔2〕 参见吕军书、徐明华:《我国农村宅基地使用权流转制度的法律重构》,载《中国青年政治学院学报》2010 年第 4 期。

〔3〕 参见曹红冰:《我国农村宅基地使用权流转的法律分析》,载《南华大学学报》(社会科学版)2015 年第 6 期。

〔4〕 参见郑风田:《让宅基地"三权分置"改革成为乡村振兴新抓手》,载《人民论坛》2018 年第 10 期;王辉:《我国农地使用权制度改革探索及创新发展》,载《理论界》2015 年第 6 期。

〔5〕 参见贺日开:《我国农村宅基地使用权流转的困境与出路》,载《江苏社会科学》2014 年第 6 期。

〔6〕 例如,郑风田老师就指出,只有实现自由流转,才能吸引城市资源来建设乡村,打破城乡之间资源流转的障碍,让乡村活起来。参见郑风田:《让宅基地"三权分置"改革成为乡村振兴新抓手》,载《人民论坛》2018 年第 10 期。

1. 实行自由流转是由权利平等保护原则所决定的

自由流转说的支持者认为,[1]宅基地使用权严格限制流转规定是对权利保护原则的严重违背,造成城乡居民在土地(使用权)、住房等财产权上处于事实上的不平等:一方面,虽同属建设用地使用权,但在现行规定下,国有建设用地使用权可依规定实行自由流转,[2]宅基地使用权的流转范围则被严格限制在本集体经济组织范围且须受相关条件所约束;另一方面,宅基地使用权流转的严格限制也造成农房流转的受限,现行法律虽规定农房属于农民所拥有的合法财产,[3]在事实上却因严格限制流转模式和房地一体原则而无法进行自由流转,反观以商品房为代表的城镇住房则未受到如此限制,即便是建设于以划拨方式取得的国有建设用地之上的“房改房”亦能自由流转,即便是属于保障性住房的经济适用住房

---

〔1〕 参见李勇坚、袁锦秀、李蕊:《我国农村宅基地使用制度创新研究——“宅基地指标化”改革思路与方案设计》,载《西部论坛》2014 年第 6 期;吴永花、叶鸿蔚、贾秀飞:《农村宅基地流转的多维度考察——基于价值冲突、合法性及公平性角度》,载《陕西农业科学》2015 年第 8 期;温世扬、梅维佳:《宅基地“三权分置”的法律意蕴与制度实现》,载《法学》2018 年第 9 期;盛荣、许惠渊:《农村宅基地制度改革探索》,载《城乡建设》2004 年第 12 期;贺日开:《我国农村宅基地使用权流转的困境与出路》,载《江苏社会科学》2014 年第 6 期;杨在会:《宅基地“三权分置”:裁判审视、理论阐释与法权构造》,载《宜宾学院学报》2018 年第 9 期;岳永兵:《公平视角下的宅基地流转浅析》,载《国土资源情报》2008 年第 8 期;张未来、张颖军:《城镇化进程中农村宅基地使用权流转问题研究》,载《牡丹江师范学院学报》(哲学社会科学版)2015 年第 3 期;徐凤真:《农村宅基地有偿使用和合理流转探析》,载《山东经济战略研究》2007 年第 5 期;任卉:《解禁农村宅基地流转之辩》,载《成都航空职业技术学院学报》2014 年第 2 期;等等。

〔2〕 《民法典》第 353 条规定:“建设用地使用权人有权将建设用地使用权转让、互换、出资、赠与或者抵押,但是法律另有规定的除外”。《城市房地产管理法》第 39 条规定:“以出让方式取得土地使用权的,转让房地产时,应当符合下列条件:(一)按照出让合同约定已经支付全部土地使用权出让金,并取得土地使用权证书;(二)按照出让合同约定进行投资开发,属于房屋建设工程的,完成开发投资总额的百分之二十五以上,属于成片开发土地的,形成工业用地或者其他建设用地条件。转让房地产时房屋已经建成的,还应当持有房屋所有权证书。”总之,在现行法律规定下,国有建设用地使用权除在流转条件上有所要求外,对受让主体并不作限制,可自由流转给他人。

〔3〕 《民法典》第 266 条规定:“私人对其合法的收入、房屋、生活用品、生产工具、原材料等不动产和动产享有所有权。”同时,《民法典》第 240 条规定:“所有权人对自己的不动产或者动产,依法享有占有、使用、收益和处分的权利。”

在满足规定条件后亦可进行自由流转。自由流转说的支持者认为，宅基地使用权与国有建设用地使用权没有本质上的区别，在流转规则上应当给予平等对待，[1]不应对宅基地使用权流转予以严格限制和不合理约束，其不符合我国相关法律的精神实质，应当赋予农民以完全的宅基地权利，实现城乡居民在土地权利上的平等，使农民的房屋财产成为自己真正的财产；应当实现宅基地使用权的自由流转，宅基地使用权不仅可以在本集体经济组织内部进行流转，还可在全社会范围进行流转，[2]这是权利（物权）平等保护原则应有之义，[3]是实现宅基地使用权与国有建设用地使用权平等保护的必然选择。[4]

2. 实行自由流转是由宅基地使用权的物权和财产权属性所决定的

自由流转说的支持者认为，宅基地使用权是一种典型的用益物权，其以对标的物的使用和收益为主要内容，且收益主要体现于流转之中。[5]现行规定严格限制宅基地使用权自由流转有碍于其实现物权效力，使其处于权能不完整的状态，实际上是剥夺了使用权人对宅基地使用权进行收益的权利，与作为私权的用益物权的属性严重不符；[6]宅基地使用权须发挥其"用益"的本质属性，[7]而允许使用权人以转让、出租、抵押等方

---

[1] 参见田建强：《农村宅基地流转的法律分析》，载《天水师范学院学报》2017 年第 5 期。

[2] 参见晁健宇：《我国农村宅基地使用权流转的现实困境与制度创新》，载《农业经济》2013 年第 6 期。

[3] 参见贺日开：《我国农村宅基地使用权流转的困境与出路》，载《江苏社会科学》2014 年第 6 期。

[4] 参见王利明：《物权法研究（修订版）》（下卷），中国人民大学出版社 2007 年版，第 205 页。

[5] 参见赵海萍：《农村宅基地使用权流转再探——兼谈小产权房合法化问题》，载《湖北警官学院学报》2010 年第 4 期。

[6] 参见施适：《我国宅基地使用权流转现状及其完善》，载《求索》2015 年第 4 期；沈明磊、潘军锋：《农村宅基地使用权转让纠纷法律问题研究》，载《山东法官培训学院学报》2017 年第 6 期。

[7] 参见申建平：《宅基地使用权流转模式的选择》，载《政法论丛》2011 年第 3 期。

式对其进行处分是宅基地使用权的题中应有之义。[1] 研究者认为,与传统物权认知存在显著不同的是,现代物权理念更关注物的利用而非归属,更强调权利人对物的合理有效利用,更看重物的利用价值的充分发挥,允许宅基地使用权自由流转是因应现代物权发展趋势的必然要求。[2]

财产只有在交换、流通中,才能实现其价值;一种财产再有价值,所有权再明确,如果它是静止的,没有交易流动起来,那么它就失去了价值。[3] 波斯纳认为,对一项资源的权利具有排他性和可转让性,那么价值就能最大化。[4] 可流转性是财产权的重要属性,但基于保障农民居住权的考虑,现行规定对作为财产权的宅基地使用权的可流转性进行严格限制。研究者指出,作为基本人权之一,财产权是实现和保障生存权的必要条件,因此,以保障生存权为名限制财产权本身就是一个伪命题;[5] 从财产权角度看,严格限制流转亦是对农民财产权发挥的严重阻碍,违背了财产权本质。[6] 流转是宅基地(使用权)财产属性的题中之义,[7] 严格限制农民处分宅基地使用权这一财产性权利,不仅不能满足农民的财产性需求,而且不利于宅基地(使用权)财产权价值的发挥,[8] 而实行自由

---

〔1〕 参见张安毅:《户籍改革背景下农村宅基地使用权的性质变迁及制度重构》,载《成都行政学院学报》2017 年第 2 期。

〔2〕 参见陈广华、施国庆、马成:《宅基地使用权流转研究——从保护潜在失地农民利益的视角》,载《云南社会科学》2012 年第 2 期。

〔3〕 参见汤浩、刘旦:《我国农村宅基地使用权流转研究》,载《农业经济》2009 年第 3 期。

〔4〕 参见[美]理查德·波斯纳:《法律的经济分析》,蒋兆康译,法律出版社 1997 年版,第 42 页。

〔5〕 参见郭明瑞:《关于宅基地使用权的立法建议》,载《法学论坛》2007 年第 1 期。

〔6〕 参见温世扬、韩富营:《从“人役权”到“地上权”——宅基地使用权制度的再塑造》,载《华中师范大学学报》(人文社会科学版)2019 年第 2 期。

〔7〕 参见高圣平:《宅基地制度改革试点的法律逻辑》,载《烟台大学学报》(哲学社会科学版)2015 年第 3 期。

〔8〕 参见温世扬、韩富营:《从“人役权”到“地上权”——宅基地使用权制度的再塑造》,载《华中师范大学学报》(人文社会科学版)2019 年第 2 期。

流转则是对宅基地使用权财产权属性的自然回应和应然之举。

3. 实行自由流转是由农民之理性经济人定位所决定的

自由流转说的支持者认为,通过严格限制宅基地使用权流转以确保农民实现住有所居、确保农民不会流离失所的立法初衷实无必要,其原因在于,作为理性经济人的农民会对宅基地使用权是否流转予以全面考虑并对流转所可能导致的风险进行理性判断,只会让自己从宅基地使用权流转中获益而非遭遇不可承受之风险。舒尔茨认为,全世界的农民都在与成本、利润和风险打交道,他们都是时刻计算个人收益的经济人;在自己那个小小的个人分配的领域,这些农民都是企业家。[1] 研究者认为,在面对宅基地使用权流转这一问题时,我们绝不能低估中国农民作为理性经济人的智慧,要坚信农民不会轻易作出永久失去宅基地(使用权)和房屋的选择,几千年来所形成"落叶归根""祖宅不卖"等为代表的传统观念以及对于土地的特殊情感无疑会使农民更加重视自己的宅基地(使用权),对于绝大多数农民来说,只有当宅基地使用权的流转收益足以支付当下必要支出并合理安排未来养老需求的情况下,才会选择将自己的宅基地使用权流转出去,农民有能力根据成本收益判断作出最大效用的理性选择;而当农民经过理性分析作出流转宅基地使用权的慎重选择、愿意在市场上变现宅基地使用权所蕴含的经济价值之时,就应当允许宅基地使用权予以自由流转而非严格限制。[2] 也就是说,允许宅基地使用权自由流转后,作为理性经济人的农民也不一定会将其所拥有的宅基地使用权流转出去,农民会根据自身的经济状况及对土地的依赖程度,选择最能

---

〔1〕 参见[美]西奥多·舒尔茨:《改造传统农业》,梁小民译,商务印书馆1987年版,第64页。

〔2〕 参见卫晓:《农村宅基地使用权流转问题思考》,载《多元与包容——2012中国城市规划年会论文集》,2012年10月17日,昆明市。

发挥宅基地(使用权)效益的利用方式。[1] 研究者还认为,在当前社会经济条件下,严格限制农民处分宅基地使用权的做法无异于将所有的农民都视为准"禁治产人",[2]以保护为由而一律剥夺农民之于宅基地(使用权)及地上房屋的财产处分权是对农民利益保护的漠视。[3] 宅基地使用权流转关涉农民的切身利益,我们不能将农民物化为制度设计的对象,而应充分相信农民的创造力和判断力。[4] 研究者还指出,在宅基地(使用权)及其地上房屋流转问题上,作为理性经济人的农民不会贸然作出关系其生存问题的决策,当万不得已之时若仍然予以禁止则可能将农民逼入更加艰难的境地,甚至诱发其他社会问题。[5]

4. 实行自由流转是由农民之强烈意愿所决定的

研究者认为,作为宅基地使用权流转的直接当事人、核心利益相关者,农民的意愿应当成为宅基地使用权流转制度完善的首要考量因素,宅基地使用权流转问题存在的首要原因,就在于农民意愿未在正式制度中得以应有体现,而不得以通过隐形流转方式实现非规范表达。从实践来看,宅基地使用权实行自由流转有着强大的民意基础,即农民有强烈的宅基地使用权流转意愿,因继承等原因拥有多处宅基地使用权的农民有将多余宅基地使用权流转以获得经济收益的意愿,而进入城市落户定居的

---

〔1〕 参见高圣平:《宅基地性质再认识》,载《中国土地》2010 年第 1 期。

〔2〕 参见黄忠:《城乡统一建设用地市场的构建:现状、模式与问题分析》,载《社会科学研究》2018 年第 2 期。

〔3〕 参见杨在会:《宅基地"三权分置":裁判审视、理论阐释与法权构造》,载《宜宾学院学报》2018 年第 9 期。

〔4〕 参见郭明浩:《论农村宅基地自由流转的必要性和可行性》,载《安徽农业科学》2014 年第 29 期。

〔5〕 参见宣玉:《宅基地使用权流转:法律困境、利益考量与制度构想》,载《九江学院学报》(社会科学版)2015 年第 2 期。

农民更是希望流转其所拥有的宅基地使用权以筹集在城市立足的必要资本。[1] 此外,自由流转说的支持者还运用社会调查研究方法取得了大量数据以佐证宅基地使用权实行自由流转的科学性。例如,有调查结果显示,多数农民对宅基地使用权流转持支持态度,占比近70%。[2]

（二）禁止自由流转说及其论据

禁止自由流转说认为,实行自由流转极易引发系统性风险,自由流转所需条件尚不成熟,严格限制宅基地使用权流转仍然是目前的最佳选择,宅基地使用权流转应当限制在集体经济组织内部而不能对外流转。禁止自由流转说与我国宅基地使用权流转现行规定基本吻合。有研究者进一步指出,除出租外,宅基地使用权只能流转(转让)给本集体经济组织内部符合分配条件的农民,且需经本集体经济组织同意或乡(镇)人民政府批准。[3] 支持者从多个方面对禁止自由流转说的合理性予以了解读,主要体现在以下方面。

1. 禁止自由流转是由宅基地使用权的福利属性所决定的

研究者认为,宅基地使用权具有包括财产属性、福利属性在内的多重属性,农民只拥有宅基地的使用权,无偿申请、长期利用与内部流转都是宅基地使用权福利属性的典型表现,宅基地使用权流转并非单纯的经济或私人权利问题,宅基地使用权并非完整商品,不能自由流转,严格限制流转是明智稳妥之举。[4] 福利性与可流转性互相冲突,坚持宅基地使用

---

〔1〕 参见宣虹燕、马永双:《农村宅基地使用权流转法律研究》,载《合作经济与科技》2017年第16期。

〔2〕 参见陈璐:《农村宅基地使用权立法现存问题与完善建议》,载《农业经济与管理》2017年第1期。

〔3〕 参见乔仕彤、张一驰:《试论农村宅基地使用权的流转》,载《科学决策》2005年第11期;王卫国:《中国土地权利研究》,中国政法大学出版社2003年版,第193页。

〔4〕 参见魏程琳:《非财产性权利:农村宅基地的属性与价值辨析》,载《山西农业大学学报》(社会科学版)2016年第4期。

权福利性的自然逻辑就要坚持宅基地使用权的不可流转性,〔1〕宅基地使用权本意在于实现农民的住有所居,本无流通的含义,〔2〕作为依据特定条件分配所得的福利性财产,宅基地使用权设立的目的在于村民自用而非流转。〔3〕 自由流转将导致宅基地使用权进入市场实现土地权利的一次性变现,无法为农民生活提供长久保障,与福利性是相违背的。〔4〕 此外,还有研究者指出,95% 的农村宅基地(使用权)由于不具备交易的市场和条件而没有交换价值,除了发达地区的城郊村或面临城市扩展的农村地区,宅基地(使用权)具有升值潜力和较高市场价值外,绝大部分农村宅基地(使用权)并不具备实现资本价值转变的条件,自由流转说支持者所提出的“宅基地(使用权)自由流转将释放巨量财富价值,有效增加农民财产性收入”主张不过是不切实际的梦想。〔5〕 因此,应禁止宅基地使用权自由流转,而将流转的范围严格限于本集体经济组织内部。

2. 禁止自由流转是由宅基地使用权的身份属性所决定的

与福利属性相对应的是,宅基地使用权还具有显著的身份属性,是一种基于特殊身份而专享的权利,只有本集体经济组织成员才有资格取得宅基地使用权,而且是无偿取得,具有成员专属特征;由身份属性所决定,无偿申请所取得的宅基地使用权只能用于本集体经济组织成员建设住房需要,农村宅基地使用权并本无流通的含义,性质犹如居住权,其财产权

〔1〕 参见任中秀:《农村宅基地使用权制度研究》,山东大学出版社 2012 年版,第 76 页。

〔2〕 参见孟勤国:《物权法开禁农村宅基地交易之辩》,载《法学评论》2005 年第 4 期。

〔3〕 参见张璐:《农村土地流转的法律理性与制度选择》,载《法学》2008 年第 12 期。

〔4〕 参见于霄:《宅基地使用权“福利性”法律解析》,载《清华法治论衡》2014 年第 1 期。

〔5〕 参见魏程琳:《非财产性权利:农村宅基地的属性与价值辨析》,载《山西农业大学学报》(社会科学版)2016 年第 4 期;朱启臻、袁明宝:《警惕对农村土地流转的过分解读》,载《农村工作通讯》2013 年第 24 期。

性质仅是从使用权层面体现的。[1] 时任中央农村工作领导小组办公室主任陈锡文曾指出，宅基地制度目的在于保障集体经济组织成员的居住权，是集体经济组织成员权的体现，若允许非本集体经济组织成员以流转方式获得宅基地使用权意味着对成员权的侵犯，不仅会造成社会财产关系的紊乱，甚至可能导致集体经济组织的瓦解。[2] 还有研究者指出，若允许农民将其依成员身份所取得的宅基地使用权予以自由流转，实质上则是将建立于集体所有权基础上的宅基地使用权变成了个人私有的宅基地所有权，导致集体经济组织对宅基地的所有权名存实亡，进而违背宅基地使用权制度的设计初衷。[3] 有研究者进一步指出，如果允许非本集体经济组织成员取得宅基地使用权，将导致集体经济组织成员的特殊身份优势丧失殆尽，进而危及农村土地的农民集体所有，并与我国现行土地权利制度的整体逻辑体系产生冲突。[4] 总之，由特殊身份属性所决定，宅基地使用权流转只能在一定范围内进行而不应自由流转。[5]

3. 禁止自由流转是由宅基地使用权的社会保障功能所决定的

研究者认为，宅基地使用权是农民基于其特殊身份而取得的具有保障性质的社会资源，是农民安身立命的最后保障，其首要功能在于依托无偿申请、长期利用等规则以间接保障农民实现住有所居、给农民以基本生

---

〔1〕 参见宋志红：《宅基地"三权分置"的法律内涵和制度设计》，载《法学评论》2018 年第 4 期；龙峰：《集体土地征收过程中分家行为研究——兼论法院参与地方政府核心公共政策制度变迁》，载《福建法学》2018 年第 1 期；王艳秋：《我国现行农村宅基地流转制度评析》，载《重庆科技学院学报》（社会科学版）2008 年第 7 期。

〔2〕 参见聂欧：《专访陈锡文：农地改革不能犯颠覆性错误》，载半月谈网：http://www.banyuetan.org/chcontent/sz/wzzs/szft/2016322/188621.shtml，最后访问日期：2020 年 6 月 30 日。

〔3〕 参见韩松：《论对农村宅基地的管理与〈土地管理法〉的修改》，载《国家行政学院学报》2011 年第 1 期。

〔4〕 参见宋志红：《宅基地"三权分置"的法律内涵和制度设计》，载《法学评论》2018 年第 4 期。

〔5〕 参见王利明：《物权法研究》，中国人民大学出版社 2002 年版，第 476 页。

活保障，[1]社会保障功能不仅是宅基地使用权的首要功能，更是宅基地使用权制度创设的立基所在；[2]对宅基地使用权流转予以严格限制的原因就在于其承担了对农民的社会保障功能，不但保障农民在农村拥有最基本的安身之所，更是为进城务工和年迈的农民提供了一份基本的失业及养老保障；[3]在农村社会保障机制尚未健全、社会保障水平有待提高的当下，尤其是住房保障正式制度还远未建立的情况下，若实行自由流转将使宅基地使用权居住保障功能无法维持，进而影响农民住有所居这一基本生活需求；因此，在其他替代性制度完善之前，不能实行宅基地使用权的自由流转。[4] 无论是现行法律，还是有关政策，在宅基地使用权流转问题上都优先选择了以保障农民居住权为价值取向的严格限制流转模式，这是科学认知、准确把握农村社会保障实际状况和住房保障城乡二元结构后的唯一选择。在农村社会保障体系尚未完善、农民住房保障方式尚未发生根本性变化的情势下，宅基地使用权不宜放开流转、自由流转应予禁止。[5] 对于农民来说，宅基地使用权是实现住有所居的基本保障，不能交易、禁止流转应当是基本原则。[6] 在《物权法》制定时，也是因宅基地使用权所承载的社会保障功能而没有突破现行严格限制流转模式。

---

〔1〕 参见贺雪峰：《农村宅基地改革试点的若干问题》，载《新建筑》2016 年第 4 期；夏柱智：《农村土地制度改革的进展、问题和启示：基于 33 个试点的资料》，载《云南行政学院学报》2017 年第 5 期；周国平、徐诤、王丹：《农村宅基地流转的风险防范》，载《科学发展》2013 年第 11 期。

〔2〕 参见宣玉：《宅基地使用权流转：法律困境、利益考量与制度构想》，载《九江学院学报》（社会科学版）2015 年第 2 期；王利明：《物权法研究（修订版）》（下卷），中国人民大学出版社 2007 年版，第 192 页。

〔3〕 参见龙峰：《集体土地征收过程中分家行为研究——兼论法院参与地方政府核心公共政策制度变迁》，载《福建法学》2018 年第 1 期。

〔4〕 参见席志国：《民法典编纂视阈中宅基地“三权分置”探究》，载《行政管理改革》2018 年第 4 期。

〔5〕 参见王娟：《农村宅基地使用权制度探析》，载《天水行政学院学报》2008 年第 6 期。

〔6〕 参见贺雪峰：《改革语境下的农业、农村和农民——十八届三中全会〈决定〉涉农条款解读》，载《人民论坛》2014 年第 3 期。

2007年3月8日时任全国人大常委会副委员长王兆国在《关于〈中华人民共和国物权法(草案)〉的说明》中指出“考虑到目前我国农村社会保障体系尚未全面建立,土地承包经营权和宅基地使用权是农民安身立命之本,从全国范围看,现在放开土地承包经营权、宅基地使用权的转让和抵押的条件尚不成熟”。[1]

4. 禁止自由流转是由切实保护耕地资源的基本国策所决定的

“民以食为天,食以农为源,农以地为本。”作为土地资源之精华、农业生产之根基,耕地是人类赖以生存和发展的基础性资源,是社会永续发展的根本命脉。中国耕地总量虽居世界前列,但人均耕地面积远低于世界平均水平,且存在高质量耕地少、后备资源不足等突出问题。[2] 因此,我国历来高度重视耕地资源保护问题,1986年3月21日中共中央、国务院颁布的《关于加强土地管理、制止乱占耕地的通知》就明确提出,“十分珍惜和合理利用每寸土地,切实保护耕地,是我国必须长期坚持的一项基本国策”;1998年8月29日第九届全国人民代表大会常务委员会第四次会议修订通过的《土地管理法》更是以法律的形式明确规定,“十分珍惜、合理利用土地和切实保护耕地是我国的基本国策”。[3] 实现耕地资源有效保护就是要严格控制建设活动对耕地资源的占用和坚决制止非法占用耕地行为,其中,宅基地规模的合理控制是重要环节之一。原因在于,在很多农村地区(尤其是平原地区),宅基地多由耕地资源转化而来,二者呈此

[1] 参见《关于〈中华人民共和国物权法(草案)〉的说明》,载中国人大网:http://www.npc.gov.cn/wxzl/gongbao/2007-05/29/content_5366955.htm,最后访问日期:2020年6月30日。

[2] 参见牛善栋、方斌:《中国耕地保护制度70年:历史嬗变、现实探源及路径优化》,载《中国土地科学》2019年第10期。

[3] 1998年8月29日第九届全国人民代表大会常务委员会第四次会议修订通过的《土地管理法》第3条明确规定,“十分珍惜、合理利用土地和切实保护耕地是我国的基本国策”;2004年、2019年的两次修正都坚持了这一立法例。

消彼长的状态。研究者认为,实行宅基地使用权自由流转会刺激宅基地规模无序扩张、造成耕地资源的不合理占用,导致耕地资源锐减,加剧人多地少矛盾,[1]有条件的集体经济组织可能在一夜之间将农用土地变为宅基地,[2]这无疑是对切实保护耕地这一基本国策的严重违背。在保护耕地问题上,禁止宅基地使用权自由流转是防止耕地减少的必要条件,虽然仅仅依靠禁止自由流转并不足以确保耕地不再减少,但是如果不限制宅基地的自由流转必然导致耕地减少也是不争的事实。鉴于此,实现宅基地使用权自由流转尚不现实而禁止自由流转则是最合理的选择。

5. 禁止自由流转是由有效保护农民权益的现实需求所决定的

研究者认为,自由流转说以保护农民权益为名,但实际上,宅基地使用权的自由流转可能会严重损害农民的合法权益,原因在于,在宅基地使用权流转中,农民处于弱势地位,交易价格的话语权掌握在卖方手中;在这种情形下,从宅基地使用权交易开禁、自由流转中真正获益的是以从事房地产的商人、掮客和投机者为代表的强势群体或者在农村有本事、有能力获得多处宅基地(使用权)或超标宅基地(使用权)的"农村能人",绝大多数处于弱势地位的普通农民非但无法从中获益而且可能因此遭受损害,如在遭遇经济困难时而不得以低价流转其宅基地使用权。总体而言,中国农民缺乏足够的抵御风险的经济能力,允许宅基地使用权流转,会导致一些农民在急迫或欠缺审慎考虑的情形下出售宅基地使用权后流离失所,会导致一些人大量购买宅基地使用权形成"圈地"局面,并使现有小产权房转为合法,因此只会使社会强势群体受益而作为弱势群体的农民受

---

〔1〕 参见王娟:《农村宅基地使用权制度探析》,载《天水行政学院学报》2008 年第 6 期。

〔2〕 参见孟勤国:《中国农村土地流转问题研究》,法律出版社 2009 年版,第 26～27 页。

损。[1] 受农民的弱势地位所限,宅基地使用权流转的全面放开可能会使农民失去最基本的安身立命之所,贫富差距有可能因此拉大,并影响经济社会的长远发展。[2] 此外,若实行宅基地使用权自由流转,将意味着本集体经济组织以外的人员可通过流转方式获得宅基地使用权,而外来人员的规模介入则可能造成宅基地使用权对外流转过多而致本集体经济组织成员用地失去保障。[3] 实现自由流转表面上是给农民以更大财产权,对农民有利,实际上却会使农民失去最后的保障,陷入风险之中,是对农民的不负责任,是后患无穷的理论主张。[4] 更有研究者尖锐指出,实行宅基地(使用权)自由流转只是少数城郊农民以及城市居民的愿望,其可借自由流转之东风到农村买地买房以实现资产保值、增值之效果,可借自由流转获得本不属于自己的巨额土地增值收益,自由流转主张的支持者忽视农村的现实状况和绝大多数普通农民的想法与选择。[5] 总之,基于实现农民权益整体保护而非个体保护的考虑,禁止自由流转无疑仍是最佳选择,应将宅基地使用权流转限制在集体经济组织内部。

6. 禁止自由流转是由维护社会秩序的长远考虑所决定的

有研究者认为,实行自由流转不仅不能使现存问题得到解决,而且还有可能诱发新的问题,危及社会秩序的维护:(1)允许宅基地使用权自由流转并不会使绝大多数普通农民获得实现宅基地使用权财产性收益的机

---

〔1〕 参见孟勤国:《物权法开禁农村宅基地交易之辩》,载《法学评论》2005 年第 4 期。

〔2〕 参见陈星:《我国农村宅基地使用权流转制度建构》,载《河南司法警官职业学院学报》2015 年第 2 期。

〔3〕 参见陈耀东:《宅基地使用权立法变革论——以〈物权法〉为中心》,载《安徽大学法律评论》2007 年第 1 期。

〔4〕 参见贺雪峰:《改革语境下的农业、农村和农民——十八届三中全会〈决定〉涉农条款解读》,载《人民论坛》2014 年第 3 期。

〔5〕 参见魏程琳:《非财产性权利:农村宅基地的属性与价值辨析》,载《山西农业大学学报》(社会科学版)2016 年第 4 期。

会,而只会造成作为社会发展成果的土地增值收益被一小部分人瓜分并培育一小批土地食利者阶层,[1]这不仅会造成新的社会不公,而且会冲击农村正常社会秩序。(2)允许宅基地使用权自由流转只会使社会强势群体获益,就绝大多数普通农民而言,自由流转会导致农民在面临经济困难时为解燃眉之急被迫流转作为其生存保障的宅基地使用权,造成他们居无定所、无处安身,成为生活无着落的流民,成为社会的不稳定因素。[2] 禁止宅基地使用权自由流转(包括不得抵押、转让和强制执行等)确保了每户农民不因贫穷而流离失所。[3] 一旦允许宅基地使用权自由流转,将冲击宅基地分配制度的设立目的和功能,造成宅基使用权分配制度瓦解、农民流离失所等严重社会问题。[4]

稳定是发展的前提和基础,农村社会的稳定是中国社会稳定的重要内容和基本条件,是关系国计民生的重大问题。宅基地使用权流转不是单纯的经济和私权问题,而是关涉农民长远生计保障、(国家)社会秩序稳定的公共问题。[5] 开禁或变相开禁农村宅基地(使用权)交易的主张不过是强势群体的利益诉求,[6]不仅不具有正当性和公平性,而且会对社

---

〔1〕 参见吴秋菊:《论宅基地使用权流转的隐形市场——基于江汉平原×村和×集的比较分析》,载《华中农业大学学报》(社会科学版)2013年第3期。

〔2〕 参见席志国:《民法典编纂视阈中宅基地“三权分置”探究》,载《行政管理改革》2018年第4期;陈耀东:《宅基地使用权立法变革论——以〈物权法〉为中心》,载《安徽大学法律评论》2007年第1期;王利明、尹飞、程啸:《中国物权法教程》,人民法院出版社2007年版,第392页;梁慧星、陈华彬:《物权法》(第4版),法律出版社2007年版,第282~283页;孟勤国:《物权法开禁农村宅基地交易之辩》,载《法学评论》2005年第4期;等等。

〔3〕 参见孟勤国:《物权法开禁农村宅基地交易之辩》,载《法学评论》2005年第4期。

〔4〕 参见梁慧星、陈华彬:《物权法》(第4版),法律出版社2007年版,第282~283页;孟勤国:《物权法开禁农村宅基地交易之辩》,载《法学评论》2005年第4期。

〔5〕 参见魏程琳:《非财产性权利:农村宅基地的属性与价值辨析》,载《山西农业大学学报》(社会科学版)2016年第4期。

〔6〕 参见王艳秋:《我国现行农村宅基地流转制度评析》,载《重庆科技学院学报》(社会科学版)2008年第7期。

会稳定,尤其是对农村社会秩序的维护带来严重负面影响,加剧村庄内部的不平等。[1] 原国土资源部部长姜大明也曾指出,宅基地使用权流转(转让)应当限定在本集体经济组织内部,以防止城里人到农村买地建房,导致"逆城市化"问题。[2] 此外,农民失去宅基地使用权后可能大量涌入城市,如果无法在城市正常就业,也极易给城市的发展带来不稳定。[3] 因此,从维护社会秩序的长远考虑来看,禁止宅基地使用权自由流转无疑是明智之举,其有助于极大地降低现代化过程中可能出现的不稳定风险,尤其是农民进城失败的风险。[4] 宅基地使用权流转必须限定在本集体经济组织内部,必须继续严格执行"农民的住宅不得向城市居民出售,也不得批准城市居民占用农民集体土地建住宅"的规定,以避免出现逆城市化现象和拉美国家的"贫民窟"现象,[5] 以避免危及正常社会秩序维护。对于以农民工为代表的进城农民而言,禁止宅基地使用权的自由流转有助于提高其抵御风险的能力,有助于其为未来提供更多选择,一旦其进城失败尚有安身之所。[6]

三、畅想:有限流转说之多元方案

(一)有限流转说的核心观点

有限流转说,或称有限度流转说,是除自由流转说、禁止自由流转说

〔1〕 参见陈柏峰:《农村宅基地限制交易的正当性》,载《中国土地科学》2007 年第 4 期。

〔2〕 参见《城里人禁买农村宅基地 购买行为违法无保障》,载人民网:http://house.people.com.cn/n/2015/0303/c164220-26625065.html,最后访问日期:2020 年 6 月 30 日。

〔3〕 参见王利明:《物权法研究(修订版)》(下卷),中国人民大学出版社 2007 年版,第 203 页。

〔4〕 参见贺雪峰:《改革语境下的农业、农村和农民——十八届三中全会〈决定〉涉农条款解读》,载《人民论坛》2014 年第 3 期。

〔5〕 参见杨璐璐:《农村宅基地"一户多宅"诱因与实态:闽省个案》,载《改革》2016 年第 1 期。

〔6〕 参见贺雪峰:《地权的逻辑:地权变革的真相与谬误》,东方出版社 2013 年版,第 188~191 页。

之外,关于宅基地使用权流转模式探讨的第三条道路。有限流转说的支持者认为,自由流转或者禁止自由都不是宅基地使用权流转的最佳选择:自由流转将严重削弱宅基地使用权的保障功能,导致保障农民实现住有所居的制度基础严重动摇,可能诱发“资本驱逐人口”“乡土社会”断裂等系列负面问题,危及正常社会秩序、影响农村社会稳定;禁止自由流转则将极大抑制宅基地使用权的财产属性、侵害农民的财产权益、阻碍农民财产性收入的增加,并无法有效解决宅基地闲置浪费、隐形流转等现实问题。[1] 对宅基地使用权流转应予以辩证分析,既应明悉流转的必要性,又要看到流转可能引致的社会风险,自由流转或禁止流转的观点都有其片面性、局限性,两种方案都会带来相当大的社会消极后果,都是行不通的。受我国复杂的经济社会环境所限,“一刀切”的流转模式不符合中国国情,很难加以全面推广、广泛应用。[2] 宅基地(使用权)的流转及其限制应当放置在当事人权利得到保障、公平公正以及社会稳定的基础上予以综合考量,既不可一味地否决流转,亦不可完全放开而“自由”流转。[3]

(二)有限流转说的多元方案

不同于自由流转说、禁止自由流转说在理论方案上的简单明确,有限

---

〔1〕 参见黄英:《农村宅基地使用权流转问题研究》,载《沈阳农业大学学报》(社会科学版)2016年第6期;黄薇:《小小宅基地　改革大舞台——浅议农村宅基地使用制度改革》,载《中国土地》2014年第2期;苏号朋、宋崧:《宅基地使用权流转之法理分析》,载《人民论坛》2011年第8期;金成波:《论农地征收法律制度的完善——农地发展权创设与适用的视角》,2011年第二届全国民商法学博士研究生学术会议论文,武汉,2011年4月;丁华、崔海:《构建合理适度的农民宅基地使用权流转制度》,载《中共郑州市委党校学报》2007年第2期;王露璐:《从乡土伦理到新乡土伦理》,东洋伦理与文化——第18次韩中伦理学国际学术大会论文,韩国,2010年7月,第189~198页;等等。

〔2〕 参见李仁玉、董玲君:《我国“城中村”宅基地使用权流转问题探析》,载《中国检察官》2012年第13期。

〔3〕 参见郑尚元:《宅基地使用权性质及农民居住权利之保障》,载《中国法学》2014年第2期。

流转说呈多元性特征，研究者就宅基地使用权有限流转的实现提出诸多理论方案。概言之，主要包括以下主张。

1. 分阶段流转说

持分阶段流转说（或称渐进流转说）观点的研究者认为，实现自由流转是宅基地使用权流转制度改革的最终目标，但受现实情况所决定，宅基地使用权流转必须坚持渐进之路，以循序渐进为基本原则、以先试点后推广为基本方法，实现适度、有序、规范、逐步流转。[1] 福利性、保障性和无偿申请性决定了宅基地使用权流转的有限性，在为农民建立起一个有效的基本保障制度之前，宅基地使用权进行自由流转为时尚早，渐进改革之路是兼顾社会稳定大局和农民发展梦想的最佳选择。[2] 破除宅基地使用权流转困局，需要逐步放开对宅基地使用权（自由）流转的限制，实施"两步走"战略：第一步，由禁止流转到限制流转的过渡，实现有限开禁，有条件地扩大宅基地使用权流转的对象和范围；[3] 第二步，由限制流转到自由流转的过渡，实现全面开禁，最终由作为所有权人的农民集体和作为使用权人的农民来主导宅基地使用权流转，坚持市场自主调节与政府有

---

〔1〕 参见张夕富：《我国农村宅基地使用权流转过程中的问题及建议》，载《农业与技术》2016 年第 5 期。陈璐：《农村宅基地使用权立法现存问题与完善建议》，载《农业经济与管理》2017 年第 1 期。吴永花、叶鸿蔚、贾秀飞：《农村宅基地流转的多维度考察——基于价值冲突、合法性及公平性角度》，载《陕西农业科学》2015 年第 8 期。

〔2〕 参见李孟然、汪立军：《看起来很美——安徽省宣城市农屋抵押贷款调查》，载《中国土地》2008 年第 10 期。

〔3〕 在流转对象上，将宅基地使用权转出主体限定为在城镇落户并购买城镇住房，或者在农村还有其他住宅的农民，将宅基地使用权转入主体限定为同一县域内的城乡居民；在流转范围上，经济发达地区允许宅基地在本县域城乡居民之间流转，一般农业型地区允许宅基地在本乡镇居民之间流转。参见夏克勤：《宅基地流转改革的价值趋向与改革路径》，载《江西社会科学》2016 年第 9 期。另有研究者认为，可把使用权主体限制在具有农村户口的农民，打破村与村之间的界限，允许宅基地在不同地区的农村间流转。参见陈然、陈晓枫：《农村宅基地使用权流转制度创新——基于增加农民财产性收入的视角》，载《福建农林大学学报》（哲学社会科学版）2016 年第 3 期。

效监管相结合。[1] 有的研究者则认为，宅基地使用权流转应当分三步进行：第一步，开放宅基地使用权的租赁市场，且对承租人的主体范围不必进行限定；第二步，适当开放宅基地使用权的抵押和转让市场，其中，转让或抵押给本集体经济组织以外的单位、个人的，应当事先经本集体经济组织成员的村民会议2/3以上成员或者2/3以上村民代表的同意，并报乡(镇)人民政府批准；第三步，当农村社会保障体系完善后，完全放开宅基地使用权的商业化流通市场。[2]

2. 分区域流转说

持分区域流转说的研究者认为，受区域差异所限，宅基地使用权流转制度设计应当因地制宜，分区域差别化推进流转，这既有利于统一思想、减少改革推行的阻力，也与我国的现实国情相契合。研究者指出，稳定与效率这两大宅基地使用权流转价值目标的最优平衡点会受到经济发展程度、城市化水平、社会保障状况、农民收入情况等因素影响，因此，宅基地使用权流转制度设计必须因地制宜：若所在地区的宅基地使用权流转能够极大提升经济效率且由流转所带来的负面效应小，则应当推动流转；反之，则应当对流转予以限制。[3] 分区域流转说的支持者多数认为，应当首先开放经济发达地区和城乡接合部的宅基地使用权流转，原因在于，在这些地区，宅基地使用权的经济价值更为显著、资本功能更突出、市场需求更显著、配套措施更完善，福利属性也已十分弱化，很多地方已经不再

---

〔1〕 参见贺日开：《农村宅基地流转、收回及补偿的制度建议》，载《唯实》2014年第12期；夏克勤：《宅基地流转改革的价值趋向与改革路径》，载《江西社会科学》2016年第9期。

〔2〕 参见陈耀东：《房地产法》，复旦大学出版社2006年版，第80页；陈耀东：《宅基地使用权立法变革论——以〈物权法〉为中心》，载《安徽大学法律评论》2007年第1期；杨留强、王彦昕、翟伟静：《我国宅基地使用权流转制度探析》，载《昆明学院学报》2009年第1期；方金华：《禁止农村宅基地使用权流转的正当性质疑》，载《中州大学学报》2020年第3期；温洋：《关于建立和完善城乡统一建设用地市场的建议》，载《中国经贸导刊》2016年第27期；等等。

〔3〕 参见宋志红：《宅基地使用权流转的困境与出路》，载《中国土地科学》2016年第5期。

或不能实行宅基地使用权的福利分配了;而在经济欠发达地区,尤其是传统农区,宅基地使用权流转的经济社会基础尚不具备。[1] 但亦有研究者认为,基于促进农村经济发展、保护农民财产权的考虑,应当首先给欠发达地区和贫困地区的农村宅基使用权流转有条件松绑,允许城镇居民有条件地受让位于该地区的宅基地使用权。[2]

3. 有条件流转说

持有(附)条件流转说的研究者认为,宅基地使用权应当有条件流转,在一定条件下和一定范围内,允许农村宅基地使用权向城镇居民流转,这是现阶段的最佳选择。[3] 研究者对宅基地使用权流转的具体条件进行了深入探讨,主要包括以下9个方面:(1)充分尊重农民意愿,禁止任何形式的强迫流转、诱导流转。这是宅基地使用权流转的首要条件和基本原则。[4] (2)严格土地用途管制,不得以流转为名改变农用地用途、侵

---

〔1〕 参见刘守英:《农村宅基地制度的特殊性与出路》,载《国家行政学院学报》2015年第3期;严海涛:《农村宅基地制度现状与改革探讨》,载《甘肃农业》2015年第21期;瞿理铜、朱道林:《基于功能变迁视角的宅基地管理制度研究》,载《国家行政学院学报》2015年第5期;唐丽媛:《论我国宅基地使用权流转的制度路径》,载《民商法争鸣》2017年第1期;李仁玉、董玲君:《我国"城中村"宅基地使用权流转问题探析》,载《中国检察官》2012年第13期;赵国玲、杨钢桥:《农户宅基地利用现状及其流转意愿影响因素分析——以武汉市江夏区为例》,2009年中国土地学会学术年会论文,扬州,2009年11月,第74~79页。

〔2〕 具体来说,包括以下三种情况:一是对有经济实力、有条件的城镇居民长期到偏远农村承包租赁土地,并有正式承包租赁土地合同的,经乡政府部门认定后,可以购买一处农村宅基地;二是非本村村民经土地流转获得长期土地经营权的,经村委会认定,可以购买一处农村宅基地;三是自愿到欠发达地区农村从事种植业、养殖业的大中专以上学校毕业生,以及国家专门为农村培养的免费师范毕业生,可以购买一处农村宅基地,让他们在农村有房子住。参见赵香兰:《宅基地使用权流转可有条件松绑》,载《中国土地》2012年第6期。

〔3〕 参见郭立瑞、赵丹:《实现我国农村宅基地使用权流转的制度创新》,载《农业经济》2013年第5期;宁清同:《农村宅基地使用权的有条件流转探析》,载《河南省政法管理干部学院学报》2008年第3期;黄英:《农村宅基地使用权流转问题研究》,载《沈阳农业大学学报》(社会科学版)2016年第6期;郑俏:《论宅基地使用权的流转》,载《企业导报》2016年第9期;王军:《宅基地有限自主流转的可行路径》,载《农村经济》2009年第3期;吕军书、张文赟:《农村宅基地使用权流转的风险防范问题分析》,载《河南师范大学学报》(哲学社会科学版)2013年第2期;等等。

〔4〕 参见董祚继:《农村土地制度改革的难点与出路》,载《土地经济研究》2017年第1期。

占耕地。[1] (3)农民宅基地使用权须以确保住有所居为基本条件。[2] 用于自住的宅基地(使用权)及地上住宅不得转让,[3]但在城市已拥有稳定的工作和住所并享受社会保障的除外。(4)赋予本集体经济组织其他成员以优先权,符合分配条件的农户有权优先受让其他成员所流转的宅基地使用权。[4] (5)确保内部分配公平,农民流转其宅基地使用权后,不得再申请新的宅基地使用权。[5] (6)宅基地使用权不可以单独流转,须同地上房屋或其他附属设施一起流转。[6] (7)城镇居民受让宅基地使用权须符合相应条件,如本人虽为城镇居民但父母为宅基地所在集体经济组织成员且愿意在农村安家定居等。另有研究者认为,城镇居民以流转方式取得宅基地使用权的,还应对面积予以限制,以减少土地浪费,提高土地利用效率。[7] 有的研究者认为,在本县级行政区划范围内,城市居民

---

〔1〕 参见董祚继:《农村土地制度改革的难点与出路》,载《土地经济研究》2017年第1期;刘卫柏、贺海波:《农村宅基地流转的模式与路径研究》,载《经济地理》2012年第2期;魏博:《洛阳市完善宅基地制度的路径研究》,载《经济研究导刊》2017年第24期。

〔2〕 参见董祚继:《农村土地制度改革的难点与出路》,载《土地经济研究》2017年第1期;屠世超:《农村宅基地限制流转制度的困境与改革策略》,载《江苏农业科学》2013年第4期。

〔3〕 有的研究者认为,拥有两处以上宅基地使用权的农民,方能将其多余的宅基地使用权予以流转(转让)。参见龙禹:《新形势下推进农村土地依法有序流转的对策建议》,载《决策咨询》2013年第6期。

〔4〕 参见董祚继:《农村土地制度改革的难点与出路》,载《土地经济研究》2017年第1期。

〔5〕 参见董祚继:《农村土地制度改革的难点与出路》,载《土地经济研究》2017年第1期;刘卫柏、贺海波:《农村宅基地流转的模式与路径研究》,载《经济地理》2012年第2期;屠世超:《农村宅基地限制流转制度的困境与改革策略》,载《江苏农业科学》2013年第4期。

〔6〕 参见杨德莲:《社会转型期农村宅基地流转现状及制度完善》,载《湖北警官学院学报》2013年第9期;龙禹:《新形势下推进农村土地依法有序流转的对策建议》,载《决策咨询》2013年第6期;屠世超:《农村宅基地限制流转制度的困境与改革策略》,载《江苏农业科学》2013年第4期;翟全军、卞辉:《城镇化深入发展背景下农村宅基地流转问题研究》,载《农村经济》2016年第10期;夏克勤:《宅基地流转改革的价值趋向与改革路径》,载《江西社会科学》2016年第9期;刘玲、邹文涛、陈诗高:《基于城乡互动的农村宅基地使用权流转制度构想》,载《商业时代》2014年第29期。

〔7〕 参见刘卫柏、贺海波:《农村宅基地流转的模式与路径研究》,载《经济地理》2012年第2期。

每户只能受让一处农村房屋和宅基地使用权。[1] (8)本集体经济组织成员受让宅基地使用权的,须符合宅基地使用权申请分配条件。[2] (9)流转(转让)行为应当征得宅基地所属集体经济组织的同意。[3]

4.适当拓展流转范围说

持适当拓展流转范围说的研究者认为,应当在现有规定基础上对宅基地使用权的流转范围予以适当扩展,又包括以下具体方案:(1)乡(镇)范围内流转说。有研究者认为,宅基地使用权的流转应当限定在宅基地所在乡(镇)范围内,流转当事人应当是本乡(镇)的农民和籍贯在本乡(镇)的城镇居民,确保本乡(镇)宅基地面积的总量平衡,确保流转不会影响辖区内的耕地保有量,建立可控的流转机制;所谓籍贯在本乡(镇)的城镇居民,是指成为城镇居民的原本村村民或是祖宅继承人。[4] (2)县(市)域范围内流转说。有研究者认为,大开大合的制度改革存在宅基地资源流失、危及耕地保护等风险,谨慎放开是理性之道,宜将宅基地使用权流转范围由本集体经济组织内部扩大至县域或市域之内。[5] (3)城市

---

〔1〕 参见屠世超:《农村宅基地限制流转制度的困境与改革策略》,载《江苏农业科学》2013年第4期。

〔2〕 参见龙禹:《新形势下推进农村土地依法有序流转的对策建议》,载《决策咨询》2013年第6期;屠世超:《农村宅基地限制流转制度的困境与改革策略》,载《江苏农业科学》2013年第4期。

〔3〕 参见龙禹:《新形势下推进农村土地依法有序流转的对策建议》,载《决策咨询》2013年第6期。

〔4〕 参见叶洪强:《"有限"流转确保权益》,载《中国国土资源报》2014年9月5日,第3版;赵俊臣:《关于试点宅基地改革的几个争议问题》,载《中国乡村发现》2015年第4期。

〔5〕 参见陈小君:《宅基地使用权的制度困局与破解之维》,载《法学研究》2019年第3期;许光辉、孙志波:《批不了　管不住　退不出　流不动——河北省农村宅基地管理情况调查》,载《中国国土资源报》2013年9月31日,第3版;章斐龙等:《创新农村宅基地退出机制——推进我省农村宅基地流转退出的十点对策建议》,载《浙江日报》2016年6月23日,第16版;张华伟:《积极稳妥地深化农村宅基地制度改革》,载《农村工作通讯》2017年第21期;崔江红:《农村宅基地使用权有限市场化流转改革研究——从利益相关群体利益冲突治理的视角》,载《云南社会科学》2017年第5期;等等。

规划区域范围内流转说。有研究者认为，随着城市化进程的加快、城市规模的扩大，部分农村集体土地已经被“圈”进了城市规划区内，其用途已与国有建设用地完全一致，因此，宅基地使用权的流转（转让）可以率先在城市规划区内进行。[1]

四、反思：对已有研究的“扬”与“弃”

（一）对若干主张的分析

1. 城镇居民是否可以取得宅基地使用权

在我国现行规定下，城镇居民是不能取得宅基地使用权的。自1999年国务院办公厅印发《关于加强土地转让管理严禁炒卖土地的通知》以来，相关政策始终保持高度一致，不仅“严禁城镇居民在农村购置宅基地”，而且明确规定，城镇居民不得购置农民住宅或“小产权房”。城镇居民是否可以取得宅基地使用权、宅基地使用权流转对象能否扩大至城镇居民，也是自由流转说和禁止流转说争论的焦点所在。自由流转说的支持者认为，城镇居民应可通过流转方式取得宅基地使用权，原因在于，城镇居民对宅基地使用权流转存在现实流转需求，且经济实力相对雄厚，唯有让城镇居民加入宅基地使用权流转市场，才能实现供需关系的平衡，才能使宅基地使用权的经济价值得到真正体现，才能有效解决宅基地资源闲置浪费、宅基地使用权隐形流转等现实问题，才能切实维护农民合法权益、推动农村经济发展和加快新型城镇化进程。禁止自由流转说的支持者认为，基于宅基地使用权的福利属性、身份属性和社会保障功能，以及耕地资源保护、社会秩序维护等目标的实现，应当将其流转范围严格限定

---

〔1〕 参见赖德华：《宅基地流转不宜受限制》，载《中国土地》2005年第11期。

在本集体经济组织内部,自然严格禁止城镇居民通过流转方式获得宅基地使用权。作为第三条道路的有限流转说,因理论方案多元,对城镇居民是否可以取得宅基地使用权的问题,存在不同认识。暂且不论与现行规定保持一致的禁止自由流转说的合理性,仅从扩大宅基地使用权流转范围角度来看,确实应该允许城镇居民通过流转方式依规定取得宅基地使用权,否则,扩大宅基地使用权流转范围的目的将落空。更关键的是,从规范宅基地使用权流转的角度来看,对城镇居民是否可以取得宅基地使用权的抉择与落实或存在技术性难题。由前文可知,目前关于宅基地使用权流转问题的规定是间接和零散的,由法律与政策共同调整,规范宅基地使用权流转则需要将现行间接的规定改为直接规定,将现行零散的规定优化为系统性规定。而在实现这一转化时,就会面临这样一个问题,即如何对城镇居民的内涵和外延予以准确界定。以居住地为依据,还是以户籍地为依据?很显然,由居住地的易变性所决定,以其为依据存在认定困难并可能导致权力"寻租"。以户籍地为依据也存在困难或争议。首先,随着户籍改革的推进,形成于计划经济体制时期的城乡二元结构正走向消解,户籍城乡二元分立正走向统一,以户籍为依据,或有"开倒车"的倾向,与改革总方向相违背。其次,从当前改革的实践来看,实际上是允许由农民成为新市民的城镇居民拥有宅基地使用权的。例如,2016 年 7 月 27 日国务院所发布的《关于实施支持农业转移人口市民化若干财政政策的通知》(国发〔2016〕44 号)就明确规定,"维护进城落户农民土地承包权、宅基地使用权、集体收益分配权","地方政府不得强行要求进城落户农民转让在农村的土地承包权、宅基地使用权、集体收益分配权,或将其作为进城落户条件"。最后,若对城镇居民进行细分,则拥有乡(镇)户口的居民与农民居民的关联度要更强一些,与城市居民有所不同,对其在宅基地使用权流转方面亦应进行区别对待，由此会造成问题的进一步复杂。总之，若禁止城镇居民通过流转方式取得宅基地使用权，则不仅会造成宅基地使用权流转目标难以达成，而且在实施中将遇到重大现实障碍。

2. 宅基地使用权能否单独流转

与城镇居民能否取得宅基地使用权一样，宅基地使用权能否单独流转也是自由流转说与禁止自由流转说所争论的焦点之一。持禁止自由流转说的研究者无一例外地反对宅基地使用权的单独流转，认为宅基地（使用权）须与其地上房屋共同流转；而自由流转说的支持者则对此问题存在不同认识，多数研究者也认为，宅基地使用权不能单独流转。有限流转说的支持者也多反对宅基地使用权的单独流转。例如，有研究者指出，宅基地使用权流转应当明确“地随房走”的原则，即宅基地（使用权）只能随其地上房屋一同转让，严禁其单独转让，避免因流转而引发“炒地皮”的现象。[1] 另有研究者认为，宅基地使用权不得单独转让、抵押，但建造在宅基地上的住房转让、抵押的，宅基地使用权一并转让、抵押。[2] 禁止宅基地使用权单独流转的理由主要包括：第一，禁止单独流转是“房地一体”原则的自然体现和应然之义；第二，禁止单独流转有助于避免法律冲突；第三，禁止单独流转为宅基地使用权流转的进一步改革留下空间；第四，禁止单独流转契合宅基地使用权保障功能，有助于维护农民集体和其他成员的权益；第五，禁止单独流转因应不动产登记规则；第六，禁止单独流转有助于减少无效交易中的资源浪费和因此引发的社会不安定因素；[3] 第

〔1〕 参见黄英：《农村宅基地使用权流转问题研究》，载《沈阳农业大学学报》（社会科学版）2016 年第 6 期。

〔2〕 参见郭明瑞：《关于宅基地使用权的立法建议》，载《法学论坛》2007 年第 1 期。

〔3〕 参见陈小君：《宅基地使用权的制度困局与破解之维》，载《法学研究》2019 年第 3 期。

七，禁止单独流转有助于避免因流转而引发的“炒卖”行为。[1] 但是，禁止单独流转的主张很可能无法实现预期目的或者极易被虚置，其重要原因在于，农村住房并未被纳入不动产登记体系且绝大多数农村地区的建房行为无须主管部门批准，由此导致对宅基地（使用权）地上房屋的认定空间巨大，进而导致房地一体流转的设想落空。另外，正如研究者所指出的那样，若法律要求宅基地使用权流转（转让）须以建造有房屋为前提，必将促使交易双方为促成交易而构建临时建筑物，从而造成浪费。[2]

3. 分阶段流转说的价值

如上文所述，作为有限流转说的具体理论方案之一，分阶段流转说认为，自由流转是宅基地使用权流转的最终目标，但受现实条件所限，宅基地使用权流转应当坚持渐进之路，实行分阶段流转。分阶段流转说既肯定了自由流转的未来方向，又注意到流转可能引发的社会风险，可以说是一种稳妥成熟的改革方案。但是，问题也十分明显，突出体现为分阶段流转说未明确各阶段改革的时间点，对各阶段改革所依托的经济社会条件也未进行必要分析，没有为分阶段流转方案的落地落实指明具体实现路径。分阶段流转说提出的时间久远，自宅基地使用权流转问题研究之初就已存在，在经济社会环境已经发生重大变化的今天，分阶段流转说不能停留于“方向性指引”，而应通过对宅基地使用权流转经济社会条件的分析提出更具有可操作性的方案，以发挥理论研究的应有价值。总之，分阶段流转说亟须深化，否则将只能成为仅立足于理论研究而无法为改革实践提供智力支持的“理论方案”。

---

〔1〕 参见刘玲、邹文涛、陈诗高：《基于城乡互动的农村宅基地使用权流转制度构想》，载《商业时代》2014 年第 29 期。

〔2〕 参见王崇敏：《论我国宅基地使用权制度的现代化构造》，载《法商研究》2014 年第 2 期。

4. 分区域流转说的诘问

作为有限流转说的又一具体理论方案，分区域流转说认为，因宅基地使用权流转范围的扩大须具备一定经济社会条件，且我国存在较显著的地区发展差距，与此相适应，宅基地使用权流转应当分区域进行。对分区域流转的实现，多数支持者认为经济发达地区已经具备了流转范围扩大的经济社会条件，因此，应当率先从经济发达地区扩大宅基地使用权流转范围；但是，亦有研究者认为，应当首先给经济欠发达地区“松绑”宅基地使用权流转，以促进其经济发展。这一构想因立足于我国现实国情而具有一定可行性，但在权利意识已显著提高、社会主义市场经济体制日益完善的今天，分区域流转说将会面临机会公平保障不力的诘问及是否将导致区域协调发展失调的争议。

(二)对若干理据的分析

1. 对理性经济人这一理据的分析

理性经济人的理论预设是自由流转说的重要理据之一，而证实农民理性则是对宅基地使用权流转制度予以科学创新的逻辑起点所在。趋利避害、避苦趋乐是人之本性，人总在追求自己最大的幸福。[1] 在理性经济人理论预设下，每个人都是自身利益的最佳判断者，更清楚自己的需求，更能秉持趋利避害原则实现自身利益的最大化。理性经济人理论预设与私法自治理念高度契合，二者均强调应尊重当事人的自主选择，应当赋予当事人以最大限度追求自身利益的自由。[2] 以此为论据的研究者认为，作为理性经济人的农民能够对宅基地使用权流转所带来的收益和

---

〔1〕 参见杨思斌：《功利主义法学》，法律出版社2006年版，第7页。

〔2〕 参见喻文莉：《转型期宅基地使用权流转之法理分析》，载《中国土地科学》2013年第2期。

风险进行准确识别与科学判断,承认农民的理性经济人角色,是尊重、相信农民主动性和创造力的应有之义和应然要求。在宅基地使用权流转问题上,作为理性经济人的农民会以实现自身利益最大化为目标,会在市场中持宅基地使用权"待价而沽"以获取更优之经济对价、获得与之相对的财富。[1] 允许流转后,对土地怀有深深眷念的农民不会贸然将宅基地使用权流转出去,而是会根据自己的经济状况、对宅基地(使用权)的依赖程度,作出最明智、最恰当的选择。[2] 解决农民积弱积贫问题的关键是要给农民以更多的自主权、更宽松的制度环境,在市场条件下,农民完全有能力根据市场规律作出给自己以最大利益的选择。经受了社会转型带来的种种冲击和多轮考验,经过社会磨砺和文化知识普及的农民,在经济发展过程中已经成为具有独立利益、自我管理能力的理性农民,即现代公民。不尊重农民自身的利益需求,把用"理性"建构出来的政策和意志强加给农民,难免是要失败的。[3] 如果农民经慎重思考选择在市场上、通过流转方式实现宅基地使用权所蕴含的经济价值以获得更好的生活条件、发展机会,我们没有理由一律禁止,而应对其予以合理引导,实现对交易市场、流转行为的合理规制。

理性经济人理论预设的反对者则认为,农民是否为真正的理性经济人,目前尚没有充实的论据、科学的研究和准确的解答。[4] 对于农民是不是理性经济人这一争点的解释,从整体和个体的视角进行分析或能得出合理结论。从整体视角来看,农民的伟大智慧、聪明才智是确定无疑。

---

〔1〕 参见孙树惠:《试探农村宅基地使用权之流转——以城镇居民对宅基地使用权的继承为切入》,载《青岛农业大学学报》(社会科学版)2018 年第 3 期。

〔2〕 参见李金萍、李芳:《维护和发展农民土地财产权利的思考与建议》,载《湖北省社会主义学院学报》2015 年第 5 期。

〔3〕 参见赵树凯:《制度安排应当追随农民的脚步》,载《中国发展观察》2006 年第 8 期。

〔4〕 参见杨雅婷、陈薇舒:《宅基地法律问题研究综述》,载《南开法律评论》2017 年第 1 期。

但若是从个体视角来,则可作出如下判断:受个人禀赋所限,不可能每位农民都能成为一位合格的或优秀的理性经济人。理性经济人这一理论预设的恰当应用和作用发挥更适用于宏观问题的分析与研究,而不能借此来评判个体农民流转其宅基地使用权这一微观问题的成效与风险。

2. 对农民意愿这一理据的分析

尊重农民意愿是自由流转说和有限流转说的重要理据之一。研究者认为,作为宅基地使用权人,农民在宅基地使用权流转决策中居于绝对的主导地位,农民对宅基地使用权流转的认知和意愿对规制宅基地使用权流转起着关键性作用。[1] 为此,研究者就农民之于宅基地使用权的流转意愿进行了相应社会调查。例如,区域调查结果显示,66.8%的农民愿意流转其宅基地使用权,其中,在经济发达地区,高达70%的农民愿意以合适条件流转其宅基地使用权,在经济相对落后地区也有58%的农民愿意流转其宅基地使用权。[2] 相关调查还包括:66.43%的农户愿意流转或正在流转其宅基地使用权;[3]基层村干部对农村宅基地使用权流转的支持率为100%,村民的支持率在95%以上,闲置住房户的赞成率为85%左右;[4]54.35%的农户愿意流转宅基地使用权,21.12%的农户不愿意流转宅基地使用权;[5]等等。研究者据此认为,应当尊重多数农民的意愿改变现行严格限制流转模式,扩大宅基地使用权流转范围,以实现农民权益

[1] 参见陈美球、徐星璐、朱美英:《农户对农村宅基地流转的认知与意愿——基于江西省254户农户调查》,载《热带地理》2014年第4期。

[2] 参见梁雪玮:《山东省东营市宅基地流转问题研究》,载《管理观察》2017年第35期。

[3] 参见庄红花、夏艳华:《云南省农村宅基地流转现状的实证研究》,载《中外企业家》2018年第12期。

[4] 参见陈建明、陈忠浩:《农村宅基地使用权该如何流转》,载《中国乡村发现》2007年第6期。

[5] 参见邝佛缘等:《生计资本差异对农户宅基地流转意愿的影响——基于江西省587份问卷》,载《土地经济研究》2016年第2期。

的有效保护。对上述社会调查方法的应用、俯下身子做学问的态度应当予以肯定，但是，对以上调查数据的应用价值，我们应当有一个科学认知。一方面，以上调查数据多为区域性调查，准确度稍嫌不够。例如，有调查数据显示，支持宅基地使用权流转的农户为36.7%，而观望、反对流转的农户也分别达到37.1%、25.9%。[1] 有研究者指出，大多数农民并无流转宅基地使用权的迫切需求，更多是将宅基地使用权作为生活退路、生存保障。[2] 由此可见，多数农民支持宅基地使用权的结论是否准确客观或未可知。另一方面，以上调查数据多为研究性调查，权威性稍显不足。研究表明，在宅基地使用权流转问题上，影响农民意愿的因素多样，包括年龄、文化、收入、区域等，一个基本规律是所处区域经济越发达、富裕程度越高、非农收入来源越广、拥有宅基地资源越多，农民流转宅基地使用权的意愿就越强。[3] 例如，调查表明，25岁以下的农户宅基地流转的意愿最为强烈，占比为59.1%；而5人以上家庭规模的农户，不愿意流转宅基地使用权的占比则高达70%。[4] 综合分析，关于农民意愿的社会调查数据对决策具有一定的参考价值，但不宜将其决定宅基地使用权是否流转、判定宅基地使用权流转模式的核心论据。

---

〔1〕 参见程克群、程颢昕、王立群：《安徽省农村宅基地有偿转让研究》，载《安徽农业大学学报》（社会科学版）2018年第6期。

〔2〕 参见陈荣清、张明、陈宏斐：《基于农户视角的农村宅基地流转实证分析》，载《资源与产业》2011年第5期。

〔3〕 参见庄红花、夏艳华：《云南省农村宅基地流转现状的实证研究》，载《中外企业家》2018年第12期；孙丽娜、牛广元、宫月：《黑龙江省农民宅基地流转意愿及其影响因素分析——以哈尔滨市帽儿山镇为例》，载《中国农学通报》2018年第17期；陈美球、徐星璐、朱美英：《农户对农村宅基地流转的认知与意愿——基于江西省254户农户调查》，载《热带地理》2014年第4期；吴郁玲等：《宅基地使用权确权对不同区域农户宅基地流转意愿的影响研究——基于湖北省361份农户的调查》，载《中国土地科学》2017年第9期；张梦琳、舒帮荣：《农民分化、福利认同与宅基地流转意愿》，载《经济体制改革》2017年第3期。

〔4〕 参见庄红花、夏艳华：《云南省农村宅基地流转现状的实证研究》，载《中外企业家》2018年第12期。

3. 对农民权益保护这一理据的分析

对农民权益予以有效保护是宅基地使用权流转问题研究中绝大多数研究者所采用的重要理据之一。利益与法律存在天然联系,法律能够对利益分配秩序起到确认、调整作用,而利益则是法律进行规则厘定、制度创设时所须考量的核心要素。利益时刻拨动人的心弦、左右人的行为,利益是法律的原因,法主要规范着利益斗争,法的最高任务是平衡利益。[1]由利益之于问题探讨、制度变迁的重要性所决定,利益分析法已成为一种重要研究方法,应用范围日益拓展,具有化繁为简、化难为易的突出优势,有助于推导出符合实际发展趋势的科学结论。2014 年 12 月 2 日习近平总书记主持召开中央全面深化改革领导小组第七次会议并发表重要讲话,会议不仅指出,“土地制度是国家的基础性制度”,而且明确,在包括宅基地制度改革在内的三项改革中,“要始终把维护好、实现好、发展好农民权益作为出发点和落脚点,坚持土地公有制性质不改变、耕地红线不突破、农民利益不受损三条底线”。由此可见,因宅基地使用权流转关乎农民重大利益,利益分析法的引入是理论研究的正确选择,其有助于探寻问题解决的科学之道。不过如上文所述,研究者均从农民权(利)益保护出发,却得出了完全不同的结论。[2] 自由流转说的支持者认为,唯有实行宅基地使用权的自由流转,才能充分实现宅基地使用权的经济价值,才能有效保障农民的财产权益与发展权益;禁止自由流转说的支持者认为,在宅基地使用权自由流转中,真正获益者只能是以房地产商、掮客、投机者以及拥有规模宅基地(使用权)资源的农村“能人”为代表的“强者”而绝非处于弱势地位的普通农民,因此,禁止自由流转才能真正保护农民权

[1] 参见付子堂:《对利益问题的法律解释》,载《法学家》2001 年第 2 期。
[2] 参见宋志红:《宅基地使用权流转的困境与出路》,载《中国土地科学》2016 年第 5 期。

益；有限流转说的支持者认为，立足现有经济社会条件，实现宅基地使用权的有限流转能够兼顾宅基地（使用权）经济价值实现和流转风险防控的双重目标，是对农民权益予以有效保护的最佳方案。需要明确的是，利益分析法的引入是没有问题的，其符合宅基地使用权流转这一问题的属性和特点。之所以出现“视角相同、结果迥异”的“尴尬”状况，其原因在于，研究者在使用利益分析法这一研究工具，未对其进行全面贯彻，没有对农民利益进行分解与整合，没有从整体上探讨农民利益保护实现问题。自由流转说的支持者是从农民之于宅基地使用权的财产权益、发展权益视角展开论证，禁止自由流转说则是从农民之于宅基地使用权的居住权益、生存权益视角予以分析。同时，研究者也没有从利益主体角度对农民利益保护的实现进行必要阐释，在宅基地使用权流转问题上，作为宅基地使用权人的个体农民（尤其是宅基地资源规模持有人）、作为宅基地所有权人的农民集体以及宅基地所属集体经济组织的其他成员（尤其是并未通过无偿申请获得宅基地使用权的其他农民）等利益相关者，其利益诉求是存在显著差异的。我们强调宅基地制度改革须遵循保护农民权益的基本原则，其内涵丰富，既指在改革中若农民与其他主体（如以城镇居民为代表的非本集体经济组织成员）存在利益分配冲突时应当优先保护农民的合法权益，也包括对作为宅基地使用权人的个体农民、作为宅基地所有权人的农民集体以及宅基地所属集体经济组织的其他成员的利益诉求予以正确识别与妥适保护。总之，实现农民利益的妥适保护须以分析整体与个体之间的利益诉求差异并进行准确识别为基本前提，表层化研究很可能无法得出客观结论，更无助于问题的真正解决。

4. 对社会保障功能维护这一理据的分析

社会保障功能的维护是禁止自由流转说的重要理据之一。持禁止自由流转说的研究者认为，社会保障功能是宅基地使用权的首要功能，是宅基地使用权创设的初衷所在，其关系农民住有所居梦想的实现、关乎农民安身立命之根本，在农村社会保障水平尚待提高，尤其是在农村住房保障制度仍然缺位的情况下，应当通过禁止自由流转方式以有效维护宅基地使用权的社会保障功能，确保农民居住需求得到应有保障。持自由或有限流转说的研究者就社会保障功能维护这一理据提出了不同见解，主要包括：(1)认为宅基地使用权的社会保障性体现在无偿取得环节，是就初始取得而言的，农民通过无偿申请获得宅基地使用权后，宅基地使用权所蕴含的社会保障功能便已完成使命，其财产属性相应得以彰显、保障色彩相应予以淡化，在后续利用与处置中应不再受身份所限而允许自由流转。〔1〕 (2)认为随着经济社会的发展、农民收入的提高、社会保障的完善、城市化程度的加深，宅基地使用权所蕴含的社会保障功能逐渐势微，农民对宅基地使用权的依赖性日益减弱，宅基地资源闲置、隐形流转高发正说明宅基地使用权社会保障功能的弱化，尤其是对已经在城市安家的农民而言，宅基地不再是住有所居之基本保障，宅基地使用权正常流转已成为可能，不能以维护社会保障功能之名而严格限制宅基地使用权流转。〔2〕

---

〔1〕 参见徐凤真：《关于完善宅基地使用权的若干思考》，载《理论学刊》2010 年第 1 期；张文波：《宅基地使用权自由流转问题的法理分析》，载《中国不动产法研究》2011 年第 1 期；邓辉、张晓宁：《宅基地使用权制度的现代化构建：体系与变革》，载《西部法学评论》2017 年第 2 期；等等。

〔2〕 参见陈广华、施国庆、马成：《宅基地使用权流转研究——从保护潜在失地农民利益的视角》，载《云南社会科学》2012 年第 2 期；温世扬、梅维佳：《宅基地“三权分置”的法律意蕴与制度实现》，载《法学》2018 年第 9 期；孙淑云、吴海玲：《论我国宅基地使用权流转制度的完善》，载《湖南科技大学学报》（社会科学版）2012 年第 1 期；宣虹燕、马永双：《农村宅基地使用权流转法律研究》，载《合作经济与科技》2017 年第 16 期；谢根成、赵勇勇：《关于农村宅基地使用权流转问题的思考》，载《管理学刊》2012 年第 1 期；郭明浩：《论农村宅基地自由流转的必要性和可行性》，载《安徽农业科学》2014 年第 29 期；任卉：《解禁农村宅基地流转之辩》，载《成都航空职业技术学院学报》2014 年第 2 期；刘俊：《农村宅基地使用权制度研究》，载《西南民族大学学报》（人文社会科学版）2007 年第 3 期；等等。

(3)认为宅基地使用权社会保障功能的赋予只是为农民提供了一个低层次的、近乎保命的保障,并不能构成有效的社会保障,并非正式制度意义上的社会保障,当前应当通过健全农村社会保障体系、完善农村住房保障措施以剥离宅基地使用权的社会保障功能,而不能通过禁止宅基地使用权流转以实现农民的住有所居。[1] 如有研究者指出,社会保障是由国家和社会举办的,属于国家和社会的一项公法义务,以社会保障为由而限制宅基地使用权流转是不合理的。[2]

对自由或有限流转说对社会保障功能维护这一理据的批驳或可作进一步探讨:(1)认为社会保障性仅体现在宅基地使用权取得环节的判断过于绝对。宅基地使用权的社会保障性体现在多个方面,包括取得环节的无偿申请、利用环节的长期使用、处分权能的严格限制等,由此可见,社会保障性并非仅体现在分配环节;同时,从社会保障功能的实现来看,仅将其限定在取得环节也不可行,仅能体现一定的福利性,而无法确保社会功能的真正实现。(2)认为因宅基地使用权社会保障功能已趋势微而无须将其作为限制宅基地使用权流转考量因素的判断难免片面。从实践来

---

〔1〕 参见孙秋鹏:《农村建设用地征收中的收益分配与效率损失研究——兼评反对自由流转观点》,载《北京社会科学》2016 年第 5 期;李金萍、李芳:《维护和发展农民土地财产权利的思考与建议》,载《湖北省社会主义学院学报》2015 年第 5 期;郭明瑞:《关于宅基地使用权的立法建议》,载《法学论坛》2007 年第 1 期;王崇敏、孙静:《农村宅基地使用权流转析论》,载《海南大学学报》(人文社会科学版)2006 年第 2 期;韩世远:《宅基地的立法问题——兼析物权法草案第十三章"宅基地使用权"》,载《政治与法律》2005 年第 5 期;陈小君:《农村土地制度的物权法规范解析——学习〈关于推进农村改革发展若干重大问题的决定〉后的思考》,载《法商研究》2009 年第 1 期;李进、饶锋伟:《百姓物权能否被根本保护》,载新浪网:http://news.sina.com.cn/c/2005-07-12/09436413573s.shtml,最后访问日期:2020 年 6 月 30 日;孙淑云、吴海玲:《论我国宅基地使用权流转制度的完善》,载《湖南科技大学学报》(社会科学版)2012 年第 1 期;高圣平:《宅基地性质再认识》,载《中国土地》2010 年第 1 期;等等。

〔2〕 参见黄忠:《城乡统一建设用地市场的构建:现状、模式与问题分析》,载《社会科学研究》2018 年第 2 期;林嘉:《社会保障法的理念、实践与创新》,中国人民大学出版社 2002 年版,第 8 页;汤浩、刘旦:《我国农村宅基地使用权流转研究》,载《农业经济》2009 年第 3 期。

看，宅基地使用权所负载的社会保障功能确实对部分富裕农民来说已没有那么重要或者说是已经不再是这些农民居住需求的根本保障，但是对多数农民来说，宅基地使用权仍然是实现住有所居的制度倚赖，以部分农民需求变化为据否定宅基地使用权的社会保障功能难免片面。(3)认为政府应通过健全农村社会保障体系以剥离宅基地使用权之社会保障功能进而实现自由流转目的的见解合理，但须正视改革的渐进性与改革的系统性。相对城市而言，农村社会保障在制度体系、保障水平等方面均还较为滞后，未来应进一步健全农村社会保障体系、提高社会保障水平，尤其是要建立正式的农村住房保障制度，但是这有一个过程，需循序渐进、先易后难，宅基地使用权所负载的社会保障功能在短期内尚无法彻底剥离。在此情况下，对宅基地使用权流转问题的探讨不应回避其社会保障功能。

5. 对有效保护耕地资源这一理据的分析

实现耕地资源的有效保护是禁止自由流转说的重要理据之一。持禁止自由流转说的研究者认为，因宅基地多由耕地转化而来，二者呈此消彼长状态，一旦允许宅基地使用权自由流转将极大地刺激耕地占用行为，因此，应禁止宅基地使用权自由流转以有效保护耕地资源。如有研究者指出，宅基地使用权流转范围的扩大，将彻底改变宅基地使用权供需状况，为获得流转收益，作为宅基地所有权人的农民集体和作为宅基地使用权人的个体农民均可能会采取隐蔽方式将耕地转化为宅基地并用于流转，由此可能造成耕地保护失去控制。[1] 另有研究者指出，这一担忧已被实践证明，在经济比较发达地区、城镇近郊农村以及风景秀丽、交通便利地

〔1〕 参见胡佳：《农村宅基地“三权分置”之权利内容与实现形式》，载《重庆文理学院学报》(社会科学版)2020年第1期。

区的农村,受流转收益刺激,宅基地使用权隐形流转所引致的非法占地行为已经成为耕地(农用地)流失的一个"大口子"。[1] 但是,持自由或有限流转说的研究者认为,在现行土地管理制度下,耕地转化为建设用地的规定完善且严格,宅基地使用权的流转并不必然造成违规占用耕地进而危及耕地资源保护的后果。[2] 耕地资源保护与宅基地使用权流转并无直接关系,其关键在于严格贯彻执行"一户一宅"、土地用途管制、耕地转用审批等法律规定,[3]有研究者认为,耕地资源保护不是仅通过禁止农村宅基地使用权自由流转就能解决的,[4]限制宅基地使用权(农房)流转多带来的耕地资源保护效果微乎其微,犹如扬汤止沸,杯水车薪。[5] 此外,还有研究者认为,宅基地使用权流转实际上有利于耕地资源保护,原因在于,宅基地使用权的有序流转意味着闲置、多余的宅基地得以被重新利用,部分村民的居住需求得到满足,新增宅基地申请规模相应减少,耕地

[1] 参见吴霞:《农村宅基地使用权制度改革的现状调查研究——以贵州、甘肃为例》,载《农业经济》2014 年第 4 期。

[2] 参见卫晓:《农村宅基地使用权流转问题思考》,载《多元与包容——2012 中国城市规划年会论文集》,2012 年 10 月 17 日,昆明市。

[3] 参见汤浩、刘旦:《我国农村宅基地使用权流转研究》,载《农业经济》2009 年第 3 期;张国华:《论宅基地使用权的功能》,载《天津法学》2013 年第 3 期;张文波:《宅基地使用权自由流转问题的法理分析》,载《中国不动产法研究》2011 年第 1 期;孙秋鹏:《农村建设用地征收中的收益分配与效率损失研究——兼评反对自由流转观点》,载《北京社会科学》2016 年第 5 期;屠世超:《农村宅基地限制流转制度的困境与改革策略》,载《江苏农业科学》2013 年第 4 期;孙淑云、吴海玲:《论我国宅基地使用权流转制度的完善》,载《湖南科技大学学报》(社会科学版)2012 年第 1 期;郭明瑞:《关于宅基地使用权的立法建议》,载《法学论坛》2007 年第 1 期;李谱、韩立达:《建立农村宅基地使用权流转制度问题探讨》,载《理论导刊》2008 年第 10 期;郑风田:《让宅基地"三权分置"改革成为乡村振兴新抓手》,载《人民论坛》2018 年第 10 期;等等。

[4] 参见王崇敏、孙静:《农村宅基地使用权流转析论》,载《海南大学学报》(人文社会科学版)2006 年第 2 期;郭明瑞:《关于宅基地使用权的立法建议》,载《法学论坛》2007 年第 1 期。

[5] 参见肖兴江:《关于农村宅基地使用权流转的思考》,载《扬州教育学院学报》2004 年第 4 期。

资源转用宅基地的压力也相应减轻。[1]

诚如持自由或有限流转说的研究者所言，从制度层面来讲，宅基地使用权流转与耕地资源保护并无直接因果关系，“一户一宅”、土地用途管制、耕地转用审批等制度的严格贯彻执行是耕地资源保护的关键所在。但是，需要指出的是，制度执行需要具备相应条件，包括人员、技术、设备等方面，而从农村土地管理执法的实际状况来看，水平尚有待提高，这也是隐形流转等问题多发的重要原因所在。鉴于此，对宅基地使用权流转所可能导致的耕地违规占用行为不得不加以考虑，在经济激励下，个体农民与农民集体都有将耕地转化为宅基地的谋利冲动。因此，通过对宅基地使用权流转予以必要规制虽非耕地资源保护的充分条件，但应当是必要条件之一。[2] 此外，关于宅基地使用权流转有助于耕地资源保护的提法，可能仅是一种理论设想。按照其逻辑思路分析，将宅基地使用权流转严格限制在本集体经济组织内部或更有助于耕地资源的保护，流转市场的限制将有效压低宅基地使用权流转价格，有利于吸引符合无偿申请条件的农民通过流转方式满足其宅基地利用需求，进而减轻耕地资源转用宅基地的压力。

6. 对宅基地使用权物权和财产权属性这一理据的分析

持自由流转说的研究者认为，作为一种典型的用益物权，宅基地使用权具有占有、使用、收益等权能，且收益主要体现于流转之中，现行规定严格限制了宅基地使用权的物权效力，导致其权能处于不完整状态，为因应

[1] 参见谢根成、赵勇勇：《关于农村宅基地使用权流转问题的思考》，载《管理学刊》2012 年第 1 期；田建强：《农村宅基地流转的法律分析》，载《天水师范学院学报》2017 年第 5 期；郑风田：《让宅基地“三权分置”改革成为乡村振兴新抓手》，载《人民论坛》2018 年第 10 期；付宗平：《乡村振兴框架下宅基地“三权分置”的内在要求与实现路径》，载《农村经济》2019 年第 7 期。

[2] 参见张璐：《农村土地流转的法律理性与制度选择》，载《法学》2008 年第 12 期。

宅基地使用权的物权属性与未来发展趋势,应当允许宅基地使用权自由流转;财产只有通过交换、流通才能实现其价值,可流转性是财产权的重要属性,实行自由流转是对宅基地使用权财产权属性的自然回应和应然之举。禁止自由流转说的支持者则认为,权利人能够基于物权对标的物(财产)进行支配,但这种支配应当是依法支配而不具有绝对自由,占有、使用也是一种支配,不能说不能转让就等于不能支配,就不是物权;财产并非因流通才成为财产,不能流通只代表财产没有机会表现为交换价值,但并不消灭财产固有的价值和使用价值,宅基地(使用权)是农民的财产,主要是从利用的意义上讲的。[1] 确如其言,对于物权的权利特性确实应当予以一个准确理解,尤其是应当跳出物权法理论和规定来看待物权。例如,《城市房地产管理法》第 26 条规定:"以出让方式取得土地使用权进行房地产开发的,必须按照土地使用权出让合同约定的土地用途、动工开发期限开发土地。超过出让合同约定的动工开发日期满一年未动工开发的,可以征收相当于土地使用权出让金百分之二十以下的土地闲置费;满二年未动工开发的,可以无偿收回土地使用权;但是,因不可抗力或者政府、政府有关部门的行为或者动工开发必需的前期工作造成动工开发迟延的除外。"由该规定可知,作为典型物权的国有建设用地使用权在行使中亦并非绝对,甚至要受到出让合同这一债权形式所严格约束。再如,《城市房地产管理法》第 38 条、第 39 条规定,以出让方式取得土地使用权的,不符合规定的投资开发条件,[2] 不得转让。由此可见,物权的行使会

---

〔1〕 参见孟勤国:《禁止宅基地转让的正当性和必要性》,载《农村经营管理》2010 年第 5 期。

〔2〕 《城市房地产管理法》第 39 条规定,以出让方式取得土地使用权的,转让房地产时,应当符合下列条件:(1)按照出让合同约定已经支付全部土地使用权出让金,并取得土地使用权证书;(2)按照出让合同约定进行投资开发,属于房屋建设工程的,完成开发投资总额的 25% 以上,属于成片开发土地的,形成工业用地或者其他建设用地条件。转让房地产时房屋已经建成的,还应当持有房屋所有权证书。

受到相应限制，宅基地使用权流转的限制并不影响其物权性质，限制虽会对其经济价值产生一定影响但不影响其作为财产权而存在。总之，由物权和财产权属性并不能推导出宅基地使用权可予以自由流转的结论。

7. 对维护社会秩序这一理据的分析

有效维护社会秩序是禁止自由流转说的重要理据之一。禁止自由流转说的支持者认为，宅基地使用权自由流转会诱发社会问题，如因流转收益分配不公而造成集体经济组织内部矛盾、影响农村正常社会秩序，有的农民因流转而丧失居所，因此，应禁止自由流转。持自由或有限流转说的研究者对此持不同观点，主要包括：(1)实行自由或有限流转是否会影响正常社会秩序尚未可知，二者并无必然关系，但在现行严格限制流转模式下，宅基地使用权隐形流转所诱发的社会问题却十分显著，造成了很多矛盾纠纷，产生了很多不稳定因素，影响了农村社会的安定。[1] (2)从改革试点实践来看，各地模式虽然不一，但宅基地使用权流转并没有诱发大规模社会问题，因此，以维护社会稳定为由禁止宅基地使用权流转并不能成立。[2] (3)国外的贫民窟现象形成的原因主要在于“中等收入陷阱”、严重贫富差距、政府腐败等，中国要防止出现类似情况，要解决的是如何避免“中等收入陷阱”，而不是限制农民的正当权利，宅基地自由流转

〔1〕 参见李勇坚：《我国农村宅基地使用权制度创新研究》，载《经济研究参考》2014年第43期；陈广华、施国庆、马成：《宅基地使用权流转研究——从保护潜在失地农民利益的视角》，载《云南社会科学》2012年第2期；杨在会：《宅基地“三权分置”：裁判审视、理论阐释与法权构造》，载《宜宾学院学报》2018年第9期。

〔2〕 参见李勇坚、袁锦秀、李蕊：《我国农村宅基地使用制度创新研究——“宅基地指标化”改革思路与方案设计》，载《西部论坛》2014年第6期；卫晓：《农村宅基地使用权流转问题思考》，载《多元与包容——2012中国城市规划年会论文集》，2012年10月17日，昆明市。

不会造成农民大规模流离失所。[1] (4)随着我国社会保障体系的逐渐完善,认为宅基地使用权流转会诱发社会问题、影响社会秩序的担心是杞人忧天,我们有足够的智慧、以最小的成本化解这种风险。[2] (5)作为理性经济人,农民能够根据自身情况进行慎重考虑、作出科学判断,不至于因宅基地使用权流转而影响居住需求、危及正常生活。[3] 即使有极个别的农民可能会出现因出售房屋而无家可归的情形,那也不宜将万分之一可能性作为普遍立法的取舍标准,[4]因此,禁止宅基地使用权流转而使绝大多数农民失去对宅基地(使用权)及其地上房屋的财产自由处置权,有失公平。[5] 另有研究者认为,若极少数非理性的农民因为转卖房屋或宅基地(使用权)且并未谋得更好的发展而无家可归,政府应当切实承担起应有的社会保障职责,而不应采取禁止宅基地使用权流转(交易)的方式来防止这种情况的发生。[6]

---

〔1〕 参见孙秋鹏:《农村建设用地征收中的收益分配与效率损失研究——兼评反对自由流转观点》,载《北京社会科学》2016 年第 5 期。

〔2〕 参见李金萍、李芳:《维护和发展农民土地财产权利的思考与建议》,载《湖北省社会主义学院学报》2015 年第 5 期。

〔3〕 参见李勇坚:《我国农村宅基地使用权制度创新研究》,载《经济研究参考》2014 年第 43 期;孙秋鹏:《农村建设用地征收中的收益分配与效率损失研究——兼评反对自由流转观点》,载《北京社会科学》2016 年第 5 期;邓辉、张晓宁:《宅基地使用权制度的现代化构建:体系与变革》,载《西部法学评论》2017 年第 2 期;吴永花、叶鸿蔚、贾秀飞:《农村宅基地流转的多维度考察——基于价值冲突、合法性及公平性角度》,载《陕西农业科学》2015 年第 8 期;黄忠:《城乡统一建设用地市场的构建:现状、模式与问题分析》,载《社会科学研究》2018 年第 2 期;卫晓:《农村宅基地使用权流转问题思考》,载《多元与包容——2012 中国城市规划年会论文集》,2012 年 10 月 17 日,昆明市;宋志红:《宅基地使用权流转的困境与出路》,载《中国土地科学》2016 年第 5 期;等等。

〔4〕 参见刘俊:《农村宅基地使用权制度研究》,载《西南民族大学学报》(人文社会科学版) 2007 年第 3 期。

〔5〕 参见吴永花、叶鸿蔚、贾秀飞:《农村宅基地流转的多维度考察——基于价值冲突、合法性及公平性角度》,载《陕西农业科学》2015 年第 8 期;诸培新、曲福田、孙卫东:《农村宅基地使用权流转的公平与效率分析》,载《中国土地科学》2009 年第 5 期。

〔6〕 参见吴永花、叶鸿蔚、贾秀飞:《农村宅基地流转的多维度考察——基于价值冲突、合法性及公平性角度》,载《陕西农业科学》2015 年第 8 期;宋志红:《宅基地使用权流转的困境与出路》,载《中国土地科学》2016 年第 5 期。

对自由或有限流转说于维护社会秩序这一理据的批驳或可作进一步分析:第一,改革是为了更好地解决问题,因此,不能以隐形流转这一现存问题而对自由流转可能诱发的问题予以回避;第二,试点的目的在于通过先行先试的方式探索未来改革的方向,试点中的成功经验应当予以吸收转化,但以此否定自由流转可能引致的风险或许片面,更为关键的是,从试点改革实践来看,并未见宅基地使用权自由流转模式的实践;第三,域外经验与改革试点经验原理相同、问题相同,对其参考价值应予客观评价,不宜过分扩大,而且其借鉴价值还不及改革试点的实践经验;第四,由农村社会保障体系尚待健全、农村社会保障水平有待提高、农村住房保障制度仍然不完善的现实情况所决定,实行自由流转很可能引发其他社会问题;第五,如上文所述,理性经济人理论预设虽具有一定价值但亦存固有缺陷。

需要反思的是,禁止自由流转说对自由流转所诱发问题的分析实际上一种风险预测,这种风险或可通过科学制度的创设、合理规则的设定予以规避,而政府切实履行应有职责或是风险规避的关键环节,自由或有限流转说就此所提出的见解有其合理性。

8. 对宅基地使用权福利属性这一理据的分析

禁止流转说的支持者认为,宅基地使用权具有突出的福利属性特征,无偿申请、长期利用与内部流转等规则均是其具体表征,宅基地使用权的无偿属性与可流转性相冲突,宅基地使用权本意在于实现农民的住有所居而非进行交易变现,因此,应当对宅基地使用权自由流转予以禁止。自由或有限流转说的支持者则认为,福利性与可流转性并不具有直接联系,并不冲突,并不存在“福利分配的东西不得自由处分”这一定律,宅基地使用权分配的福利性,并不能抹杀宅基地使用权的财产属性,农民凭借其集体经济组织成员身份依法取得宅基地使用权后，就可以对自己的财产进行处分、予以流转。[1] 此外，从历史和现实的角度来看，并非所有宅基地使用权都是通过无偿申请取得的，有的宅基地（使用权）是继承父辈遗产所得，有的又是在法律演变过程中的某一阶段依法有偿获得的，亦即福利属性并非宅基地使用权的普遍特征，因此，以福利属性而限制宅基地使用权的流转是极为不合适的，应当允许宅基地使用权自由流转。[2] 还有研究者进一步指出，宅基地使用权无偿申请规则的确立实际上是基于对农民在农业合作化中失去的土地所有权的补偿，由此来看，以福利属性为据而否定宅基地使用权自由流转就更经不住推敲。[3] 诚哉斯言，宅基地使用权福利属性的确立有深刻的历史原因，并非所有宅基地使用权均通过无偿申请取得，更为关键的是，福利属性与可流转性并不冲突，以福利属性之名禁止宅基地使用权流转并无道理。更为关键的是，因福利属性而禁止宅基地使用权流转将进一步加剧城乡居民权利的失衡。例如，原建设部、国家发展和改革委员会等七部委联合发布的《经济适用住房管理办法》就明确规定，面向城市低收入住房困难家庭供应、具有突出福利属性

---

〔1〕 参见高圣平：《宅基地制度改革试点的法律逻辑》，载《烟台大学学报》（哲学社会科学版）2015 年第 3 期；张文波：《宅基地使用权自由流转问题的法理分析》，载《中国不动产法研究》2011 年第 1 期；李勇坚：《我国农村宅基地使用权制度创新研究》，载《经济研究参考》2014 年第 43 期；宋志红：《宅基地使用权流转的困境与出路》，载《中国土地科学》2016 年第 5 期。

〔2〕 参见曾庆学：《论我国农村宅基地使用权的流转》，载《四川行政学院学报》2015 年第 4 期。

〔3〕 参见汤浩、刘旦：《我国农村宅基地使用权流转研究》，载《农业经济》2009 年第 3 期；郭明瑞：《关于宅基地使用权的立法建议》，载《法学论坛》2007 年第 1 期；王崇敏、孙静：《农村宅基地使用权流转析论》，载《海南大学学报》（人文社会科学版）2006 年第 2 期；韩世远：《宅基地的立法问题——兼析物权法草案第十三章“宅基地使用权”》，载《政治与法律》2005 年第 5 期；陈小君：《农村土地制度的物权法规范解析——学习〈关于推进农村改革发展若干重大问题的决定〉后的思考》，载《法商研究》2009 年第 1 期；高圣平：《宅基地制度改革试点的法律逻辑》，载《烟台大学学报》（哲学社会科学版）2015 年第 3 期；等等。

的经济适用住房可依法进行流转。[1]

9. 对宅基地使用权身份属性这一理据的分析

宅基地使用权的身份属性是禁止流转说的又一重要论据。研究者认为,宅基地使用权具有显著的身份属性,是一种基于特殊身份而享有的权利,只有本集体经济组织成员才有资格取得宅基地使用权,而且是无偿取得;由身份属性所决定,无偿申请所取得的宅基地使用权只能用于本集体经济组织成员建设住房之需,农村宅基地使用权本无流通含义,因此,对宅基地使用权流转应当予以禁止。自由或有限流转说的支持者则对此有不同认识,他们认为,宅基地使用权的身份性是针对取得环节而言的,主要体现在宅基使用权的原始取得上,自然人只有具备集体经济组织成员资格才有权请求所属集体经济组织为其设定宅基地使用权,农民基于集体经济组织成员身份取得宅基地使用权后,其对于宅基地使用权的控制力、支配力便不再受身份影响,原则上可以将其流转给任何人。[2] 此外,还有研究者指出,在现行法律规定下,农民依据集体经济组织成员身份取

---

〔1〕《经济适用住房管理办法》第30条第3款规定,“购买经济适用住房满5年,购房人上市转让经济适用住房的,应按照届时同地段普通商品住房与经济适用住房差价的一定比例向政府交纳土地收益等相关价款”,由规定可知,属于有限产权住房的经济适用住房在满足规定条件(补交土地收益等)后,即可上市流转。

〔2〕参见张文波:《宅基地使用权自由流转问题的法理分析》,载《中国不动产法研究》2011年第1期;张国华:《论宅基地使用权的功能》,载《天津法学》2013年第3期;周中举:《论农村建设用地使用权的流转》,载《农村经济》2008年第3期;韩鹏:《宅基地使用权转让的法律路径——兼评物权法草案第162条》,载《广东商学院学报》2006年第3期;张卿:《宅基地建房限制流转的法经济学分析》,载《浙江学刊》2009年第3期;施适:《我国宅基地使用权流转现状及其完善》,载《求索》2015年第4期;郭明瑞:《城乡一体化建设的私法原则》,载《山东大学学报》(哲学社会科学版)2015年第6期;黄忠:《城乡统一建设用地市场的构建:现状、模式与问题分析》,载《社会科学研究》2018年第2期;高圣平:《宅基地制度改革试点的法律逻辑》,载《烟台大学学报》(哲学社会科学版)2015年第3期;等等。

得农村土地承包经营权后,[1]即可依法流转,由此可见,身份属性并不能成为限制宅基地使用权流转的适当理由。[2] 自由或有限流转说的支持者对宅基地使用权身份属性的分析虽有些绝对,如长期利用规则亦是对宅基地使用权身份属性在后续利用中的直接反映,但身份属性确实不应成为限制宅基地使用权流转的理由。或者说,对宅基地使用权流转问题的研究就是要探寻打破宅基地利用身份限制的妥适路径。

(三)对改革风险的分析

如前文所述,对改革风险的不同认知是自由流转说与禁止自由流转说争执的焦点所在,是有限流转说所关注的重点所在。持禁止自由流转说的研究者认为,宅基地(使用权)自由流转至少将引致如下风险:(1)实行自由流转意味着所有社会主体均可通过流转方式获得宅基地使用权,社会资本对宅基地资源的追求将极大地改变宅基地供需状况,这可能导致农民将更多的包括耕地在内的其他农村土地变更为宅基地并用于流转,进而对耕地资源保护带来巨大挑战。(2)自由流转所带来的经济收益将刺激农民将其宅基地使用权用于流转以换得生产生活资金,虽然大部分农民可能对此予以"理性"对待、谨慎抉择,但不排除有的农民或由于"短视"或出于"救急"(如遭遇疾病、意外等重大变故),可能将仅有的宅基地使用权流转并使自己置于流离失所状态。持自由流转说的研究者认为,宅基地(使用权)自由流转并不会或不一定会导致上述风险:(1)我国就耕地保护建立了严格的制度体系,包括耕地占用审批、耕地占补平衡、

---

〔1〕 例如,《农村土地承包法》第36条明确规定,"承包方可以自主决定依法采取出租(转包)、入股或者其他方式向他人流转土地经营权,并向发包方备案";该法第53条还规定,"通过招标、拍卖、公开协商等方式承包农村土地,经依法登记取得权属证书的,可以依法采取出租、入股、抵押或者其他方式流转土地经营权"。

〔2〕 参见张国华:《论宅基地使用权的功能》,载《天津法学》2013年第3期。

土地用途管制等,因此,宅基地使用权流转并不会危及耕地资源保护。(2)作为理性经济人的农民不会盲目将宅基地使用权予以流转,宅基地(使用权)也并不属于农村社会保障体系的应有构成,且宅基地(使用权)所承载的保障功能正在急剧弱化。有限流转说的支持者则基于对宅基地使用权流转所可能引致风险的考虑,而选择了渐进之路、折中方案。另有研究者认为,宅基地使用权流转范围的扩大还可能会引致如下风险:(1)社会治理风险。宅基地使用权流转范围的扩大意味着其他社会主体可通过流转获得宅基地使用权而进入农村区域,这意味着农村原有的“圈层”社会结构、“熟人”社会秩序将被打破,几千年来形成的传统的家庭观、生活观、道德伦理观等也将受到挑战,进而对农村社会治理带来巨大挑战。[1] (2)宅基地集中的风险。宅基地使用权流转范围的扩大可能会导致宅基地(使用权)大量集中在经济实力突出的少数人手中,增值收益由少数人享有而与其他民众无关,转出宅基地使用权的农民还可能因决策有误而陷入贫困境地。[2] (3)扰乱市场秩序风险。宅基地使用权流转范围的扩大,尤其是允许包括城镇居民在内的社会主体通过流转方式获得宅基地使用权,将会激励投资或投机资本进入宅基地领域,造成“炒地”“囤地”问题,进而扰乱正常的土地市场秩序。[3]

2018年12月,习近平总书记在庆祝改革开放40周年大会上发表的重要讲话中指出,改革开放40年积累的宝贵经验之一,就是“必须坚持辩

---

〔1〕 参见吕军书、张文赟:《农村宅基地使用权流转的风险防范问题分析》,载《河南师范大学学报》(哲学社会科学版)2013年第2期;岳永兵、孙涛:《宅基地使用权转让:实践、问题与建议》,载《中国国土资源经济》2015年第12期。

〔2〕 参见周国平、徐净、王丹:《农村宅基地流转的风险防范》,载《科学发展》2013年第11期。

〔3〕 参见付宗平:《乡村振兴框架下宅基地“三权分置”的内在要求与实现路径》,载《农村经济》2019年第7期;胡佳:《农村宅基地“三权分置”之权利内容与实现形式》,载《重庆文理学院学报》(社会科学版)2020年第1期。

证唯物主义和历史唯物主义世界观和方法论，正确处理改革发展稳定关系”。[1] 在宅基地使用权流转问题上，我们亦必须汲取这一宝贵经验，正确处理三者关系。一方面，我们要综合分析宅基地使用权流转所带来的经济社会效益以及所可能引致的风险，不“因噎废食”，不回避矛盾，通过积极推动改革以让宅基地（使用权）更好地服务于农业、农村、农民发展需要；另一方面，我们要预判宅基地使用权流转改革所引致的各种风险，不能对风险视而不见，通过科学构建流转风险应对机制，以避免对耕地资源保护、农民居住保障和农村社会秩序带来不可承受的冲击和影响。

---

〔1〕 参见《习近平阐述改革开放 40 年 9 条宝贵经验》，载新华网：http://www.xinhuanet.com/2018-12/18/c_1123869418.htm，最后访问日期：2020 年 6 月 30 日。

第三章　宅基地“三权分置”方略的理论诠释与实践考察

一、宅基地“三权分置”方略的理论诠释

（一）宅基地“三权分置”方略的提出缘由与历程

1. 宅基地“三权分置”方略的提出历程回顾

2018年2月4日中共中央、国务院发布的《关于实施乡村振兴战略的意见》（2018年中央一号文件，以下简称《乡村振兴意见》）在“深化农村土地制度改革”的规定中，明确提出，要“探索宅基地所有权、资格权、使用权‘三权分置’，落实宅基地集体所有权，保障宅基地农户资格权和农民房屋财产权，适度放活宅基地和农民房屋使用权”。这标志着宅基地制度改革“三权分置”方略的正式确立。而2018年1月15日召开的全国国土资源工作会议就曾提及，我国将探索农村宅基地集体所有权、农户资格权、宅基地及农房使用权“三权分置”。时任国土资源部部长的姜大明指出，探索宅基地所有权、资格权、使用权“三权分置”，落实宅基地集体所有权，保障宅基地农户资格权，适度放活宅基地和农民房屋使用权，是一项重大创新；各地在改革试点中要认真开展农户资格权的法理研究，探索宅基地“三权分置”的具体实现形式，可以重点结合发展乡村旅游、返乡人员创新创业等先行先试，探索盘活利用农村闲置农房和宅基地、增加农民

财产性收入、促进乡村振兴的经验和办法。[1] 2018 年 9 月，中共中央、国务院印发《乡村振兴战略规划（2018—2022 年）》，在“盘活农村存量建设用地”的规定中，对“三权分置”方略进行再次强调。2020 年 2 月 5 日发布的《中共中央、国务院关于抓好“三农”领域重点工作　确保如期实现全面小康的意见》（2020 年中央一号文件）进一步规定，“以探索宅基地所有权、资格权、使用权‘三权分置’为重点，进一步深化农村宅基地制度改革试点”。“三权分置”方略为新时期深入推进宅基地制度改革指明了方向，被认为是未来中国农村宅基地制度改革的顶层设计。[2]

作为农村土地制度改革的总体方略，“三权分置”构想在农用地（承包地）领域率先提出。2013 年 7 月 22 日习近平总书记在武汉农村综合产权交易所进行考察时指出，要“深化农村改革，完善农村基本经营制度，要好好研究农村土地所有权、承包权、经营权三者之间的关系，土地流转要尊重农民意愿、保障基本农田和粮食安全，要有利于增加农民收入”。[3] 2014 年 11 月 20 日，中共中央办公厅、国务院办公厅印发《关于引导农村土地经营权有序流转发展农业适度规模经营的意见》，该意见明确提出，要“坚持农村土地集体所有，实现所有权、承包权、经营权三权分置，引导土地经营权有序流转”。[4] 这标志着农用地（承包地）“三权分置”方略

[1] 参见王立彬：《我国将探索农村宅基地“三权分置”》，载新华网：http://www.xinhuanet.com/house/2018-01-16/c_1122263232.htm，最后访问日期：2020 年 6 月 30 日。

[2] 参见张勇：《宅基地“三权分置”改革：“三权”关系、政策内涵及实现路径》，载《西北农林科技大学学报》（社会科学版）2020 年第 2 期。

[3] 参见《习近平在湖北考察改革发展工作时强调　坚定不移全面深化改革开放　脚踏实地推动经济社会发展》，载新华网：http://www.xinhuanet.com//politics/2013-07/23/c_116655893.htm，最后访问日期：2020 年 6 月 30 日。

[4] 参见《关于引导农村土地经营权有序流转发展农业适度规模经营的意见》，载人民网：http://finance.people.com.cn/n/2014/1121/c1004-26070084.html，最后访问日期：2020 年 6 月 30 日。

的正式确立。此后,《关于完善农村土地所有权承包权经营权分置办法的意见》等相关文件对农用地(承包地)“三权分置”方略的落实作了进一步完善,而2018年12月29日第十三届全国人民代表大会常务委员会第七次会议修正通过的《农村土地承包法》亦对“三权分置”方略进行了相应规定。[1] 农用地(承包地)“三权分置”与宅基地“三权分置”既有相同又有不同。相同在于,改革的主线均是正确处理农民和土地的关系,前者的底线在于保证农民不失地,后者的底线在于保证农民不失所;[2]不同在于,农用地(承包)“三权分置”改革鼓励农用地使用权(承包地经营权)向种田大户、农业企业集中,以实现适度规模经营;但宅基地“三权分置”改革则不鼓励甚至禁止宅基地(使用权)以流转方式集中到少数人手里,反对城里人到农村买房置业,而是通过宅基地的“适度放活”以吸引资金、技术、人才等要素流向农村,使农民闲置宅基地(使用权)和住房成为发展乡村旅游、养老、文化、教育等产业的有效载体。[3]

2. 宅基地“三权分置”方略的提出缘由分析

作为事关宅基地制度改革的重大举措,“三权分置”方略的提出有其特定的现实诉求和时代背景,具体缘由主要有以下两点。

(1)基于宅基地制度现实问题的考量。形成于人民公社时期的以“所有权—使用权”两权分离为核心特征的现行宅基地制度,以维护农民基本生活保障为立基,依托“无偿申请”“长期利用”“限制流转”“一户一

---

〔1〕 例如,《农村土地承包法》第9条明确规定,“承包方承包土地后,享有土地承包经营权,可以自己经营,也可以保留土地承包权,流转其承包地的土地经营权,由他人经营”。

〔2〕 参见董祚继:《“三权分置”——农村宅基地制度的重大创新》,载《中国土地》2018年第3期。

〔3〕 参见许经勇:《改革开放以来农民个人财产权变迁的思考》,载《北京行政学院学报》2018年第3期。

宅”等具体规则，通过降低建房的土地成本以间接实现农民的住有所居，较好地满足了农民安居乐业的生存需求，为农民生产生活提供了基本的制度保障，对维护农村社会稳定发挥了不可替代的重要作用，并为乡村社会的形成与经济社会的发展提供了物质基础。[1] 但是，时过境迁，随着农村经济社会的发展，尤其是市场经济体制的建立与完善，“两权分离”式的宅基地制度问题逐渐显现，已然与农村现阶段经济社会生活的实际相脱节。[2] 如前文所述，由现行严格限制流转模式所限，宅基地在流转方面存在如下问题：一方面，遵循现行流转规则将造成宅基地使用权正常流转受限，导致宅基地出现规模闲置，这不仅会造成土地资源的严重浪费，而且在很大程度上阻碍农村经济社会的更好、更快发展；另一方面，隐形流转的高发不仅扰乱了正常的市场秩序，而且引发了大量的社会纠纷，并因流转收益分配失据而造成严重的社会不公，埋下社会治理隐患。同时，宅基地在所有权的行使方面亦存在较严重的问题，突出体现为宅基地所有权主体的“虚置”。所谓宅基地所有权主体虚置，或称宅基地所有权主体缺位，是指包括《民法典》《土地管理法》等在内的法律并没有勾勒出清晰的所有权人格化代表，即受农民集体高度抽象的属性所限，宅基地所有权的实际行使主体不清晰并致权利行使障碍。现行法律明确规定，包括宅基地在内的农村土地属于农民集体所有，[3]但“农民集体”这一概念具

[1] 参见陈小君：《宅基地使用权的制度困局与破解之维》，载《法学研究》2019 年第 3 期；董祚继：《以“三权分置”为农村宅基地改革突破口》，载《中国乡土发现》2017 年第 1 期；董新辉：《宅基地使用权流转制度的困境、出路与重塑》，载《学术交流》2018 年第 9 期；郑尚元：《宅基地使用权性质及农民居住权利之保障》，载《中国法学》2014 年第 2 期；宋才发、宋强：《乡村振兴制度建设的内涵及路径探讨》，载《贵州民族研究》2020 年第 1 期；张勇：《乡村振兴背景下农村宅基地盘活利用问题研究》，载《中州学刊》2019 年第 6 期。

[2] 参见陈小君：《宅基地使用权的制度困局与破解之维》，载《法学研究》2019 年第 3 期。

[3] 《民法典》第 261 条第 1 款规定，“农民集体所有的不动产和动产，属于本集体成员集体所有”。《土地管理法》第 9 条第 2 款规定，“农村和城市郊区的土地，除由法律规定属于国家所有的以外，属于农民集体所有；宅基地和自留地、自留山，属于农民集体所有”。

有高度抽象的先天缺陷,必须明确其具体人格化代表,方能确保所有权的真实享有与有效行使;原《物权法》虽在此方面有所尝试与努力,[1]但集体经济组织、村民委员会等多重主体的引入却在一定程度上进一步加剧了对农民集体人格化代表认知的不统一:"集体经济组织"随着人民公社的解体、市场经济体制的确立与完善已悄然发生变化,《民法典》视阈下的"集体经济组织"的具体指向到底是谁?村民委员会与村集体经济组织在行使农民集体所有权时,又应当如何协调?与人格化代表界定不明相伴而生的,还有所有权权能的残缺。在实践中,所有权人于宅基地的收益、处分等权能没有得到充分体现和有效行使。[2] 这不仅困扰着理论界,而且直接影响了宅基地制度的顺利运转。在实践中,因所有权虚置、人格化代表界定不明引发的系列问题,导致农民权益广受侵害。[3] 以"两权分离"为核心特征的制度安排已成为优化土地资源配置、实现城乡协调发展的主要障碍,其在一定程度上阻碍了人才、资金、技术等要素向农村的流动以及农村经济社会的更好、更快发展,这是"三权分置"方略提出的直接原因所在。

(2)基于乡村振兴战略内在要求的考量。《乡村振兴意见》对"推进体制机制创新,强化乡村振兴制度性供给"问题不仅予以了专门规定,而且强调指出,"实施乡村振兴战略,必须把制度建设贯穿其中",且关键是

---

〔1〕 原《物权法》第60条规定:"对于集体所有的土地和森林、山岭、草原、荒地、滩涂等,依照下列规定行使所有权:(一)属于村农民集体所有的,由村集体经济组织或者村民委员会代表集体行使所有权;(二)分别属于村内两个以上农民集体所有的,由村内各该集体经济组织或者村民小组代表集体行使所有权;(三)属于乡镇农民集体所有的,由乡镇集体经济组织代表集体行使所有权。"

〔2〕 参见温世扬、梅维佳:《宅基地"三权分置"的法律意蕴与制度实现》,载《法学》2018年第9期。

〔3〕 参见韩文龙、谢璐:《宅基地"三权分置"的权能困境与实现》,载《农业经济问题》2018年第5期;陈耀东:《宅基地"三权分置"的法理解析与立法回应》,载《广东社会科学》2019年第1期。

“要以完善产权制度和要素市场化配置为重点”，以“激活主体、激活要素、激活市场”。其中，包括“三权分置”在内的“深化农村土地制度改革”是推进体制机制创新、加强制度建设的核心内容之一。2019 年 9 月 11 日，中央农村工作领导小组办公室、农业农村部所联合发布的《关于进一步加强农村宅基地管理的通知》进一步强调，“宅基地是保障农民安居乐业和农村社会稳定的重要基础”，“加强宅基地管理，对于保护农民权益、推进美丽乡村建设和实施乡村振兴战略具有十分重要的意义”。理论研究亦认为，从改革开放 40 余年的乡村发展历程看，破除城乡二元结构、促进城乡融合发展的制度改革与机制创新是乡村振兴的基本驱动力，其中，宅基地制度改革涉及广大农民的根本利益，能够有效促进城乡要素的流动与重组，关联性很强，可作为乡村振兴的突破口。[1] 作为中国农村土地制度改革的一大创新之举，宅基地“三权分置”是落实乡村振兴总体战略的重要途径。[2] 由此可见，“三权分置”内嵌于乡村振兴战略，是强化乡村振兴制度性供给的应有之义。宅基地制度需要在“三权分置”方略的指引下进行完善、实现革新，进而为乡村振兴战略的实现提供基本驱动力：通过制度完善以显化宅基地固有经济价值，进而为乡村振兴提供必要资金支持；通过制度完善以规范宅基地使用权流转，进而实现宅基地资源的优化配置；通过制度完善为乡村产业发展提供必要土地保障，以实现产业融合发展，并最终助力乡村产业全面振兴；等等。以“三权分置”为目标指引，通过宅基地制度革新以破除宅基地（使用权）流转的机制障碍、实现宅基地资源的优化配置，使其重新成为乡村经济发展中的活跃要素、城乡

〔1〕 参见乔陆印、刘彦随：《新时期乡村振兴战略与农村宅基地制度改革》，载《地理研究》2019 年第 3 期。

〔2〕 参见朱明佳、杨子生：《乡村振兴战略背景下宅基地“三权分置”的实践探索与优化建议》，载《安徽农学通报》2020 年第 4 期。

经济文化交流中的物质载体，是实现乡村振兴的根本保障和城乡融合发展的内在需求。[1]

（二）宅基地“三权分置”方略的理论逻辑分析

1. 落实所有权

在“两权分离”转向“三权分置”的宅基地制度革新谋划中，所有权在权利属性和内容上没有发生变化，但这并不意味着所有权的不重要。实际上，在“三权分置”方略中，所有权是基础所在，所有权的落实是资格权得以保障和使用权实现适度放活的基本前提。从一定意义上讲，能否有效实现宅基地所有权是关系宅基地“三权分置”成败的关键所在。[2] 首先，这是由土地社会主义公有制所决定的。《宪法》规定，“中华人民共和国的社会主义经济制度的基础是生产资料的社会主义公有制，即全民所有制和劳动群众集体所有制”，而土地的国家所有和集体所有则是生产资料社会主义公有制的具体体现；[3]《土地管理法》进一步规定，“中华人民共和国实行土地的社会主义公有制，即全民所有制和劳动群众集体所有制”，宅基地属于集体所有。[4] 2016 年 4 月 25 日，习近平总书记在安徽凤阳县小岗村主持召开农村改革座谈会并发表重要讲话：“新形势下深化

---

〔1〕 参见陈文君、张帆：《“三权分置”改革背景下的宅基地活化实践研究》，活力城乡 美好人居——2019 中国城市规划年会论文（12 城乡治理与政策研究），重庆，2019 年 10 月，第 483 ~ 490 页；江帆、李苑玉：《宅基地“三权分置”的利益衡量与权利配置——以使用权为中心》，载《农村经济》2019 年第 12 期；杨书萍：《“三权分置”下农村宅基地流转的困境与出路》，载《农业经济》2020 年第 1 期。

〔2〕 参见李怀：《传统农区宅基地“三权分置”的权能实现与推进路径》，载《新视野》2020 年第 2 期。

〔3〕 《宪法》第 10 条第 1 款、第 2 款规定，“城市的土地属于国家所有”，“农村和城市郊区的土地，除由法律规定属于国家所有的以外，属于集体所有；宅基地和自留地、自留山，也属于集体所有”。

〔4〕 《土地管理法》第 6 条第 2 款规定：“农村和城市郊区的土地，除法律规定属于国家所有的以外，属于集体所有；宅基地和自留地、自留山，属于集体所有。”

农村改革,主线仍然是处理好农民和土地的关系”,“不管怎么改,都不能把农村土地集体所有制改垮了”。[1] 以土地集体所有为基础的农村集体所有制,是社会主义公有制的重要形式,是实现农民共同富裕的制度保障。[2] 坚持农村土地集体所有制,是在中国特色社会主义进入新时代后推进“三农”工作必须树立的底线思维,是实施乡村振兴战略必须遵循的大逻辑;作为我国农村最基础的制度,农村土地集体所有制以其超强的适应性和发展性,成为解放、发展和保护我国农业生产力的根本性制度优势。[3] 落实宅基地集体所有权,强化集体所有权能,有利于保障农村集体的土地权益,是中国特色社会主义的土地公有制的要求。尤其在乡村振兴的背景下,适应宅基地主导功能由社会保障向财产功能的转变趋势,既是农村社会稳定、经济发展的现实需要,也是完善新时代中国特色社会主义的内在要求。[4] 其次,这是由宅基地所有权现存问题所决定的。如上文所述,宅基地所有权制度的问题突出表现为所有权主体的虚置和所有权权能的缺失。受此影响,在“三权分置”方略提出之前,还有研究者认为应当按照“虚化所有权、做实使用权”的思路重构农村土地制度。解决现存问题须秉持“三权分置”方略推进宅基地制度改革,其根本原则就是要坚持并落实宅基地集体所有权。总之,乡村振兴战略导向下的宅基地制度改革不仅要延续宅基地集体所有制,更要结合“产业兴旺、生态宜居、

---

〔1〕 参见《农村土地集体所有制不能改垮了》,载人民网:http://house.people.com.cn/n1/2016/0429/c164220-28313162.html,最后访问日期:2020年6月30日。

〔2〕 参见《深化农村改革综合性实施方案》(中共中央办公厅、国务院办公厅联合印发),载新华网:http://www.xinhuanet.com//politics/2015-11/02/c_1117016978.htm,最后访问日期:2020年6月30日。

〔3〕 参见刘元胜、于千舒:《坚持和完善农村土地集体所有制这个制度优势》,载人民网:http://theory.people.com.cn/n1/2017/1207/c40531-29692765.html,最后访问日期:2020年6月30日。

〔4〕 参见李春祖:《乡村振兴战略背景下宅基地“三权分置”实现路径研究》,载《中国经贸导刊》2019年第2期。

乡风文明、治理有效、生活富裕”的总要求不断优化这一制度体系，从而使中国特色社会主义制度在农村改革和发展过程中实现不断完善和持续优化。[1]

在“三权分置”改革中，落实宅基地集体所有权主要体现在以下方面。

(1)明确宅基地所有权主体的人格化代表。现行法律虽然将宅基地所有权主体明确为农民集体，[2]但因农民集体是一个松散的一定地域内的个体结合，没有独立的意思表达机关，不存在独立的意思，[3]由此决定，必须要对农民集体这一所有权主体的人格化代表予以明确；但是，现行法律对农民集体的人格化代表语焉不详，[4]而“集体经济组织”这一极具历史色彩主体的引入进一步加剧了对宅基地所有权实际行使主体的模糊认知，“谁能够代表农民集体行使所有权”的困惑直接影响了宅基地所有权的有效行使。所有权主体的虚置、人格化代表的缺失导致宅基地所有权不能落到实处，不仅无法及时排除对宅基地的非法侵害，而且不能有效规范宅基地(使用权)的利用与流转并实现流转收益的合理分配。因此，落实宅基地集体所有权，首先要明确宅基地所有权主体的人格化代表。从现行法律规定来看，宅基地所有权主体的人格化代表有“集体经济

---

〔1〕 参见雪克来提·肖开提、迪力沙提·亚库甫：《乡村振兴战略导向下的宅基地“三权分置”制度改革》，载《新疆师范大学学报》(哲学社会科学版)2019年第5期。

〔2〕 《土地管理法》第9条第2款规定：“农村和城市郊区的土地，除由法律规定属于国家所有的以外，属于农民集体所有；宅基地和自留地、自留山，属于农民集体所有。”

〔3〕 参见高圣平、刘守英：《宅基地使用权初始取得制度研究》，载《中国土地科学》2007年第2期。

〔4〕 《土地管理法》第11条规定：“农民集体所有的土地依法属于村农民集体所有的，由村集体经济组织或者村民委员会经营、管理；已经分别属于村内两个以上农村集体经济组织的农民集体所有的，由村内各该农村集体经济组织或者村民小组经营、管理；已经属于乡(镇)农民集体所有的，由乡(镇)农村集体经济组织经营、管理。”同时，《民法典》第262条也作出了相同规定。可见，现行法律仅对宅基地的“经营管理”主体作出了规定，而未对宅基地所有权的人格化代表进行明确或唯一性界定。

组织”或“村民委员会”的二元选择；从宅基地试点实践来看，有村民理事会等为代表的宅基地所有权主体人格化代表的创新形式。[1] 鉴于我国农村经济发展和社会治理的区域差距，宅基地所有权主体的人格化代表或可以有多元化选择，但是接下来的问题就是，宅基地所有权人格化代表应当如何选定？又应当由谁选定？2014 年 9 月 29 日，习近平总书记主持召开中央全面深化改革领导小组第五次会议并发表重要讲话。习近平总书记指出，现阶段深化农村土地制度改革“要尊重农民意愿，坚持依法自愿有偿流转土地经营权，不能搞强迫命令，不能搞行政瞎指挥”。[2] 2018 年 7 月，习近平总书记对实施乡村振兴战略作出重要指示强调，作为党的十九大作出的重大决策部署、新时代做好“三农”工作的总抓手，实施乡村振兴战略“要尊重广大农民意愿，激发广大农民积极性、主动性、创造性，激活乡村振兴内生动力，让广大农民在乡村振兴中有更多获得感、幸福感、安全感”。[3] 由此可见，宅基地所有权主体人格化代表应当在充分尊重农民意愿的基础上由宅基地所属集体经济组织的农民以民主的方式予以选定，村民会议或村民代表会议都可作为选定宅基地所有权主体人格化代表的组织依托。

(2)赋予宅基地所有权以完整权能。除所有权主体虚置、人格化代表缺失外，所有权权能残缺是宅基地所有权制度存在的又一突出问题。

---

[1] 作为首批 15 个农村宅基地制度改革试点地区之一，江西省鹰潭市余江区的重要制度创新之一，就是建立了以自然村为单位的村民事务理事会，以此作为宅基地所有权主体的人格化代表，推动宅基地制度改革试点实践。参见丁琳琳：《以宅基地改革推动乡村振兴》，载《人民日报》2018 年 1 月 4 日，第 5 版。

[2] 参见《习近平：深化农村土地制度改革不能搞强迫命令》，载中国社会科学网：http://ex.cssn.cn/shx/shx_gcz/201409/t20140929_1348562.shtml.，最后访问日期：2020 年 6 月 30 日。

[3] 参见《习近平：把实施乡村振兴战略摆在优先位置 让乡村振兴成为全党全社会的共同行动》，载新华网：http://www.xinhuanet.com/2018-07/05/c_1123085019.htm，最后访问日期：2020 年 6 月 30 日。

依据物权法基本原理,作为自物权,所有权内含占有、使用、收益、处分等多项权能,所有权人可对标的物依法予以全面、自主支配,并有权排除他人的非法干涉。但是,如上文所述,在“两权分离”的制度安排下,宅基地所有权权能呈残缺状态,尤其表现为收益权能的阙如、处分权能的羸弱和管理权能的失范,所有权权能残缺的现实表现就是作为宅基地所有权人的农民集体于宅基地的权利享有不明。落实宅基地所有权的一项重要内容就是赋予宅基地所有权以完整权能,尤其是应当明确作为所有权人的农民集体于宅基地所享有的具体权利。具体来说,应当主要包括以下方面:首先,应当强化农民集体之于宅基地的处分权能,关键是明确农民集体在宅基地使用权设立和收回中的主体地位;其次,应当明确农民集体之于宅基地的收益权能,核心是明确农民集体之于宅基地有偿使用收益和土地征收(用)补偿费用的分享与支配权;最后,应当赋予农民集体之于宅基地的管理权能,主旨在于确保宅基地资源的合理利用与优化配置,尤其是要科学厘定农民集体在宅基地使用权流转中的角色定位与职责职权。“正义不仅应得到实现,而且要以人们看得见的方式加以实现。”在赋予宅基地集体所有权以完整权能的基础上,还应当构建行之有效的所有权行使规则,以确保宅基地集体所有权落实落地。

2. 保障资格权

与所有权不同,在“三权分置”方略中,宅基地资格权是一项创新性权利,这也是“三权分置”改革方略与“两权分离”现行模式的最大不同和重要创新所在。宅基地资格权的提出有着深刻的历史和现实原因,其根植于我国农村宅基地制度的历史,立足于当下农村宅基地制度变革的现实,同时借鉴了农村承包地“三权分置”的经验。[1] 作为保障集体经济组织成员居住权、维护农村经济社会稳定、促进宅基地使用权流转而生的一项新型权利,[2]资格权的确立与保障有助于“一户多宅”等现存问题的解决,使宅基地的分配、流转、退出等管理具有了明确的主体对象,有利于实现精准保障和资源合理配置,[3]但其最主要的意义在于,剥离“两权分离”现行模式下负载于宅基地使用权之上的保障功能,进而为宅基地使用权制度创新奠定基础、提供空间。基于实现宅基地资格权有效保障的考虑,或应对以下问题予以必要探讨:对宅基地资格权的法理依据予以全面阐释;对宅基地资格权的权利内容予以妥适界定;对宅基资格权的表达形式予以准确厘定。在2018年1月15日召开的全国国土资源工作会议上,时任国土资源部部长、国家土地总督察的姜大明亦曾指出:“各地在改革试点中要认真开展宅基地‘三权分置’特别是农户资格权的法理研究,探索宅基地‘三权分置’的具体实现形式。”

目前,学界对宅基地资格权的权利性质还存在不同认识,主要有以下两种主流观点:一种观点认为,宅基地资格权是由“两权分离”模式下的使用权衍生的用益物权;另一种观点认为,宅基地资格权并非用益物权,而是与集体经济组织成员身份密切相关的成员权或新型权利。用益物权主张又有两种解读:一是认为“三权分置”方略中的宅基地资格权就等同“两权分离”模式下的宅基地使用权,而“三权分置”方略中的宅基地使用权是资格权人赋予使用权人的次级用益物权,二者是母子权属关系;二是

〔1〕 参见李凤章、赵杰:《农户宅基地资格权的规范分析》,载《行政管理改革》2018年第4期。

〔2〕 参见王欣:《“三权分置”下农村宅基地资格权研究——基于四川省泸县宅基地制度改革试点实践》,载《广西质量监督导报》2020年第2期。

〔3〕 参见孙辉、陈子虹:《宅基地“三权分置”的实施路径探析》,载《广东土地科学》2019年第2期。

认为“三权分置”方略中的宅基地资格权是“两权分离”模式下的宅基地使用权让渡出部分权利(“三权分置”方略中的宅基地使用权)后的剩余权能。[1] 此外,还有研究者认为,资格权应当属于一种新创设的权利,兼具身份权与财产权的双重属性,是一种完全性权利,强调一种主体资格,不能像其他权利一样被流转,权利的主体仅限于农民。[2] 综合分析,宜将宅基地资格权界定为农民依托其集体经济组织成员身份而享有的宅基地(使用权)分配请求权而非用益物权,其根本原因在于:“三权分置”方略提出的直接目标就在于剥离“二元分离”模式下的宅基地使用权的保障功能和身份属性以破除宅基地制度创新的现实束缚,宅基地资格权恰是用以承接宅基地保障功能和身份属性的权利形式。在宅基地“两权分离”模式下,集体所有决定了宅基地使用权必然会具有身份权的属性,但宅基地使用权的身份权属性实际上又架空了宅基地使用权作为用益物权的财产性价值,极大地限制了农民财产利益,造成城乡一体化建设的巨大鸿沟;将身份权属性从宅基地使用权中剥离,使宅基地使用权回归财产权属性,是破除“两权分离”身份限制的关键所在,也是真正实现对农户身份保障的必由之路,这正是实施“三权分置”改革的根本原因所在。[3] 宅基地资格权的创设正是对集体与成员关系的真实反映,其实质就是对集体经

---

〔1〕 参见孙辉、陈子虹:《宅基地“三权分置”的实施路径探析》,载《广东土地科学》2019 年第 2 期;李凤章、赵杰:《农户宅基地资格权的规范分析》,载《行政管理改革》2018 年第 4 期;刘国栋:《论宅基地“三权分置”政策中农户资格权的法律表达》,载《法律科学(西北政法大学学报)》2019 年第 1 期;李琳、郭志京、张毅、张伟:《宅基地“三权分置”的法律表达》,载《中国土地科学》2019 年第 7 期;张勇:《宅基地“三权分置”改革:“三权”关系、政策内涵及实现路径》,载《西北农林科技大学学报》(社会科学版)2020 年第 2 期;王丹:《宅基地“三权分置”的现实困境与实现机制》,载《哈尔滨师范大学社会科学学报》2019 年第 6 期;等等。

〔2〕 参见朱秋泓:《农村宅基地三权分置制度初探》,载《天水行政学院学报》2020 年第 2 期。

〔3〕 参见夏沁:《农村宅基地“三权分置”改革的立法实现》,载《地方立法研究》2018 年第 4 期。

济组织成员权的界定,[1]保障资格权就是保持宅基地(使用权)初次配置方式不变并发挥其居住保障功能,因而必然具有身份属性。[2] 遵循“成员身份”的逻辑是宅基地制度改革的起点,也是公平和效率的基本保障。[3] 将宅基地资格权界定为基于成员身份的分配请求权具有以下制度优势:一方面,有助于与无偿申请、“一户一宅”等现行制度安排进行无缝衔接;另一方面,符合宅基地制度运行的实际状况,如受限于宅基地储备资源有限以及宅基地需求的特定性,并非所有符合条件的农民(户)都能够通过无偿申请及时获得所需要的宅基地使用权。将宅基地资格权界定为用益物权的主张则可能会带来诸多理论困惑并导致权利体系紊乱:若将宅基地资格权界定为用益物权,那么,作为用益物权的资格权是否可以转让?若资格权可以转让,又是否有必要对“两权分离”模式进行“三权分置”改革?若将宅基地资格权界定为用益物权,其与“三权分置”中作为用益物权的宅基地使用权又如何进行协调,是否违背“一物一权”的基本原则?而将宅基地资格权定性为成员权,用以固化农民的身份福利,与农民作为集体经济组织成员一分子的身份利益紧密相连,作为宅基地资格权人的农民则可以不必担心因宅基地使用权流转而带来的身份福利消失以及附着于宅基地上的经济利益的流失。[4] 需要予以清醒认识的是,对宅基地资格权性质的界定应当跳出物权制度的单一视野,应当结合《土地管理法》等其他法律规范的特点予以综合分析,实际上这也是宅基

---

〔1〕 参见李怀:《传统农区宅基地“三权分置”的权能实现与推进路径》,载《新视野》2020 年第 2 期。

〔2〕 参见李琳、郭志京、张毅、张伟:《宅基地“三权分置”的法律表达》,载《中国土地科学》2019 年第 7 期。

〔3〕 参见杨璐璐:《农村宅基地制度面临的挑战与改革出路——基于产权完善的收益共享机制构建》,载《南京社会科学》2017 年第 11 期。

〔4〕 参见周江梅:《农村宅基地“三权分置”制度改革探索与深化路径》,载《现代经济探讨》2019 年第 11 期。

地法律制度运行的实然样态。正如有研究者所指出的那样,“三权分置”的实现应当坚守权利的基本逻辑,尽可能减轻对现有土地权利体系的伤害。[1]

资格权得到有效保障的关键在于集体经济组织成员身份的认定,这是开展宅基地“三权分置”改革的前提和实现宅基地规范管理的基础。[2] 作为宅基地“三权”中新创设的独立权利类型以及勾连宅基地所有权和使用权的纽带,资格权的认知与定位直接关系宅基地“三权分置”改革的成败。[3] 在“三权分置”改革中,宅基地农户资格权创设的初衷是实现宅基地继续承担农户的居住保障功能,保证农民享有基本的居住权益而“不失所”,具有显著的身份属性,享有该权利的主体只能是拥有集体经济组织成员身份的集体成员。[4] 随着户籍改革的推进、农业户口与非农业户口的取消以及婚嫁、入学、参军等行为引致的户籍变动日趋频繁,加之,集体经济组织法律地位的模糊,集体经济组织成员身份的认定、宅基地资格权的确认将面临一定困难。[5] 一直以来,集体经济组织成员资格的认定,被认为是农村集体产权制度改革的重点。[6] 学界对此提出了多种理论主张,实践更是对此进行了积极探索。对于该问题的解决,一个基本原则应当是充分发挥村民自治的作用,由农民结合本集体经济组织实际

---

〔1〕 参见刘锐:《乡村振兴战略框架下的宅基地制度改革》,载《理论与改革》2018 年第 3 期。

〔2〕 参见孙辉、陈子虹:《宅基地“三权分置”的实施路径探析》,载《广东土地科学》2019 年第 2 期。

〔3〕 参见胡大伟:《宅基地“三权分置”的实施瓶颈与规范路径——基于杭州宅基地制度改革实践》,载《湖南农业大学学报》(社会科学版)2020 年第 1 期。

〔4〕 参见张勇:《宅基地“三权分置”改革:“三权”关系、政策内涵及实现路径》,载《西北农林科技大学学报》(社会科学版)2020 年第 2 期。

〔5〕 参见宋迎新、钟和曦:《浙江省农村宅基地“三权分置”的实践与思考》,载《浙江国土资源》2018 年第 4 期。

〔6〕 参见宋兴国、张伟钊:《国土部:政府将不再垄断居住用地 探索宅基地“三权分置”》,载《21 世纪经济报道》2018 年 1 月 16 日,第 7 版。

情况以及传统习俗、村规民约等予以认定，而不宜对此进行整齐划一的规定。

3. 适度放活使用权

"三权分置"改革的核心目的在于，在坚持集体所有并落实宅基地所有权的基础上，通过设立宅基地资格权以剥离"两权分离"模式下宅基地使用权所负载的保障功能和身份属性，实现宅基地使用权用益物权属性的"纯化"和财产属性的彰显，让农民保有以集体经济组织成员身份取得宅基地使用权的资格，让作为非本集体经济组织成员的社会主体得以通过流转方式取得并利用宅基地使用权，[1]进而实现宅基地资源的优化配置。无论作为"三权分置"基础的所有权，还是作为保障功能的资格权，归根结底应当服务于使用权这一中心，只有以使用权为中心，才能实现宅基地权利的合理配置，进而实现"三权分置"的政策目标。[2] 适度放活宅基地使用权是宅基地"三权分置"改革的落脚点，也是价值目标金字塔体系的塔尖。[3] 因此，在"两权分离"到"三权分置"的变革中，适度放活宅基地使用权是关键环节所在。

作为宅基地"三权分置"改革的关键环节，适度放活宅基地使用权的关键在于准确界定"适度放活"的理论意涵。一个基本原则就是要打破宅基地集体内部流转限制，扩大流转范围，唯有如此，才能充分发挥宅基地

[1] 参见宋志红：《宅基地"三权分置"的法律内涵和制度设计》，载《法学评论》2018 年第 4 期；刘国栋：《农村宅基地"三权分置"政策的立法表达——以"民法典物权编"的编纂为中心》，载《西南政法大学学报》2019 年第 2 期。

[2] 参见江帆、李苑玉：《宅基地"三权分置"的利益衡量与权利配置——以使用权为中心》，载《农村经济》2019 年第 12 期。

[3] 参见耿卓：《宅基地"三权分置"改革的基本遵循及其贯彻》，载《法学杂志》2019 年第 4 期。

(使用权)流转市场活力,有效发掘宅基地(使用权)的潜在价值。[1] 有研究者认为,“三权分置”改革应当在尊重农民自由意志的基础上进行相应制度创新,而“适度放活”则旨在让作为宅基地使用权人的农民掌握宅基地(使用权)及地上农房流转的主动权,是否流转以及采用何种方式流转均取决于农民的自由意志。[2] 这一主张很值得商榷。按照《乡村振兴意见》的规定,在“三权分置”方略中,宅基地使用权的“放活”并非没有任何限制的,而是应当遵循“适度”的基本要求。因此,适度放活宅基地使用权绝不意味着宅基地使用权可以自由流转。此外,《乡村振兴意见》还对宅基地使用权适度放活作了进一步规定:“不得违规违法买卖宅基地,严格实行土地用途管制,严格禁止下乡利用农村宅基地建设别墅大院和私人会馆。”

“适度放活宅基地使用权”与农用地(承包地)“三权分置”中“放活土地经营权”的思路相似,其意味着在“三权分置”方略中宅基地使用权的权利主体呈多元化特征,“两权分离”模式下宅基地使用权主体的严格身份限制将被打破。[3] “适度放活”方略的主线是“放活”。随着城镇化进程加快、乡村振兴战略实施,强调保障属性的严格限制流转模式,不仅抑制了农民通过更大范围流转其宅基地使用权及地上农房以获得相应经济对价的迫切需求,而且闭塞了以宅基地使用权流转为依托的城乡资源要素双向流通的关键通道。“适度放活”方略顺应农民流转意愿、回应宅基地(使用权)流转需求,在突破本集体经济组织内部流转范围限制的同时,

---

〔1〕 参见李春祖:《乡村振兴战略背景下宅基地“三权分置”实现路径研究》,载《中国经贸导刊》2019 年第 2 期。

〔2〕 参见刘国栋:《农村宅基地“三权分置”政策的立法表达——以“民法典物权编”的编纂为中心》,载《西南政法大学学报》2019 年第 2 期。

〔3〕 参见张勇:《宅基地“三权分置”改革:“三权”关系、政策内涵及实现路径》,载《西北农林科技大学学报》(社会科学版)2020 年第 2 期。

实行有偿有期限的适度市场化利用,将有助于宅基地(使用权)及其地上农房经济价值的有效实现、土地资源要素活力的充分释放以及资源要素于城乡间的顺畅流动。所谓"放活",是指凡是志在投身乡村建设、助力乡村振兴的社会主体均可以按照一定的条件和程序通过流转方式获得宅基地使用权;同时,应对宅基地(使用权)用途予以必要拓宽,允许使用权人将其用于经营性用途,以实现闲置宅基地(使用权)的有效利用,为乡村新产业、新业态的发展提供必要土地保障,进而为乡村振兴提供重要内生动力。但需要注意的是,宅基地使用权的"放活"应当遵循"适度"这一底线。所谓"适度",是指宅基地使用权流转制度的改革是循序渐进而非大拆大建的。一个重要的原因就在于,从宅基地"三权分置"地方改革试点实践来看,虽然积累了一定经验,但可在全国范围内推广的成熟模式的形成尚需时日。此外,"适度"意味着在宅基地使用权流转中尚需政府以"有形之手"对适用对象界定、流转收益分配等方面予以必要介入,而非实现完全的市场化流转。

(三)宅基地"三权分置"方略的实践价值阐释

作为宅基地制度改革的重大创新,"三权分置"方略的实践价值巨大,概言之,主要体现在以下方面。

1. 首要价值:保护农民的财产与发展权益

实现对农民财产与发展权益的有效保护是宅基地"三权分置"方略的首要价值所在。如前文所述,在严格限制流转模式下,宅基地使用权流转严重受到抑制,导致其经济属性无法得以有效彰显;而在"房地一体"的物权变动模式下,作为绝大多数农民最重要财产的地上农房亦无法实现正常流转,进而造成对农民财产权益的侵害。从制度性原因来看,这主要是由于"两权分离"模式下的宅基地使用权还承担着保障农民实现住有所居的重要功能，由此使现有制度下的宅基地使用权受到严格的身份限制而无法实现正常流转。“三权分置”方略着眼于“两权分离”功能缺陷，立基于宅基地（使用权）流转需要，创设性地提出宅基地资格权这一改革设想，旨在剥离“两权分离”模式下宅基地使用权所承载的保障功能与身份属性，实现宅基地使用权的功能“纯化”和流转的“适度放活”。这将破除宅基地使用权流转的现行制度约束，促进宅基地（使用权）及地上农房的合理流转，盘活闲置和低效宅基地（使用权）资源，[1]保护农民之于宅基地（使用权）及地上农房的财产权益，激活宅基地使用权的财产属性，显化宅基地使用权的经济价值，提高农民的财产性收入。此外，“三权分置”方略的落实、“适度放活”主张的实现将有助于保护农民的发展权益。例如，农民可将宅基地（使用权）及地上农房进行流转（如转让、抵押、出租等）以换得投资农业、非农产业的资金，或是融得进入城市的初始资本，进而获得更好的发展机会、更高的经济回报。

2. 核心价值：促进乡村振兴战略落地落实

促进乡村振兴战略落地落实是宅基地“三权分置”方略的核心价值所在，这主要体现在以下方面。

(1)宅基地“三权分置”改革将助力乡村产业兴旺。“乡村振兴，产业兴旺是重点。”乡村振兴战略下的农村产业兴旺，不仅是农业的兴旺，更是一二三产业的融合发展，必须在巩固农业基础地位前提下，大力发展农村二三产业。[2] 实现乡村产业兴旺的重点工作之一，就是要“构建农村一

---

[1] 参见董祚继：《三权分置——农村宅基地制度的重大创新》，载《中国土地》2018 年第 3 期。

[2] 参见房建恩：《乡村振兴背景下宅基地“三权分置”的功能检视与实现路径》，载《中国土地科学》2019 年第 5 期。

二三产业融合发展体系”，如利用闲置农房发展民宿、养老等项目。[1] 除资本、技术、人才等要素外，产业融合发展的实现离不开必要的用地保障，但鉴于耕地保护的严峻形势，相关产业项目用地应当尽可能不占用或少占用有限的耕地资源。产业需要落地，可行的办法就是盘活农村大量低效利用，甚至闲置浪费的建设用地，尤其是其中的宅基地；原因在于，与集体经营性建设用地相比，宅基地不仅规模巨大，而且闲置、浪费严重，有足够的整治利用空间。[2] 从实践看，在很多农村地区，盘活现存宅基地资源或是解决产业发展用地问题的唯一路径。[3] 但是，在“两权分离”模式下，宅基地使用权受保障功能和身份属性所限而致流转严重受到抑制，大量闲置的宅基地资源不能为农村新产业新业态所用，[4] 无法满足乡村振兴战略下产业发展用地的刚性需求。而通过推进宅基地“三权分置”改革以激活大规模闲置的宅基地（使用权）资源将在很大程度上解决农村产业融合发展用地问题，进而助力乡村产业兴旺。

（2）宅基地“三权分置”改革将助力农村人居环境改善。乡村振兴离不开生态宜居的好环境，好环境才能留住乡愁，留住人气。[5] 农村人居环境的改善直接关系美丽乡村新风貌的塑造，《乡村振兴意见》因此对

---

〔1〕 依据《乡村振兴意见》的规定，“构建农村一二三产业融合发展体系”的具体内容包括：实施农产品加工业提升行动，支持主产区农产品就地加工转化增值；支持供销、邮政及各类企业把服务网点延伸到乡村大力建设具有广泛性的促进农村电子商务发展的基础设施；实施休闲农业和乡村旅游精品工程，建设一批设施完备、功能多样的休闲观光园区、森林人家、康养基地、乡村民宿、特色小镇；发展乡村共享经济、创意农业、特色文化产业；等等。

〔2〕 参见李志浩：《宅基地“三权分置”问题研究》，载《驻马店日报》2020 年 1 月 15 日，第 4 版。

〔3〕 参见江帆、李苑玉：《宅基地“三权分置”的利益衡量与权利配置——以使用权为中心》，载《农村经济》2019 年第 12 期。

〔4〕 参见亢德芝、黄月恒、李皓晟：《“三权分置”背景下的宅基地利用模式探索》，载《中国土地》2019 年第 3 期。

〔5〕 参见李梅、郭少雅、李竟涵：《农业农村部 2018 年百乡万户调查活动综述》，载《农民日报》2018 年 4 月 19 日，第 1 版。

“持续改善农村人居环境”问题进行了专门规定,核心内容之一就是“强化新建农房规划管控,加强‘空心村’服务管理和改造”。“说村不是村,有院没有人;说地不是地,草有半人深。”作为宅基地资源规模闲置的突出表现形式,“空心村”的出现和发展严重破坏了农村人居环境,“破败荒芜”“脏乱差”等往往与“空心村”相伴而生,造成“有新房无新村”“有新村无新貌”。2013 年 12 月召开的中央农村工作会议明确指出“要重视‘空心村’问题,推进农村人居环境整治”。[1] “空心村”问题存在的制度性原因在于,在“两权分离”模式下的宅基地使用权受居住保障功能和身份属性所限而致流转严格受限,宅基地(使用权)因此而闲置。宅基地“三权分置”旨在通过资格权的创设以剥离宅基地使用权所承担的居住保障功能与身份属性,实现宅基地使用权的“纯化”与“转型”,进而促进宅基地使用权的“适度放活”、规范流转,这将有助于解决宅基地规模闲置问题、消除“空心村”的制度性障碍,并最终助力农村人居环境的改善。

(3)宅基地“三权分置”改革将助力乡村治理能力提高。如前文所述,虽然从现行规定来看,“两权分离”模式下的宅基地使用权流转严格受限,但是受经济激励使然,宅基地隐形流转一直存在,在部分经济发达地区和城乡接合部更是呈高发态势,其典型表现就是“小产权房”的出现与发展。宅基地(使用权)隐形流转的高发不仅对建设用地管理秩序产生了严重冲击,诱发经济纠纷,更因流转收益分配失衡而造成了严重的社会不公,埋下了社会治理隐患。宅基地(使用权)隐形流转秩序失范与流转收益分配失衡的一个突出表现就是宅基地所有权收益权能的受损、宅基地

---

〔1〕 参见《中央农村工作会议:重视农村“三留守”、空心村等问题》,载人民网:http://finance.people.com.cn/n/2013/1224/c1004-23936473.html,最后访问日期:2020 年 6 月 30 日。

所有权主体的虚置。宅基地使用权隐形流转的高发进一步加剧了宅基地所有权主体的虚置状态，进一步削弱了集体经济组织的经济基础，进而影响了乡村治理能力。宅基地“三权分置”改革以落实集体所有权为基本前提，通过宅基地所有权主体人格化代表的形塑及宅基地所有权权能（尤其是收益权能）的完善，将有效改变宅基地所有权主体的虚置状态及集体经济组织经济基础的羸弱态势，进而助力乡村治理能力的显著提高。

（4）宅基地“三权分置”改革将助力乡村振兴资金保障。“实施乡村振兴战略，必须解决钱从哪里来的问题。”《乡村振兴意见》对“开拓投融资渠道，强化乡村振兴投入保障”问题进行了专门规定，明确提出“要健全投入保障制度，创新投融资机制，加快形成财政优先保障、金融重点倾斜、社会积极参与的多元投入格局，确保投入力度不断增强、总量持续增加”。宅基地“三权分置”方略的实施，尤其是“落实宅基地集体所有权”与“适度放活宅基地使用权”两大构想的协同发力，将推动宅基地使用权的规范流转并实现流转收益的合理分配，为农业农村发展取得必要的资金支持，进而助力乡村振兴资金保障。

3. 深远价值：助力城乡融合发展走向深入

城市和乡村地域相连、血脉相融，是一个相互依存、相互支撑、相互融合的地域系统，城乡融合与城乡共荣是全面建成小康社会的内在要求。[1] 习近平总书记在2017年年底召开的中央农村工作会议上指出，走中国特色社会主义乡村振兴道路，必须重塑城乡关系，走城乡融合发展之路；推动新型工业化、信息化、城镇化、农业现代化同步发展，加快

---

〔1〕 参见乔陆印、刘彦随：《新时期乡村振兴战略与农村宅基地制度改革》，载《地理研究》2019年第3期。

形成工农互促、城乡互补、全面融合、共同繁荣的新型工农城乡关系。这是根据我国社会发展趋势作出的重大战略判断,是习近平新时代中国特色社会主义思想的重要内容。[1] 当前,我国社会主要矛盾已经转变为“人民日益增长的美好生活需要和不平衡不充分的发展之间的矛盾”,其中又以城乡发展不平衡问题最突出。为解决这一问题,2017 年 10 月党的十九大报告明确提出,要“建立健全城乡融合发展的体制机制和政策体系”。建立健全城乡融合发展体制机制和政策体系是一项系统性工程,其中,“建立健全有利于城乡要素合理配置的体制机制”至关重要。

2019 年 4 月中共中央、国务院发布的《关于建立健全城乡融合发展体制机制和政策体系的意见》对“建立健全有利于城乡要素合理配置的体制机制”问题进行了专门规定,涉及“健全农业转移人口市民化机制”“建立城市人才入乡激励机制”“建立工商资本入乡促进机制”等多方面内容,而关键环节则在于以“三权分置”方略为方向指引“稳慎改革农村宅基地制度”,其原因在于:(1)实施“三权分置”改革有助于推动农业转移人口的市民化。“他们出身农村,却有着明确的城市梦想,远离父辈眷恋的土地和故园,他们渐行渐远;然而,尽管城市在他们手中越来越丰富,但融入光鲜的城市生活,却有着重重阻碍。”这是对进城就业农民劳动者(尤其是新生代进城就业农民劳动者)在尝试融入城市时所面临尴尬境地的生动描述。[2] 农业转移人口遭遇市民化障碍的制度性原因在于城乡二元体

〔1〕 参见湖南省中国特色社会主义理论体系研究中心:《实施乡村振兴战略 走城乡融合发展之路》,载人民网:http://theory.people.com.cn/n1/2018/0316/c40531-29872447.html,最后访问日期:2020 年 6 月 30 日。

〔2〕 参见马晓河:《人民财评:春运折射“两栖人”尴尬城市生活》,载人民网:http://finance.people.com.cn/GB/226375/16795073.html,最后访问日期:2020 年 6 月 30 日。

制，而包括宅基地使用权流转制度在内的城乡二元土地制度安排则是重要因素之一。如前文所述，在“两权分离”模式下，宅基地使用权流转面临严格限制，由此导致作为宅基地使用权人的农业转移人口无法将其所拥有的最具经济价值的宅基地（使用权）及地上农房通过流转方式予以变现以换得在城市安居乐业的原始资本。宅基地“三权分置”改革的实施、宅基地使用权“适度放活”构想的落实将破除这一制度束缚，进城农民借此可通过将其宅基地（使用权）及地上农房进行流转的方式筹得立足城市的必要资金，进而顺利实现由“农民”到“市民”的身份转化。《关于建立健全城乡融合发展体制机制和政策体系的意见》对“建立健全有利于城乡要素合理配置的体制机制”问题进行了专门规定，亦明确提出“维护进城落户农民土地承包权、宅基地使用权、集体收益分配权，支持引导其依法自愿有偿转让上述权益”。（2）实施“三权分置”改革有助于促进工商资本进入乡村。城乡融合发展，尤其是乡村振兴，离不开工商资本的助力。为此，《关于建立健全城乡融合发展体制机制和政策体系的意见》就“建立工商资本入乡促进机制”问题进行了专门规定。宅基地“三权分置”改革，尤其是宅基地使用权“适度放活”构想的落实，将为工商资本进入乡村、促进城乡融合发展提供必需的土地资源保障。（3）实施“三权分置”改革有助于激励城市人才进入乡村。除资金外，人才亦是实现乡村振兴、城乡融合发展所需的核心要素之一。其中，城市人才进入乡村并为乡村振兴、城乡融合发展提供必要的智力支持至关重要。与工商资本进入乡村相似，城市人才进入乡村更需要满足基本的居住需求，唯有确保在农村的“安居”，方能实现为乡村的“乐业”。农业农村部的调查数据显示，2018 年城市人口下乡人数已经突破了 700 万，且这一数字还有持续增加趋势。[1] 宅基地“三权分置”方略的实施、宅基地使用权“适度放活”构想的落实，尤其是城镇居民禁止获得宅基地使用权限制的解除，将确保城市人才在农村的住有所居，进而激励城市人才进入乡村。(4)实施“三权分置”改革有助于促进土地要素在城乡间的自由流动和平等交换。发展要素的自由流动和平等交换是实现城乡融合发展与乡村振兴的关键所在，而破除妨碍城乡要素自由流动和平等交换的体制机制壁垒则是推进城乡融合发展、实施乡村振兴战略的重中之重。实施宅基地“三权分置”改革、推动宅基地使用权的规范流转，有利于盘活农村闲置和低效宅基地资源，有利于推动建立城乡统一建设用地市场，为城乡要素平等交换和优化配置奠定坚实基础，[2] 也将推动人才、资金等要素更多地向乡村流动，形成各要素汇聚的良性循环，进而为城乡融合发展、乡村振兴注入新动能。

二、宅基地“三权分置”方略的实践考察

(一)宅基地新一轮改革试点的总体描述

任何理性的话语都抵不过现实的摸索和实践。正如哈耶克所言：“值得我们注意的是，尽管以完全知识设计为基础而展开的关于道德问题或社会问题的讨论，作为一种初步的逻辑研究偶尔也会起作用，然而，欲图用它们来解释世界，那么我们必须承认，它们的作用实在是微乎其微。”[3] 制度的形成并不完全是依赖理性的设计和知识的构建，更需要

[1] 参见付宗平：《乡村振兴框架下宅基地“三权分置”的内在要求与实现路径》，载《农村经济》2019 年第 7 期。

[2] 参见耿卓：《宅基地“三权分置”改革的基本遵循及其贯彻》，载《法学杂志》2019 年第 4 期。

[3] 参见邓正来：《自由与秩序》，江西人民出版社 1998 年版，第 237 页。

通过不断的经验积累和实践检验。就宅基地制度改革而言，其路径选择和中国社会改革以及法治的道路都具有相似性，即都是在没有“完全理想图景”的背景下，通过“试验田”的方式进行试错性探索，通过以点带线、以线带面、以面成形的模式来进行的。[1] 因此，若要对宅基地“三权分置”方略予以科学认知和正确把握，关键是要对宅基地改革实践进行深入考察，原因还在于，“三权分置”方略恰是对改革试点实践的经验总结。

试点试验是推动改革的重要法宝。先试点试验，再总结推广，是我国改革开放40多年来取得巨大成功的一条基本经验。[2] 鉴于宅基地制度的重要地位以及该问题的愈发凸显，原国土资源部早在1999年就开始陆续在江苏、广东、浙江、河南等地进行试点，[3] 旨在为解决宅基地使用权流转问题积累经验。2013年11月党的十八届三中全会通过的《中共中央关于全面深化改革若干重大问题的决定》提出：“保障农户宅基地用益物权，改革完善农村宅基地制度，选择若干试点，慎重稳妥推进农民住房财产权抵押、担保、转让，探索农民增加财产性收入渠道。”2014年12月，中央全面深化改革领导小组第七次会议审议通过了《关于农村土地征收、集体经营性建设用地入市、宅基地制度改革试点工作的意见》（以下简称《改革试点意见》）；2015年1月，《改革试点意见》由中共中央办公厅和国务院办公厅联合印发，这标志着包括宅基地在内的新一轮改革试点正式启动。2015年2月，第十二届全国人大常委会第十三次会

〔1〕 参见孙建伟：《农村宅基地实践背后的路径分析》，载《天府新论》2010年第3期。

〔2〕 参见赵阳：《深入推进新一轮农村改革》，载人民网：http://theory.people.com.cn/n1/2019/0314/c40531-30975796.html，最后访问日期：2020年6月30日。

〔3〕 参见高圣平、刘守英：《集体建设用地进入市场：现实与法律困境》，载《管理世界》2007年第3期。

议开幕,审议通过国务院提请审议的《关于授权国务院在北京市大兴区等33个试点县(市、区)行政区域暂时调整有关法律规定的决定(草案)》议案。2015年3月国土资源部在全国选取15个试点区(市、县)开展宅基地制度改革试点;2015年11月中共中央办公厅、国务院办公厅联合印发的《深化农村改革综合性实施方案》对宅基地制度改革试点的基本思路进行明晰;[1]2017年11月中央全面深化改革领导小组会议审核通过《关于拓展农村宅基地制度改革试点的请示》,将改革试点拓展至33个地区。在此轮宅基地改革试点中,"三权分置"设想开始萌发并不断完善。

(二)宅基地改革试点考察之东部义乌实践

作为首批宅基地改革试点地区,浙江省义乌市高度重视改革的制度建设、着力创新改革试点的制度供给,制定了中共义乌市委、义乌市人民政府《关于推进农村宅基地制度改革试点工作的若干意见》和以《义乌市农村宅基地使用权流转暂行办法》《义乌市农民住房财产权抵押贷款实施办法》等为代表的系列规定。中共义乌市委、义乌市人民政府《关于推进农村宅基地制度改革试点工作的若干意见》明确规定:"在确保'户有所居'的前提下,按照自愿、有偿的原则,在不改变宅基地所有权性质和不改变集体经济组织成员资格的前提下,允许宅基地使用权通过买卖、赠与、互换或其他合法方式在集体经济组织内部流转或跨集体经济组织流转。"《义乌市农村宅基地制度改革试点实施方案》进一步提出:"完善以集体经济组织成员资格和家庭农户为控制标准,以多种方式实现户有所居和

[1] 依据《深化农村改革综合性实施方案》的规定,宅基地制度改革的基本思路是,在保障农户依法取得的宅基地用益物权基础上,改革完善农村宅基地制度,探索农民住房保障新机制,对农民住房财产权作出明确界定,探索宅基地有偿使用制度和自愿有偿退出机制,探索农民住房财产权抵押、担保、转让的有效途径。

财产权益的宅基地分配模式；探索建立集体经济组织成员相对固化、初始分配公平取得、新增成员市场配置的宅基地分配制度。”这被视为宅基地“三权分置”改革方案的最初设计来源。[1] 正是在义乌市改革试点中，“三权分置”设想得以萌发并不断走向成熟。

义乌市在改革试点中，主要从以下方面对宅基地“三权分置”设想进行了积极探索：(1)落实所有权。在“三权分置”改革探索中，义乌市高度重视宅基地所有权落实问题，对宅基地分配权、收益权和处置权予以全面强化并高度重视农民主体地位的确认和保障，[2]将宅基地所有权保护切实落实于宅基地的自主分配、自主处置、自主利用与自主收益中，不断丰富宅基地所有权的实现形式。通过对宅基地所有权的强化与落实，实现了所有权收益的最大化，有效地维护了宅基地所有者权益。截至 2018 年年底，义乌市村级组织累计获利高达 70.96 亿元。[3] (2)保障资格权。一是明确资格权的基本内涵。将资格权界定为农户所享有的凭借其集体经济组织成员身份、通过申请分配方式以取得宅基地使用权的权利形式。二是严格界定集体经济组织成员资格。制定《义乌市农村集体经济组织成员资格界定指导意见》，严格界定 10 类村集体经济组织成员的资格条件。三是固化资格权。通过民主决策方式以户为单位对农民作为集体经

〔1〕 参见尹晓波、朱永倩：《乡村振兴战略背景下宅基地农户资格权主体认定》，载《巢湖学院学报》2019 年第 5 期。

〔2〕 具备表现包括：由村集体商议决定宅基地资格界定、人均面积、户均标准等重大事项，以落实村集体宅基地分配权；村集体主制定并执行宅基地有偿退出、有偿使用、竞价选位及有限转让的收费标准和收益处置，落实村集体宅基地收益权；经审批，部分农户退出的宅基地可以规划为村集体公益性或经营性建设用地，其中经营性建设用地可以入市交易，落实村集体宅基地处置权。参见朱明芬：《农村宅基地产权权能拓展与规范研究——基于浙江义乌宅基地“三权分置”的改革实践》，载《浙江农业学报》2018 年第 11 期。

〔3〕 参见汪明进、赵兴泉、黄娟：《农村宅基地“三权分置”改革的经验与启示——基于浙江省义乌市的实践视角》，载《世界农业》2019 年第 8 期。

济组织成员的资格予以明确和固化。[1] 四是厘定资格权内容。在城市(镇)规划区内实施城乡新社区积聚建设,集体经济组织成员以合法的宅基地占地面积为基数,按一定比例或规定面积标准确定置换权益面积,置换高层公寓和产业用房,在城市(镇)规划区范围外实施农村更新改造,保障农户资格权。[2] 五是创新资格权实现形式。宅基地资格权可通过市场公开配置方式在本村集体经济组织内部由村集体经济组织进行有偿调剂。(3)适度放活使用权。在落实所有权和保障资格权的基础上,义乌市积极探索宅基地使用权适度放活路径,以彰显宅基地(使用权)财产功能,实现宅基地(使用权)资源的优化配置。一是实行宅基地使用权有条件、差别化流转。宅基地使用权流转所需具备的条件包括:所流转的宅基地使用权系合法取得;宅基地使用权与地上建筑一并流转;宅基地使用权转出人须持有不动产权证;转出人在流转宅基地使用权后仍拥有相应合法居所;转出人在流转宅基地使用权后不得再申请新的宅基地使用权;受让人只能通过转让取得一宗宅基地使用权且面积不得超过相应标准;等等。差别化流转主要体现为:在不改变宅基地集体所有制性质和集体经济组织成员资格的前提下,已完成农村更新改造的村庄,允许其农村宅基地使用权在本市范围内跨集体经济组织流转;未完成或正在实施更新改造的村庄,限定在集体经济组织内流转,受让方必须是本集体经济组织成员,且受让后面积不超过农村更新改造政策规定的按户控制面积。[3] 截至2018年年底,办理转让登记311宗,集体经济组织内转让的274宗,其占

---

〔1〕 参见汪明进、赵兴泉、黄娟:《农村宅基地“三权分置”改革的经验与启示——基于浙江省义乌市的实践视角》,载《世界农业》2019年第8期。

〔2〕 参见刘波、陈剑:《唤醒“沉睡”资源　助推乡村振兴——重庆市宅基地“三权分置”的改革思路》,载《宁夏农林科技》2019年第3期。

〔3〕 参见董祚继:《农村土地制度改革的难点与出路》,载《土地经济研究》2017年第1期。

比接近90%。二是开展宅基地(使用权)及地上农房抵押融资。在保证基本居住条件的基础上,凡持有不动产权证的农户均可以将其宅基地(使用权)及地上农房进行抵押融资,并建立了抵押融资风险补偿机制和全国农村宅基地基准价参考体系。截至2018年年底,全市27家金融机构累计办理农房抵押贷款20,223笔,贷款金额79.86亿元。[1]

自改革试点启动以来,义乌市通过对“三权分置”设想的科学谋划与积极落实取得了良好的经济效果:通过对宅基地所有权的落实与强化,集体经济组织的经济实力得以显著增强,社会治理水平获得明显提升;通过对宅基地资格权的合理创设和有效保障,农民住有所居得以全面实现;通过对宅基地使用权的大胆革新和适度放活,宅基地(使用权)的经济属性和财产功能得以全面彰显,农民在流转中获得了所需资金和应有对价,宅基地(使用权)在流转中实现了资源的优化配置。同时,宅基地“三权分置”改革也助推了城镇化进程、提高了农村现代化水平,城镇化率得以显著提高,农村发展活力得以显著增强。[2] 改革开放后,义乌市农村居民收入和人均财产收入由25,963元和3063元分别增加至33,393元和4000元以上。[3]

由义乌市宅基地“三权分置”改革实践来看,其积累如下经验或可被其他地区借鉴:(1)坚持民主管理。这既是义乌市“三权分置”改革实践的首要经验,也是改革试点之所以能够取得良好成效的关键所在。《中共义乌市委、义乌市人民政府关于推进农村宅基地制度改革试点工作的若

〔1〕 参见汪明进、赵兴泉、黄娟:《农村宅基地“三权分置”改革的经验与启示——基于浙江省义乌市的实践视角》,载《世界农业》2019年第8期。

〔2〕 参见尹晓波、朱永倩:《乡村振兴战略背景下宅基地农户资格权主体认定》,载《巢湖学院学报》2019年第5期。

〔3〕 参见汪明进、赵兴泉、黄娟:《农村宅基地“三权分置”改革的经验与启示——基于浙江省义乌市的实践视角》,载《世界农业》2019年第8期。

干意见》明确规定，要“突出农村农民主体地位，完善农村集体经济组织内部治理，建立健全农村土地民主管理组织，激发农民自主管理农村土地的主动性、积极性和责任心，建立健全农村土地管理议事决策机制、民主监督机制、财产管理机制、服务群众机制、矛盾纠纷调处机制，促进农村土地基层管理的民主决策、民主管理、民主监督，提升村级集体经济组织依法管理的能力，推动建立符合我市经济社会发展实际的农村土地长效管理机制”。义乌市要求各行政村都成立农村土地民主管理组织，由该组织行使土地管理职权，并建立科学的民主决策机制，对宅基地取得置换等重大事项均须按照法规进行民主决策，[1]突出了农民的主体地位。(2)注重配套建设。一是高度重视宅基地利用规划编制，充分发挥规划的引领作用；二是推进宅基地确权登记颁证工作，[2]为“三权分置”改革的推进、宅基地使用权的放活奠定坚实基础；[3]三是建立全国首个农村宅基地基准地价体系，为宅基地使用权有偿流转提供指引；四是成立农村宅基地风险基金，助力宅基地抵押融资活动顺利开展。(3)强调住有所居。义乌市在实施“三权分置”改革中，坚守宅基地的住房保障属性，高度重视农民住有所居目标的实现和宅基地居住功能的保障，采取一系列政策手段和保障措施，多元化确保农民的住房需求，因地制宜探索“住有所居”实现方式，

[1] 参见叶剑锋、吴宇哲：《宅基地制度改革的风险与规避——义乌市“三权分置”的实践》，载《浙江工商大学学报》2018年第6期。

[2] 从2015年起，义乌市全面实施不动产统一登记制度，充分尊重农户参与权、知情权与话语权，根据“能发尽发、赋权让利”的原则，于2015年7月颁发房地一体的农村宅基地不动产权证；2017年3月，全面实施不动产登记“最多跑一次”改革，不仅颁发不动产权证而且还简化继承和转让办证流程，每宗可节约1000多元，降低了交易费用。宅基地确权登记的规范实施为“三权分置”改革的推进奠定了坚实基础。参见汪明进、赵兴泉、黄娟：《农村宅基地“三权分置”改革的经验与启示——基于浙江省义乌市的实践视角》，载《世界农业》2019年第8期。

[3] 参见叶剑锋、吴宇哲：《宅基地制度改革的风险与规避——义乌市“三权分置”的实践》，载《浙江工商大学学报》2018年第6期。

保障不同群体实现“户有所居、住有宜居”。[1] (4)进行分类施策。在义乌市宅基地“三权分置”改革试点中,始终做到对不同区域、不同条件的村庄予以区别对待、进行分类施策,按照“一村一策”的方针探索不同区域农民住房保障的多种实现形式。[2]

(三)宅基地改革试点考察之中部余江实践

同样作为宅基地改革首批试点地区,位于中部地区的江西省余江县(鹰潭市余江区[3])主要从以下方面对宅基地“三权分置”设想进行了积极探索:(1)落实所有权。一是探索宅基地所有权主体人格化代表形式。如前文所述,所有权主体虚置、人格化代表缺失是阻碍宅基地所有权顺利行使的重要因素之一,并由此导致系列问题的产生。在余江区宅基地改革试点中,其正视所有权行使这一突出问题,积极探索宅基地所有权主体的人格化代表形式,建立村民事务理事会以代为行使宅基地所有权。每个自然村均成立有村民事务理事会,享有包括宅基地分配、有偿使用费收取、矛盾纠纷调处等在内的 12 项权力和 15 项职责。[4] 二是强化农民集体之于宅基地的收益权。收益、处分等权能的缺失与羸弱是宅基地所有权所存在的又一突出问题,余江区在宅基地改革试点实践中对此问题亦予以了重点关注。一方面,在宅基地使用权流转中,作为所有权主体人格化代表的村民事务理事会,不仅会作为第三方鉴证人参与宅基地使用权流转协议的签订,而且将按照规定比例提取相应流转收益以作为所有权收益;另一方面,对于历史原因形成的“一户多宅”“少批多占”等问题,按

---

[1] 参见汪明进、赵兴泉、黄娟:《农村宅基地“三权分置”改革的经验与启示——基于浙江省义乌市的实践视角》,载《世界农业》2019 年第 8 期。

[2] 同上。

[3] 2018 年 7 月 9 日,鹰潭市余江撤县设区揭牌仪式举行,余江县自此更名为余江区。

[4] 参见刘波、陈剑:《唤醒“沉睡”资源　助推乡村振兴——重庆市宅基地“三权分置”的改革思路》,载《宁夏农林科技》2019 年第 3 期。

照“使用者付费”基本原则，按照一定标准收取相应有偿使用费以作为所有权收益。三是强化农民集体之于宅基地的处分权。一方面，完善宅基地使用权申请与分配机制，拟通过分配方式获得宅基地使用权的农民应当向村民事务理事会提出书面申请，经理事会同意后，方可进行宅基地（使用权）分配后续程序；另一方面，在坚持规划先行、用途管制的前提下，积极建立探索宅基地（使用权）收回、择位竞价等机制。四是健全农民集体之于宅基地的管理权。为确保宅基地（使用权）的规范和高效利用，村民事务理事被赋予之于宅基地的管理权限，即按照村庄规划及宅基地利用规划对宅基地（使用权）的利用情况进行监督和管理。[1] （2）保障资格权。一是明确资格权内容，农民在取得资格权后有权按照规定向本集体经济组织申请使用宅基地。二是规定资格权灭失情形，农民所享有的宅基地资格权在其申请获得宅基地（使用权）或将宅基地（使用权）转让后即自动消灭，但所申请获得宅基地（使用权）因自然灾害原因灭失的，可再次申请获得新的宅基地（使用权）。三是完善资格权确认规则，将符合集体经济组织成员资格认定条件的农民纳入宅基地资格权保障范围，并对分户条件、户的界定等关键问题作出明确规定。[2] 具体来说，以“定户”为资格权界定基础，本集体经济组织男性成员达到法定结婚年龄和纯女户家庭中女性成员已婚且属于男方入赘的可以立为一户进而取得宅基地资格权，父母原则上与子女为一户，确需分户的应经村民会议或村民代表会议同意。[3] 四是拓展资格权实现形式，在尊重农民自主意愿的基础上

---

〔1〕 参见张军涛、游斌、翟靖彤：《农村宅基地“三权分置”的实现路径与制度价值——基于江西省余江区宅基地制度改革实践》，载《学习与实践》2019 年第 3 期。

〔2〕 参见曾旭晖、郭晓鸣：《传统农区宅基地“三权分置”路径研究——基于江西省余江区和四川省泸县宅基地制度改革案例》，载《农业经济问题》2019 年第 6 期。

〔3〕 参见李怀：《传统农区宅基地“三权分置”的权能实现与推进路径》，载《新视野》2020 年第 2 期。

多途径保障其资格权益。五是创新资格权保障方式，对因进城而暂不申请宅基地（使用权）的资格权人通过颁发“权证”方式，赋予其在一定期限（15年）后重新以申请方式获得宅基地的权利，以消解进城农民的后顾之忧。[1] 六是建立资格权灭失后宅基地使用制度，当农民因丧失集体经济组织成员资格而致资格权灭失时，允许其通过有偿方式继续使用其所依法取得的宅基地（使用权）。[2] 七是严格资格权行使规则。严格贯彻“一户一宅”“面积法定”的基本规则，禁止多占、超占，对因历史原因形成的超出法定面积的宅基地（使用权），能退出则退出，确实无法退出的通过有偿使用加以调整。[3] (3)适度放活使用权。一是明确宅基地使用权流转条件。对于转入方（包括受让人受赠人和承租人）来说，其必须是符合宅基地申请条件的本集体经济组织成员；对于转出方来说，其应当具备如下条件：所流转的宅基地使用权为依法取得且无权属争议并符合土地利用规划和村庄规划；流转后仍有合法住所；等等。[4] 二是规范宅基地使用权流转程序，实现宅基地使用权流转申请、审查、审核、订约、登记的全链条规范管理，依法、合理界定村民事务理事会、村民委员会、乡（镇）人民政府、自然资源部等主体在宅基地使用权流转中的角色和职责。[5] 三是合理分配宅基地使用权流转收益。区分农房流转收益和宅基地使用权流转

---

〔1〕 参见廖成泉、胡银根、陈海素：《基于农民心理视角的宅基地制度改革思考——以江西省余江县为例》，载《江西农业学报》2018年第1期；张军涛、游斌、翟靖彤：《农村宅基地“三权分置”的实现路径与制度价值——基于江西省余江区宅基地制度改革实践》，载《学习与实践》2019年第3期。

〔2〕 参见张军涛、游斌、翟靖彤：《农村宅基地“三权分置”的实现路径与制度价值——基于江西省余江区宅基地制度改革实践》，载《学习与实践》2019年第3期。

〔3〕 参见余江县政协：《变“要我改”为“我要改”——余江县全域推进农村“宅改”的有益探索》，载《江西政协报》2017年8月4日，第3版。

〔4〕 参见李祐梅等：《余江县农村宅基地改革试点的探讨》，载《安徽农业科学》2019年第11期。

〔5〕 同上。

收益,前者归房屋所有权人享有,后者由宅基地使用权转出方和所属集体经济组织共享。[1] 四是有限度地突出宅基地使用权流转范围。允许本集体经济组织以外成员通过继承方式获得宅基地使用权。五是拓展宅基地(使用权)利用范围。允许利用宅基地(使用权)发展乡村旅游、健康养老、电商等新产业、新业态。[2] 六是强化宅基地(使用权)抵押融资功能。探索建立以“政府+银行+保险+农业经营主体”为核心机制的农房抵押贷款制度,强化宅基地(使用权)抵押融资功能,拓宽农民融资渠道。[3]

余江区宅基地改革试点取得了良好的经济社会效果,主要体现在以下方面:通过推动闲置宅基地(使用权)的流转与退出,实现了耕地资源的有效保护;通过推动宅基地(使用权)流转和有偿使用,彰显了宅基地(使用权)的经济价值,增加了农民的财产性收入;通过建立村民事务理事会以更好地落实宅基地所有权,激发了农民参与农村社会治理的热情,提高了农村社会治理水平;[4]通过拓展宅基地(使用权)利用范围、创新利用方式,促进了农村新产业、新业态的发展,提高了农村经济发展水平;通过推动闲置宅基地的流转、进行“空心村”治理,改善了村容村貌,提高了村民获得感。[5]

由余江区宅基地“三权分置”改革实践来看,其积累的如下经验或可

---

[1] 参见李祜梅等:《余江县农村宅基地改革试点的探讨》,载《安徽农业科学》2019年第11期。

[2] 参见张军涛、游斌、翟靖彤:《农村宅基地“三权分置”的实现路径与制度价值——基于江西省余江区宅基地制度改革实践》,载《学习与实践》2019年第3期。

[3] 参见张军涛、游斌、翟靖彤:《农村宅基地“三权分置”的实现路径与制度价值——基于江西省余江区宅基地制度改革实践》,载《学习与实践》2019年第3期;余江县政协:《变“要我改”为“我要改”——余江县全域推进农村“宅改”的有益探索》,载《江西政协报》2017年8月4日,第3版。

[4] 参见江宜航:《余江“宅改”缘何走在全国前列——江西省余江县农村宅基地制度改革调查》,载《中国经济时报》2017年9月4日,第4版。

[5] 参见邱丽:《善治视域下的宅基地制度改革》,载《华南农业大学学报》(社会科学版)2020年第1期。

由其他地区予以借鉴:(1)重视制度建设。余江区宅基地改革试点能够取得良好成效的首要原因在于,其在改革过程中搭建了较为完善的宅基地管理制度体系,[1]涉及宅基地分配、使用、监管、奖惩、整治等内容,尤其是注意给基层实践留出制度空间并让农民有效参与制度建设。[2]其中,县级层面有22项制度、乡镇层面有11个办法、村组层面有9条措施,完善的制度建设为余江区宅基地改革试点的顺利推进打下了坚实的基础。[3](2)重视配套建设。一是全面开展确权登记工作,明确宅基地权属为宅基地使用权适度放活等后续改革奠定坚实基础;[4]二是强调规划先行,以财政资金支持村庄规划编制,为宅基地改革的系统推进提供必要支撑。(3)重视民主管理。在宅基地改革试点中,余江区高度重视民主管理,其中,村民事务理事会应当是最典型的代表。全县1040个村建立完善了村民事务理事会,选出了8752名理事会成员。[5]村民事务理事会不仅是宅基地所有权的行使主体,而且是宅基地改革最主要的依靠力量,对落实宅基地所有权、提升基层治理能力起到了至关重要的作用。[6]其根本原因

---

[1] 在区级层面,出台了包括《农村宅基地有偿使用、流转和退出暂行办法》等在内的10余项管理制度;在乡(镇)层面,出台了包括《村民事务理事会宅基地管理工作考核评比办法》等在内的10余项运行办法;在村组层面,制定了包括《集体经济组织成员资格认定》等在内的多项实施办法。

[2] 参见《江西省鹰潭市余江区有序推进农村宅基地制度改革试点》,载中国乡村振兴工作委员会官网:http://www.zgxczx.org.cn/xiangcun/1066.html,最后访问日期:2020年6月30日。

[3] 参见《余江先行先试全域推行农村“宅改”试点》,载人民网:http://jx.people.com.cn/n2/2017/0622/c190181-30362104.html,最后访问日期:2020年6月30日。

[4] 资料显示,余江区在宅基地改革试点实践中高度重视宅基地(使用权)确权登记工作,改革伊始,即全面开展“房地一体”确权登记,已完成农村“房地一体”调查6.4万宗,办理不动产证7638宗,其中不动产证明3585个。参见余江县政协:《变“要我改”为“我要改”——余江县全域推进农村“宅改”的有益探索》,载《江西政协报》2017年8月4日,第3版。

[5] 参见《余江先行先试全域推行农村“宅改”试点》,载人民网:http://jx.people.com.cn/n2/2017/0622/c190181-30362104.html,最后访问日期:2020年6月30日。

[6] 参见曾旭晖、郭晓鸣:《传统农区宅基地“三权分置”路径研究——基于江西省余江区和四川省泸县宅基地制度改革案例》,载《农业经济问题》2019年第6期。

就在于，从村民事务理事会的建立到运行严格贯彻了“民主管理”的基本要求，[1]尊重农民主体地位和首创精神，做到“蓝图自己绘、家园自己建”，[2]实现了与农民的无障碍沟通，得到了农民的接纳和支持，消除了农民之于宅基地改革的误解和阻碍，[3]彻底地让百姓放下心中顾虑，真心接受“宅改”，取得了由“要我改”变为“我要改”的良好社会效果。[4]

(4)重视农民情结。基于全面保障农民资格权考虑的宅基地“权证”管理制度是余江区宅基地改革试点的又一重要创新。为消除进城就业农民的后顾之忧，余江区规定，对具备资格权而放弃申请宅基地(使用权)或者全部退出所拥有宅基地(使用权)的进城就业农民，将核发一定年限(15年)后生效的用于申请宅基地(使用权)的权证，在其因不适应城市生活而选择重返农村时仍可通过申请方式获得宅基地(使用权)以实现居住需求的保障。[5] 这一制度创新高度契合了农民的需求，是立足农村实际情况的有益探索，在赋予农民以回归乡土社会权利的同时，也坚实了进城就业农民对未来美好生活的信心。[6]

---

〔1〕 在村民事务理事会的运行中，主要通过会议讨论方式决定宅基地改革和管理中的有关问题，做到对村民诉求的及时回应、对宅基地管理的共同商定，充分体现村民的集体意志，坚决消除“一言堂”式的决策方式，全面激活农民的积极性、主动性和自觉性。

〔2〕 参见王世元：《让人民群众有更多的获得感——对江西省鹰潭市余江区农村土地制度改革三项试点的认识和建议》，载《中国土地》2018年第12期。

〔3〕 参见张军涛、游斌、翟靖彤：《农村宅基地“三权分置”的实现路径与制度价值——基于江西省余江区宅基地制度改革实践》，载《学习与实践》2019年第3期。

〔4〕 参见《余江先行先试全域推行农村“宅改”试点》，载人民网：http://jx.people.com.cn/n2/2017/0622/c190181-30362104.html，最后访问日期：2020年6月30日。

〔5〕 廖成泉、胡银根、陈海素：《基于农民心理视角的宅基地制度改革思考——以江西省余江县为例》，载《江西农业学报》2018年第1期。张军涛、游斌、翟靖彤：《农村宅基地“三权分置”的实现路径与制度价值——基于江西省余江区宅基地制度改革实践》，载《学习与实践》2019年第3期。

〔6〕 廖成泉、胡银根、陈海素：《基于农民心理视角的宅基地制度改革思考——以江西省余江县为例》，载《江西农业学报》2018年第1期。

(四)宅基地改革试点考察之西部泸县实践

同样作为宅基地改革首批试点地区,位于西部地区的四川省泸县主要从以下方面对宅基地“三权分置”设想进行了积极探索。

(1)落实所有权。一是确立宅基地所有权主体的人格化代表。在改革试点中,始终坚持宅基地农民集体所有原则,通过成立村级土地管理委员会、议事会、股份合作社、纠纷调解委员会等举措以落实宅基地所有权的行使。[1] 对于宅基地(使用权)有偿退出、有偿使用、指标交易、收益分配等事项,由议事会通过讨论提出方案后,提交村民代表大会研究决定,而具体经营事项则委托集体资产经营管理公司负责,进而形成了以“议事会管理、村公司经营、民主监督”为核心特征的管理与经营模式。[2] 二是完善所有权主体之于宅基地的处分权。例如,《泸县农村宅基地使用和管理办法》明确规定,农民在县域范围内跨区域建房使用宅基地的,必须经被占地的村民小组2/3的农户代表或被占地单位同意。[3] 三是强化所有权主体之于宅基地的收益权。探索宅基地有偿使用机制,对超过规定标准占用宅基地(含“一户多宅”情形)的,由宅基地所属集体经济组织按照一定标准收取有偿使用费,并将该集体收益用于公共服务提供、基础设施建设等公益用途。[4]

(2)保障资格权。一是健全资格权认定。在资格权认定上,更加强调成员身份的原生性,除在籍的本集体经济组织成员外,作为原本集体经济

---

〔1〕 李怀:《传统农区宅基地“三权分置”的权能实现与推进路径》,载《新视野》2020年第2期。

〔2〕 曾旭晖、郭晓鸣:《传统农区宅基地“三权分置”路径研究——基于江西省余江区和四川省泸县宅基地制度改革案例》,载《农业经济问题》2019年第6期。

〔3〕 李怀:《传统农区宅基地“三权分置”的权能实现与推进路径》,载《新视野》2020年第2期。

〔4〕 刘守英、熊雪锋:《泸县宅基地制度改革实践与创新》,载《中国土地》2018年第3期。

组织成员的军人(含现役军人和复转退军人)、大中专院校在校学生等人员视为本集体经济组织成员,对户籍已经迁入城镇的原本集体经济组织成员亦可按照“一事一议”规则确定为本集体经济组织成员并获得宅基地资格权。[1] 二是细化资格权行使。创新性地将按“户”分配规则调整为“户+人”分配规则的改革创新,突出“以人定地”规则,[2]以更好保障作为集体经济组织成员的居住权。三是创新资格权实现方式。将宅基地改革试点与农村危房改造相结合,创造性地实施“宅基地换房”举措,即村民可将其宅基地(使用权)置换为“安康公寓”以更好保障其居住权,这一创新对改善农民居住条件、优化配置土地资源起到了积极作用。[3] 四是明确资格权基本内容。在泸县宅基地改革试点中,以农民宅基地资格权保障为基本准则,明确规定资格权的核心内容,即“宅基地的使用是村民的基本权利,在规定的使用面积内依法予以保障,任何组织和个人不得剥夺”。[4]

(3)适度放活使用权。一是实行“共建共享”。在泸县宅基地改革试点中,允许农民以其所拥有的宅基地使用权进行投资,通过与社会资本(包括城市居民)合作建设房屋并用于经营、商住或者居住之需,所获收益

---

[1] 《泸县农村村民建房审批管理暂行办法》(泸县府发〔2017〕63号)第15条规定:“村民建房按照在籍农业人口确定。但有下列情形之一的,可计入建房人口:(一)原籍农业户口的现役军人、复转退军人(不含已在外结婚定居,或国家安置了的人口);(二)原籍农业户口的大中专院校在校学生;(三)因服刑被注销户口的原农业户口服刑人员(不含被判处无期徒刑和死缓的);(四)因个人购买社保,户口已迁出到城镇,常年居住在农村,由原集体经济组织采取‘一事一议’的方式确定为集体经济组织成员的;(五)法律、法规规定的其他人员。”

[2] 在申请使用宅基地的面积核定上,3人及以下户按3人计算,4人户按4人计算,5人及以上户按5人计算,每人无偿取得50平方米宅基地。

[3] 参见曲颂、郭君平:《宅基地改革的嘉明实践》,载《中国城乡金融报》2019年1月16日,B03版。

[4] 参见《泸县农村宅基地使用和管理试行办法》第5条。

由宅基地使用权人与社会投资方共享。[1] 对于“共建共享”方式所形成的房屋，还分别予以确权登记，以保障当事人双方的合法权益。[2] 探索宅基地（使用权）的“共建共享”是泸县在宅基地改革试点中的重要创新之一。依托“共建共享”机制，农家乐、农家超市、乡村民宿等产业得到了长足发展，实现了“以地置业”的良好效果，丰富发展了农村产业形态，促进了乡村振兴。[3] 二是实现县域内流转。在经村民小组同意后，农民可依托泸县农村产权交易服务中心在县域范围内以交易、出租等方式流转其农村住宅及宅基地使用权。[4] 三是探索宅基地（使用权）抵押融资。在泸县宅基地改革试点中，积极探索宅基地（使用权）及农房抵押融资，有效激活宅基地（使用权）融资功能；同时，为防范抵押融资风险，财政出资设立风险补偿基金，以推动金融机构开展宅基地（使用权）及地上农房抵押贷款业务，进而解决长期困扰农村经济社会发展的融资难问题。[5]

泸县对“三权分置”设想进行了积极探索并取得了良好经济社会效益，主要体现在以下方面：对宅基地所有权主体人格化代表的探索在一定程度上解决了宅基地所有权主体虚置问题；对宅基地处分权的完善提升了农民集体的所有权人地位；对宅基地收益权的强化坚实了农民集体的经济基础；对资格权认定的健全、对资格权行使的细化、对资格权实现方式的创新、对资格权基本内容的明确有效地满足了农民的居住需求，有力

---

〔1〕 参见曾旭晖、郭晓鸣：《传统农区宅基地“三权分置”路径研究——基于江西省余江区和四川省泸县宅基地制度改革案例》，载《农业经济问题》2019 年第 6 期。

〔2〕 参见李怀：《传统农区宅基地“三权分置”的权能实现与推进路径》，载《新视野》2020 年第 2 期。

〔3〕 参见四川省泸县人民政府：《泸县：做活宅改文章促振兴》，载《农村经营管理》2020 年第 1 期。

〔4〕 《泸县农村宅基地使用和管理试行办法》第 11 条规定，“村民住宅在县域内农村集体户中交易、出租等流转，必须经村民小组同意后，在泸县农村产权交易服务中心进行”，“流转后出让方不再享有农村宅基地的使用权利”。

〔5〕 参见《泸县：做活宅改文章促振兴》，载《农村经营管理》2020 年第 1 期。

地保障了住有所居目标的实现;“共建共享”的实行、县域内流转的实现、抵押融资的探索则凸显了宅基地(使用权)的经济价值,增加了农民财产性收入,并促进了宅基地资源的优化配置,为乡村产业发展提供了土地保障,为乡村振兴实现奠定了坚实基础。

由泸县宅基地“三权分置”改革实践来看,其积累的如下经验或可由其他地区予以借鉴:(1)重视确权登记。在宅基地改革试点中,泸县高度重视确权登记工作,早在 2015 年就在整合国土、住建、农业、林业等部门职能和人员的基础上成立不动产统一登记中心,[1]并将不动产登记窗口延伸到乡(镇),全面开展宅基地确权登记颁证工作,颁证率达到 100%,通过明晰宅基地权属为改革奠定坚实基础。[2] (2)重视规划编制。在宅基地改革试点中,作为省级“多规合一”改革试点县,泸县高度重视规划编制工作,在恪守耕地规模不减、宅基地总量可控、居住底线有保障的基础上推行涉及国民经济和社会发展规划、土地利用规划、城乡规划、生态环境保护规划等在内的“多规合一”,规范、有序编制村级土地利用规划和村庄建设规划,[3]为乡村生活空间、生产空间和生态空间优化划定了美好蓝图,[4]为宅基地改革奠定坚实基础。除推行“多规合一”外,泸县在规划编制中,还实行“封顶固化”规则,即以 2016 年年末数据为基准,对乡(镇)、村宅基地使用总量封顶固化,确保只减不增。[5] (3)重视改革创新

---

[1] 参见郭冠男:《农村“三块地”改革试点进展及思考——以四川省泸县为例》,载《中国经贸导刊》2016 年第 24 期。

[2] 参见刘守英、熊雪锋:《经济结构变革、村庄转型与宅基地制度变迁——四川省泸县宅基地制度改革案例研究》,载《中国农村经济》2018 年第 6 期。

[3] 参见郭冠男:《农村“三块地”改革试点进展及思考——以四川省泸县为例》,载《中国经贸导刊》2016 年第 24 期。

[4] 参见四川省泸县人民政府:《泸县:做活宅改文章促振兴》,载《农村经营管理》2020 年第 1 期。

[5] 参见车文斌:《退宅复耕入市　激活“沉睡”资产　泸县宅基地改革试点解读》,载《当代县域经济》2018 年第 2 期。

的风险控制。在宅基地改革试点中，泸县在积极创新的同时高度重视改革风险的有效防控，很好地把握住了“适度放活”的“度”。宅基地使用权流转范围虽然突破本集体经济组织范围，将其扩展到县域范围内，但对宅基地使用权流转方式、流转程序、流转平台未进行明确规定；在探索宅基地（使用权）抵押融资的过程中，通过设立风险补偿基金以消除可能存在的风险，进而激励金融机构积极参与改革。

第四章 宅基地使用权流转革新:新型有限流转主张及其制度设计

一、宅基地使用权流转革新的理路探讨

(一)宅基地使用权流转革新的价值目标厘定:三元价值目标

法律是一种价值实践,价值贯穿并支配法律制定、适用和裁判的整个过程。[1] 法律与人之间的价值关系自法律诞生之日就已产生,对法律现象进行价值分析伴随人类于法律认识的全过程。[2] 法与价值之间存在密不可分的联系,如果说人的认识活动是一种价值判断活动,那么法就是进行价值判断活动的一种准则。[3] 作为法学研究的基本方法之一,价值分析为揭示法的本质、树立科学的法律观所必需。所谓价值分析,是指对作为客体的现象或事物与作为主体的人之间的价值关系,即对特定客体内含的、应有的价值因素予以的认知、进行的评价,[4]其追问的基本问题

---

〔1〕 参见郑玉双:《以器御道:中国法理学的分析性品格之塑造》,载《法治现代化研究》2018年第4期

〔2〕 参见李其瑞:《价值分析方法的法学意义》,载《法律科学》1993年第4期。

〔3〕 参见林喆:《价值学说与学说的价值——读〈法的一般理论〉》,载《当代法学》1989年第3期。

〔4〕 参见张文显、姚建宗:《略论法学研究中的价值分析方法》,载《法学评论》1991年第5期。

是“法律应当是怎样的”?[1]价值厘定与实现是法律演进的核心动力所在,价值问题是法律科学所不能回避的,[2]法律价值研究始终都是一个永恒的课题。[3] 就宅基地使用权流转革新而言,价值分析至关重要,且须首先回答制度革新追求何种价值目标这一关键问题。法的价值是一个多元体系,以多种价值形态存在,[4]以下或为宅基地使用权流转革新所追求的主要价值目标。

1. 以效率价值为先

“现代社会的法律,都应以有利于提高效率的方式配置资源,并以权利和义务的形式规定、保障资源的优化配置和使用。”[5]宅基地使用权流转革新须以效率为优先的价值目标,主要是基于以下考虑:一方面,在现行规定下,宅基地使用权流转被严格限制于本集体经济组织范围之内,造成宅基地(使用权)资源大量闲置,处于低效利用状态,这是宅基地使用权流转革新的宏观背景所在;另一方面,严格限制流转规则造成宅基地(使用权)及其地上住房这一农民最主要财产的经济价值被极大抑制,实行宅基地使用权流转革新的直接目的就在于,破除宅基地使用权流转的制度性抑制,进而实现有效保护农民之财产权益的直接目的。

作为法的基本价值取向之一,效率有着丰富的含义。例如,依据作用主体的不同,效率有个体效率和社会效率之别。在宅基地使用权流转革新中,以效率价值为先,要义有四:(1)于个体农民而言,效率价值目标的

---

〔1〕 参见胡玉鸿:《西方三大法学流派方法论检讨》,载《比较法研究》2005 年第 2 期。

〔2〕 参见[美]罗斯科·庞德:《通过法律的社会控制——法律的任务》,沈宗灵、董世忠译,商务印书馆 1984 年版,第 55 页。

〔3〕 参见李成革:《法律价值概念探析》,载《邢台学院学报》2005 年第 2 期。

〔4〕 参见张文显、姚建宗:《略论法学研究中的价值分析方法》,载《法学评论》1991 年第 5 期。

〔5〕 参见张文显:《法学基本范畴研究》,中国政法大学出版社 1993 年版,第 274 页。

确定意味着可通过市场化流转以充分实现宅基地(使用权)及其地上住房的经济价值,进而实现财产权益的应有保护;(2)于农民集体而言,效率价值目标的确定意味着可凭借其所有权人身份以合理分享宅基地使用权流转收益,进而彰显宅基地所有权收益权能、维护农民集体合法权益;(3)于其他社会主体而言,效率价值目标的确定意味着可通过流转方式获得宅基地使用权,并依法依约予以有效利用,进而实现自身更好发展的直接目的;(4)于社会整体而言,效率价值目标的确定意味着可通过流转革新以实现宅基地(使用权)资源的优化配置,进而促进经济社会发展和社会福祉提升。

2. 以公平价值为根

“全面深化改革必须以促进社会公平正义、增进人民福祉为出发点和落脚点”,习近平总书记指出,“全面深化改革必须着眼创造更加公平正义的社会环境,不断克服各种有违公平正义的现象,使改革发展成果更多更公平惠及全体人民”,“如果不能给老百姓带来实实在在的利益,如果不能创造更加公平的社会环境,甚至导致更多不公平,改革就失去意义,也不可能持续”。[1] 作为法的首要价值目标、永恒价值命题,公平既是人解放自己、发展自己的目标,又是实现其目标的必要条件,[2]对公平的追求是社会得以进步、人类得以发展的根本动力所在。于宅基地使用权流转革新而言,公平系根本价值目标所在。这是由宅基地使用权流转所引发的负面效应决定的。在严格限制流转规则下,宅基地使用权流转范围被限于本集体经济组织内部,无论是作为使用权人的个体农民,还是作为所有权人的农民集体,都无法凭借宅基地使用权的市场化流转而获得或分享

---

〔1〕 参见《习近平:切实把思想统一到党的十八届三中全会精神上来》,载人民网:http://theory.people.com.cn/n/2014/0102/c49169-24000494.html,最后访问日期:2020年6月30日。

〔2〕 参见齐延平:《法的公平与效率价值论》,载《山东大学学报》(哲学社会科学版)1996年第1期。

应有的财产收益,发展权受到极大限制,进而造成城乡发展差距的拉大。推进宅基地使用权流转革新的根本目的在于革除宅基地使用权流转的制度性束缚,实现城乡主体在权利享有与保护上的公平对待。

在宅基地使用权流转革新中,以公平价值为本,要义有二:一是要进行市场化配置,实现宅基地使用权与国有建设用地使用权的同等对待,通过合理流转以充分体现宅基地使用权所蕴含的经济价值;二是在宅基地使用权流转革新中,一定要遵循公平价值目标要求,科学设计相关规则以避免出现新的不公平。就后者而言,又可从以下方面以具化公平价值目标:(1)科学设定宅基地使用权流转条件,明确哪些宅基地使用权可以流转,哪些宅基地使用权不得流转,确保宅基地使用权流转的起点公平;(2)建立健全宅基地使用权流转机制,实现宅基地使用权的有序流转,确保宅基地使用权流转的过程公平;(3)合理配置宅基地使用权流转收益,实现宅基地利益相关者合法权益的平等保护,确保宅基地使用权流转的结果公平。

3. 以安全价值为基

较之效率和公平,安全在法的价值体系中的地位要“逊色”许多,甚至对安全价值的内涵和外延学界还存在不同认识,且其与其他价值目标(如秩序)也存在重叠和交叉的问题,但是,这并不妨碍安全成为法的重要价值目标之一。作为一种实质性价值,安全无论是对社会个体,还是对社会群体,都具有重要意义,其既是个体和群体自身存在的内蕴的要求,又是自由、平等、公平等价值得以存续实现的前提。[1] 就宅基地使用权流转革新而言,安全价值目标的确立具有重要意义,安全价值的确保是效率与

〔1〕 参见张付成:《安全·公平·效率——公司法的价值均衡与整合》,吉林大学2004年博士学位论文,第5页。

公平价值目标得以实现的基础。从这个意义上讲,宅基地使用权流转革新应当以安全为基础价值目标。

在宅基地使用权流转革新中,以安全为基,要义有三:(1)要保障农民的居住需求。多年来的实践证明,宅基地(使用权)是确保农民住有所居的关键载体,以无偿申请、长期利用、限制流转等为代表的宅基地(使用权)制度安排是有效保障农民居住需求的重要制度支撑。虽然随着经济社会的发展,宅基地(使用权)的居住保障功能日趋弱化,但需要清楚认识的是,这种弱化是从动态意义和整体意义上来讲的,至少在部分农村地区,尤其是经济较为落后的地区,居住保障功能依然是宅基地(使用权)的核心功能所在。安居方能乐业,宅基地关乎农民的基本生存需求,农民居住安全的切实保障是宅基地使用权制度改革的基本前提。[1] 因此,在宅基地使用权流转革新中,一定要以保障农民的居住需求为基本要求,基于效率价值实现的市场化流转不能影响基于安全价值要求的居住需求保障。(2)要保护珍贵的耕地资源。由人多地少的现实国情所决定,耕地资源保护始终是关涉我国经济社会发展的战略性问题,因此,我国早就以法律的形式明确规定“切实保护耕地是我国的基本国策”。如前文所述,禁止自由流转说的重要依据之一就是宅基地使用权流转将对耕地资源保护带来严峻挑战。这一担心不无道理,宅基地使用权流转所带来的经济收益极有可能“激励”农民去多占用包括耕地在内的其他土地资源,进而危及耕地资源的有效保护。因此,在宅基地使用权流转革新中,一定要切实完善耕地资源保护体制机制并将宅基地使用权流转置于可控范围之内,以有效保护珍贵的耕地资源。(3)要维护农村的社会稳定。正确处理改

---

〔1〕 参见于宇峰、付坚强:《新中国土地政策演进视野下的宅基地“三权分置”制度选择》,载《经济问题》2019 年第 11 期。

革、发展、稳定之间的关系是改革开放40余年来的宝贵经验之一,三者有机统一、缺一不可,其中,稳定是确保改革和发展成功的重要前提。[1] 宅基地使用权流转革新,意味着现行严格限制流转模式将被打破,意味着非集体经济组织成员可依法依规通过流转方式取得宅基地使用权,意味着"封闭"的农村社会将有新的成员加入,意味着千百年来所形成的"圈层"农村社会结构将出现新的变化,这将为农村社会治理带来新的机遇和挑战。因此,在宅基地使用权流转革新中,一定要同时推动农村社会治理机制的创新,确保农村社会秩序的长期稳定和持续向好。

(二)宅基地使用权流转革新的核心理念秉持:利益均衡保护

作为一种重要的研究方法,利益分析法能够通过社会历史现象把握事物的本质和根源,具有化繁为简、化难为易的显著优点,因此,该方法在社会研究中具有普遍的适用性和有效性。就宅基地使用权流转问题而言,利益分析法的有效应用具有重要意义。其一,这是由法与利益的密切关系决定的。利益是法实现的动力和归宿,是法发挥作用的基础;[2] 法是界分、确认和调整利益关系的最为重要的社会规范。其二,这是由制度变迁的实质决定的。从利益主体[3]的角度来看,制度变迁就是各利益主体博弈的结果,利益分化聚合、识别衡量贯穿始终,制度变迁能否成功的一个关键就在于,制度变迁所带来的收益能否由利益相关主体合理分享,制度变迁所需要的成本是否由利益相关主体公平负担。[4] 其三,这是由

[1] 参见北京市习近平新时代中国特色社会主义思想研究中心:《改革开放40年的几点宝贵经验》,载人民网:http://theory.people.com.cn/n1/2018/0920/c40531-30304344.html,最后访问日期:2020年6月30日。

[2] 参见肖兴江:《关于农村宅基地使用权流转的思考》,载《扬州教育学院学报》2004年第4期。

[3] 所谓利益主体,又称利益集团,是指在社会经济发展中具有相同或近似利益的个人或团体相互依赖和影响,进而形成的具有共同利益的非正式的组织。

[4] 参见张晓山:《中国农村改革30年的基本经验》,载《中国乡村建设》2009年第1期。

经济体制改革的规律决定的。作为推动经济社会发展的第一动力，改革就是要破旧立新、根除痼疾，其必然会涉及利益关系的调整与重构。2013年7月，习近平总书记在湖北省武汉市主持召开部分省市负责人座谈会时强调："必须以更大的政治勇气和智慧，不失时机深化重要领域改革，攻克体制机制上的顽瘴痼疾，突破利益固化的藩篱，进一步解放和发展社会生产力，进一步激发和凝聚社会创造力。"[1]2014年2月，李克强总理在在省部级主要领导干部专题研讨班上指出："当前经济体制改革进入攻坚期和深水区，触及更多深层次矛盾，必然涉及利益关系深度调整，复杂性和难度前所未有。"[2]宅基地被视为农村改革最后一块难啃的"硬骨头"，其牵涉利益关系复杂。

宅基地使用权流转就是一个关涉多方利益主体的复杂运行过程，涉及作为宅基地所有权人的农民集体及其人格化代表、作为宅基地使用权人的农民、通过流转方式获得宅基地使用权的继受人、宅基地所属集体经济组织的其他成员及宅基地所在地的地方政府等诸多利益相关者。因此，推进宅基地使用权流转革新，关键是给予相关利益主体予以均衡保护，以实现各主体利益的动态平衡。对宅基地(使用权)流转利益相关主体予以均衡保护，首先需要对各相关主体的正当利益诉求予以科学界定，这是实现利益均衡的重要前提。

宅基地诸多利益相关者既有自己的独立利益诉求，也存在交错叠合之处。因此，在宅基地使用权流转革新中，秉持利益均衡保护理念的关键在于，对相关主体利益诉求予以合理分析、对交错叠合关系予以科学梳

---

〔1〕 参见《习近平谈改革：冲破思想观念障碍　突破利益固化藩篱》，载人民网：http://politics.people.com.cn/n/2014/0809/c1001-25434950.html，最后访问日期：2020年6月30日。

〔2〕 参见《李克强：经济体制改革进深水区　涉利益关系调整》，载人民网：http://politics.people.com.cn/n/2014/0218/c70731-24396900.html，最后访问日期：2020年6月30日。

理,并在此基础上,实现对各相关主体利益诉求的协调整合,其关键则是要把握好以下几对利益关系:一是要均衡保护宅基地使用权流转当事人,即转出方和转入方[1]的合理利益,二者是宅基地使用权流转的直接参与者、核心利益相关者,其利益保护状况直接决定流转行为是否发生,这关系宅基地使用权流转革新目的的实现;二是要均衡保护作为宅基地使用权流转主体的个体农民与作为宅基地所有权人的农民集体的合理利益,关键是要对宅基地(使用权)流转所产生的经济利益予以合理分配,这关系集体所有权落实问题;三是要均衡保护作为宅基地使用权流转主体的个体农民与宅基地所属集体经济组织其他成员的合理利益,这关系农村社会稳定的维护;四是要均衡保护作为宅基地使用权流转主体的个体农民、作为宅基地所有权人的农民集体与宅基地所在地地方政府的合理利益,这关系经济社会发展目标的达成。

(三)宅基地使用权流转革新的根本遵循阐释

1. 恪守"三条底线"

2014 年 12 月,习近平总书记先后主持召开中央全面深化改革领导小组第七次会议和中央政治局常委会会议,会议审议通过了《关于农村土地征收、集体经营性建设用地入市、宅基地制度改革试点工作的意见》;2015 年 1 月,中共中央办公厅和国务院办公厅联合印发该意见,标志着农村土地制度新一轮改革试点正式启动。中央全面深化改革领导小组第七次会议还明确了此轮改革试点的基本原则,即"坚持土地公有制性质不改变、

---

〔1〕 在宅基地使用权流转革新中,对宅基地使用权转入方(或称流转继受人)的权益保护应当予以重点关注,原因在于,唯有对转入方的权益予以妥适保护,方能激励其积极参与到宅基地使用权流转过程中,才有可能实现流转革新目的。宅基地使用权转入方或应享有如下权利:依规利用宅基地并享有相应收益的权利、依规再次流转宅基地并获得流转收益的权利、面临征地时依规分享征地补偿费的权利、流转期限届满后依规优先受让的权利。

耕地红线不突破、农民利益不受损三条底线，在试点基础上有序推进”。[1] 首先，推进宅基地使用权流转革新应当恪守土地公有制性质不改变这一底线。坚持土地公有性质不改变的核心要义就在于坚持和完善农村土地集体所有制。作为我国农村最重要的基础性制度，农村土地集体所有制以其超强的适应性和发展性，成为解放、发展和保护我国农业生产力的根本性制度优势，坚持农村土地集体所有制，是在中国特色社会主义进入新时代后推进“三农”工作必须树立的底线思维，是实施乡村振兴战略必须遵循的大逻辑。[2] 其次，推进宅基地使用权流转革新应当严守耕地保护红线不突破这一底线。受人多地少、土地资源总体质量差等因素所限，耕地保护始终是我国土地管理的核心所在。[3] “民以食为天”，耕地关系十几亿人吃饭的头等大事，必须要保护好。为解决耕地后备资源减少、占补平衡难度加大、激励约束机制不健全等问题，2017 年 1 月中共中央、国务院发布《关于加强耕地保护和改进占补平衡的意见》，该意见从严格控制建设占用耕地、改进耕地占补平衡管理、健全耕地保护补偿等方面对耕地保护问题作了进一步规定，并提出，要“坚持最严格的耕地保护制度和最严格的节约用地制度，像保护大熊猫一样保护耕地”。[4] 最后，推进宅基地使用权流转革新应当坚守农民利益不受损这一底线。“新形势下深化农村改革，主线仍然是处理好农民和土地的关系”，习近平总

---

[1] 参见《习近平：农村土地制度改革坚持三条底线》，载人民网：http://politics.people.com.cn/n/2014/1202/c70731-26135048.html，最后访问日期：2020 年 6 月 30 日。

[2] 参见刘元胜、于千舒：《坚持和完善农村土地集体所有制这个制度优势》，载人民网：http://theory.people.com.cn/n1/2017/1207/c40531-29692765.html，最后访问日期：2020 年 6 月 30 日。

[3] 参见《南方日报：将最严格的耕地保护制度落在实处》，载人民网：http://opinion.people.com.cn/n/2015/0528/c1003-27069919.html，最后访问日期：2020 年 6 月 30 日。

[4] 参见《中共中央 国务院关于加强耕地保护和改进占补平衡的意见》，载新华网：http://www.xinhuanet.com//politics/2017-01/23/c_1120370686.htm，最后访问日期：2020 年 6 月 30 日。

书记强调，要"要尊重农民意愿和维护农民权益……"[1]2020年6月30日习近平总书记主持召开中央全面深化改革委员会第十四次会议，会议指出，"深化农村宅基地制度改革"，要"……坚决守住土地公有制性质不改变、耕地红线不突破、农民利益不受损这三条底线，实现好、维护好、发展好农民权益"。[2] 宅基地使用权流转革新的基本原则就是要恪守农村土地改革的三条底线，其中，最关键且最难把握的就是要保护农民权益。

"三农"问题关系党和国家事业发展全局，农民问题是"三农"问题的核心，而农民问题的实质是农民权益保护问题。《中共中央关于推进农村改革发展若干重大问题的决定》指出："必须切实保障农民权益，始终把实现好、维护好、发展好广大农民根本利益作为农村一切工作的出发点和落脚点。"在宅基地使用权流转革新中，以保护农民利益为出发点和落脚点，关键是要把握好以下几点：一是要优位保护农民利益。宅基地使用权流转革新旨在取得多重经济社会效应，其在推行过程中以达至多元改革目标为遵循，但是一个基本的原则就是，农民权益的保护应当优位于其他改革目标的实现。宅基地改革试点的推进、宅基地使用权流转的革新，首要目标在于有效保护农民权益，其他目标在排序、位阶上都应在此之后。二是要着重保护农民核心利益。一方面，要保障农民的居住需求，其关系社会稳定的维护，一旦把握不当将会引起严重的社会问题，影响农村社会的和谐稳定；[3]另一方面，要保护农民的财产权益，其关乎农民的生存与发展，如若保障不力将会制约农村的长远发展，影响"三农"问题的有效解

---

〔1〕 参见《习近平：加大推进新形势下农村改革力度》，载新华网：http://www.xinhuanet.com/politics/2016-04/28/c_1118763826.htm，最后访问日期：2020年6月30日。

〔2〕 参见《习近平主持召开中央全面深化改革委员会第十四次会议》，载新华网：http://www.xinhuanet.com/politics/2020-06/30/c_1126179095.htm，最后访问日期：2020年7月1日。

〔3〕 参见杨雅婷、陈薇舒：《宅基地使用权流转改革思路——以新生代农民工市民化为背景》，载《中国房地产》2016年第30期。

决。三是要充分尊重农民意愿。改革开放以来,农业农村发展取得了举世瞩目的成就,总结农村改革经验,若用一句话加以概括的话,就是尊重农民意愿,顺应农民要求;进入新时代后,只有了解并满足农民需求才能解决新问题,才能实现农业农村现代化。[1] 于宅基地使用权流转革新而言,唯有充分尊重并全面反映农民意愿,方能取得预期经济社会效应。四是要坚持农民主体地位。实践证明,因农村土地制度与农民切身利益密切相关,农村土地制度的任何一次变革都以坚持农民主体地位、满足农民利益为依归,唯有如此,才能赢得农民对制度变革的认同与支持。[2] 在宅基地使用权流转革新中,必须坚持农民主体地位,相信并依靠农民,充分调动其主动性和创造性。

2. 服务乡村振兴

法律命题的正当性和合理性永远都根源于社会的现实生活。[3] 法并不是脱离现实的自由意志,无论是政治的立法或市民的立法,都只是表明和记载经济关系的要求而已。[4] 作为经济社会发展的产物,法律制度要想保有旺盛生命力,就必须建立在经济社会发展之客观需要上,并与其发展保持一致,宅基地及其流转也是如此。宅基地及其流转不仅是一个法律问题,而且是一个经济、社会和政治问题,因此,对于宅基地及其流转问题的探讨要有一个更广阔的视野,正所谓“法之理在法外”。对于宅基地及其流转未来路径的探讨,首先应当从制度所依托的经济社会基础及

---

〔1〕 参见孔祥智:《农村改革最宝贵经验就是尊重农民的意愿》,载《中国农民合作社》2018年第10期。

〔2〕 参见徐建飞:《新时代中国农村土地制度改革创新研究——以新中国成立初期为借鉴》,载中国社会科学网:http://news.cssn.cn/zx/bwyc/201908/t20190827_4962621.shtml?COLLCC=3262917201&,最后访问日期:2020年6月30日。

〔3〕 参见章合运:《农村房屋流转的障碍分析及对策研究》,载《天府新论》2010年第5期。

〔4〕 参见[美]罗斯科·庞德:《普通法的精神》,唐前宏等译,法律出版社2001年版,第183页。

其变动趋势予以分析。建立于农村土地集体所有基础之上,诞生于人民公社时期的宅基地(使用权)严格限制流转规则有其合理性,适应当时经济社会发展的实际情况,同时取得了良好的经济社会效应,突出体现为有效保障了农民的居住需求,切实维护了农村社会的稳定,不过如前文所述,随着市场经济体制的日益完善、农村经济社会的快速发展,宅基地(使用权)严格限制流转规则的弊端和不适应性愈发凸显。作为党的十九大作出的重大决策部署,实施乡村振兴战略是新时代"三农"工作的总抓手。作为强化乡村振兴制度性供给的重要举措,宅基地"三权分置"改革必须服务于乡村振兴战略实施需要,而作为因应"三权分置"方略及适度放活宅基地使用权设想的宅基地使用权流转革新亦必须服务于乡村振兴战略实施需要,依据乡村振兴于宅基地制度改革的需要而勾画宅基地使用权流转革新的未来路径及具体制度设计。如果说任何一项法律制度都是历史的,[1]那么乡村振兴将是新时代宅基地制度革新最显著的特征。

(四)宅基地使用权流转革新的基本原则分析

1. 尊重市场规律原则

推进宅基地使用权流转革新,首先需要恪守尊重市场规律的基本原则。这是由我国社会主义市场经济体制的属性决定的。《宪法》第 15 条第 1 款明确规定"国家实行社会主义市场经济";2013 年 11 月,党的十八届三中全会通过的《中共中央关于全面深化改革若干重大问题的决定》明确提出,全面深化改革要"紧紧围绕使市场在资源配置中起决定性作用深

[1] 参见刘俊:《农村宅基地使用权制度研究》,载《西南民族大学学报》(人文社会科学版) 2007 年第 3 期。

化经济体制改革”;[1]2014年11月,习近平总书记强调指出“我们全面深化改革,就要激发市场蕴藏的活力”;[2]2017年10月,党的十九大报告不仅再次强调,要“坚持解放和发展社会生产力,坚持社会主义市场经济改革方向,推动经济持续健康发展”,而且明确提出,要“使市场在资源配置中起决定性作用”;[3]2019年10月,党的十九届四中全会通过的《中共中央关于坚持和完善中国特色社会主义制度 推进国家治理体系和治理能力现代化若干重大问题的决定》不仅明确指出,作为社会主义基本经济制度的重要组成部分的社会主义市场经济体制“既体现了社会主义制度优越性,又同我国社会主义初级阶段社会生产力发展水平相适应,是党和人民的伟大创造”,而且以专题形式对“加快完善社会主义市场经济体制”进行了全面规定。[4] 市场经济是我国是经济发展的大方向,任何改革与举措须着眼于发展市场经济、完善市场经济体制这一中心目标。市场决定资源配置是市场经济的一般规律,市场经济本质上就是市场决定资源

---

〔1〕 我们用改革的办法解决了党和国家事业发展中的一系列问题。我国经济体制改革一直围绕调整政府和市场关系进行,从计划经济到有计划的商品经济,再到社会主义市场经济,市场的力量一步步得到释放。党对政府和市场关系的认识不断升华。1993年11月,党的十四届三中全会通过的《中共中央关于建立社会主义市场经济体制若干问题的决定》就明确指出“建立社会主义市场经济体制,就是要使市场在国家宏观调控下对资源配置起基础性作用”。资源配置由市场起基础性作用向起决定性作用转换,“基础性”到“决定性”的两字之改实际上是对市场作用的全新定位。这既是中国经济发展到新阶段、新常态下,认识深化的必然产物,也是实践发展的客观要求。参见国家行政学院经济学部课题组:《中国经济新常态若干问题研究》,载《经济研究参考》2015年第1期。

〔2〕 参见《APEC授权发布:组织工商领导人峰会开幕式上的演讲(全文)》,载新华网:http://www.xinhuanet.com/politics/2014-11/09/c_1113174791.htm,最后访问日期:2020年6月30日。

〔3〕 参见《习近平:决胜全面建成小康社会 夺取新时代中国特色社会主义伟大胜利——在中国共产党第十九次全国代表大会上的报告》,载新华网:http://www.xinhuanet.com/politics/19cpcnc/2017-10/27/c_1121867529.htm,最后访问日期:2020年6月30日。

〔4〕 参见《中共中央关于坚持和完善中国特色社会主义制度 推进国家治理体系和治理能力现代化若干重大问题的决定》,载新华网:http://www.xinhuanet.com/politics/2019-11/05/c_1125195786.htm,最后访问日期:2020年6月30日。

配置的经济，使市场在资源配置中起决定性作用是市场经济的本质要求。[1] 2020年5月11日发布的《中共中央、国务院关于新时代加快完善社会主义市场经济体制的意见》明确指出，“中国特色社会主义进入新时代”后，“必须进一步解放思想，坚定不移深化市场化改革”。[2] 由此决定，宅基地使用权流转革新必须要充分发挥市场在资源配置中的决定性作用，恪守尊重市场规律的基本原则，即在宅基地使用权流转中充分发挥市场的作用。一方面，要充分发挥价格机制和竞争机制的作用，实现宅基地（使用权）的优化配置；另一方面，要对宅基地使用权流转当事人予以平等保护，促进宅基地使用权的高效流转。

2. 政府适度干预原则

理论和实践均证明，市场机制虽贵为资源优化配置的最有效手段，但并非万能，受内在机理所限，在资源配置过程中其往往会产生包括垄断、负外部性、信息偏在、社会分配不公、公共产品供给不足等“失灵”问题，因此，需要政府的适时适度介入以矫正市场缺陷，更好发挥市场机制于资源优化配置的基础性作用。改革开放40余年历程亦揭示，改革的核心逻辑就是正确处理好政府与市场的关系，坚持“有效市场”与“有为政府”相结合，充分发挥市场“无形之手”和政府“有形之手”的“双手”协同作用。[3] 于农村改革而言，亦是如此，如果没有政府的支持，将很难获得成功。仅靠市场的力量是难以有效解决“三农”问题的，农村改革的深化、农村经济

---

〔1〕 参见国家行政学院经济学部课题组：《中国经济新常态若干问题研究》，载《经济研究参考》2015年第1期。

〔2〕 参见《中共中央　国务院关于新时代加快完善社会主义市场经济体制的意见》，载新华网：http://www.xinhuanet.com/2020-05/18/c_1126001431.htm，最后访问日期：2020年6月30日。

〔3〕 参见武汉大学改革开放40年模式研究课题组：《中国40年改革开放模式的八大特征》，载人民网：http://theory.people.com.cn/n1/2018/1226/c40531-30489088.html，最后访问日期：2020年6月30日。

体制的完善均离不开政府(国家)的有效干预。[1] 当前,宅基地使用权严格限制流转的现行规则排斥、限制市场机制于宅基地(使用权)资源配置基础性作用的发挥,造成宅基地大量闲置、资源浪费的不利后果,导致宅基地资源配置的严重低效;未来,按照“三权分置”改革方略的谋划、因应乡村振兴战略实施的要求,在宅基地使用权流转上应予以必要创新,突出体现为发挥市场机制于宅基地资源配置的基础性作用,但有一点需要明确的是,市场机制地位的确立并不意味着对政府作用的漠视。旨在解决宅基地使用权流转现实问题、有效维护农民财产与发展权益、促进乡村振兴战略实施、推动城乡融合发展的宅基地使用权流转革新亦应高度重视市场作用与政府作用的有机协调,实现市场与政府的协同发力,通过明确市场机制的基础性地位以充分发挥其在资源优化配置方面的天然优势,进而促进宅基地(使用权)资源的高效配置;通过更好发挥政府作用以矫正市场机制的内在缺陷,克服宅基地(使用权)资源配置中可能出现的“市场失灵”问题,避免由市场化流转所引致的其他社会问题并最终促进宅基地(使用权)的优化配置。政府(国家)的适度干预不仅有助于实现对宅基地(土地)资源的有效管制,而且有助于社会利益的切实维护。[2]

宅基地使用权的市场化流转离不开政府的适时适度介入,流转所涉各方主体的行为以及因流转所形成的社会关系均需政府的引导与规范,新型有限流转的实行要以坚持政府适度干预为基本原则,这离不开政府的必要支持,预期目标的实现需要更好发挥政府作用。从改革试点实践来看,其呈现明显的政府主导性,涉及改革设计、理论准备、思想发动、制

---

〔1〕 参见李昌麒:《中国农村法治发展研究》,人民出版社 2006 年版,第 11 页。

〔2〕 参见宣玉:《宅基地使用权流转:法律困境、利益考量与制度构想》,载《九江学院学报》(社会科学版)2015 年第 2 期。

度供给、过程推进等全领域。[1] 但是，需要清楚认识的是，政府并非万能，受有限理性、干预成本等因素所限，政府亦会存在失灵，政府干预也可能会产生消极作用，突出体现为权力"寻租"的发生。政府干预是一柄"双刃剑"，若干预得好，则会对农村经济社会的发展起到促进作用；若干预得不好，则会对农村经济社会的发展起到阻碍作用，甚至会破坏农村社会经济的正常发展。[2] 正如诺思所言，国家（政府）的存在是经济增长的关键，然而国家（政府）又是人为经济衰退的根源。[3] 在农村土地制度改革中，若政府过度行政主导极有可能造成改革目标发生偏离，进而使改革演变为对农民土地权益的一种新的剥夺方式。[4] 因此，在宅基地使用权流转革新中，政府应秉持适度干预[5]的原则，做到"有所为，有所不为"。所谓"有所为"，是指在宅基地使用权流转过程中，对市场不能有效解决的问题，政府要做到不"缺位"、善"补位"，政府应当为宅基地使用权流转的开展提供必要支持，例如，做好宅基地确权登记工作以奠定宅基地使用权流转基础，做好宅基地（使用权）价格评估以为宅基地使用权流转价格的确定提供参考，给予宅基地使用权流转必要经济激励以促进其更好开展，完善农村社会保障体系建设以消除宅基地使用权流转所致社会隐患等。所谓"有所不为"，是指在宅基地使用权流转过程中，对市场能解决的问题，政府主动"放权""赋权"，进行干预时一定不得违反市场经济规律、一

---

〔1〕 参见刘灿：《构建农民与农村经济长期发展的财产权基础——基于成都市改革经验的理论分析》，载《经济理论与经济管理》2011 年第 11 期。

〔2〕 参见李昌麒：《中国农村法治发展研究》，人民出版社 2006 年版，第 11 页。

〔3〕 参见[美]道格拉斯 · C. 诺思：《经济史中的结构与变迁》，陈郁、罗华平译，上海三联书店 1994 年版，第 20 页。

〔4〕 参见张秋：《现行土地流转制度改革的理性反思：制度缺陷及矫正》，载《现代经济探讨》2013 年第 5 期。

〔5〕 在经济法研究者看来，所谓政府适度干预，是指政府（国家）在经济自主和国家统制的边界条件或者临界点上所做的一种介入状态。参见李昌麒：《经济法学》，中国政法大学出版社 2002 年版，第 60 页。

定不得违背农民意愿,恪守“坚持土地公有制性质不改变、耕地红线不突破、农民利益不受损三条底线”,妥适界定政府干预边界、科学评估政府干预方式、有效控制政府干预成本。其中,最关键的就是,政府干预一定要以尊重农民意愿为前提,宅基地使用权是否流转以及以何种方式流转应当由作为宅基地使用权人的农民自主决定。[1] 同时,政府干预要以尊重宅基地所有权为前提,与由农民集体就所有权行使的自治决议相协调,政府不能直接用行政命令方式代替农民集体行使宅基地所有权。[2]

在宅基地使用权流转革新中,政府适度干预的实现还需以科学界分中央政府与地方政府的不同作用为前提。研究表明,中央政府主要扮演政策制定者以及监督者的角色,且较为固定;作为宅基地使用权流转的重要利益相关者,地方政府的角色则相对复杂,其可能兼具政策制定者、市场建设者(流转推动者)、市场监督者(流转监督者)和利益共享者等多重角色。[3] 其中,作为地方经济社会发展的调控者,基层政府作用的有效发挥、合理发挥至关重要。

3. 自治法治结合原则

2017 年 10 月,习近平总书记在党的十九大报告中明确指出,要“加强农村基层基础工作,健全自治、法治、德治相结合的乡村治理体系”。[4] “三治”融合的提出既是改革开放以来,尤其是党的十八大以来,乡村治理思想发展的必然逻辑,也是实施乡村振兴战略、推进国家治理体系和治理

---

〔1〕 参见宣玉:《宅基地使用权流转:法律困境、利益考量与制度构想》,载《九江学院学报》(社会科学版)2015 年第 2 期。

〔2〕 向勇:《论农地利用制度改革的法律性质》,载《法治研究》2013 年第 11 期。

〔3〕 参见钱鸿澎:《义乌宅基地“三权分置”改革中政府角色转变研究——基于马克思地租理论的研究》,载《金华职业技术学院学报》2019 年第 5 期。

〔4〕 参见《习近平:决胜全面建成小康社会 夺取新时代中国特色社会主义伟大胜利——在中国共产党第十九次全国代表大会上的报告》,载新华网:http://www. xinhuanet. com/politics/19cpcnc/2017 - 10/27/c_1121867529. htm,最后访问日期:2020 年 6 月 30 日。

能力现代化的必然要求。[1] 其中,自治是乡村治理体系的核心内容所在,推进乡村治理体系现代化,关键是要“坚持自治为基,加强农村群众性自治组织建设,健全和创新村党组织领导的充满活力的村民自治机制”,以“深化村民自治实践”;法治则是乡村治理体系的根本保障所在,推进乡村治理能力现代化,必须“坚持法治为本,树立依法治理理念,强化法律在维护农民权益、规范市场运行、农业支持保护、生态环境治理、化解农村社会矛盾等方面的权威地位”,以“建设法治乡村”。[2]

在宅基地使用权流转革新中,必须秉持“三治”融合的基本理念,尤其是要重视自治与法治作用的发挥,实现自治与法治的有效结合。一方面,这是由宅基地制度的特殊性质决定的,现行法律明确规定,宅基地属于农民集体所有,[3]作为宅基地所有权人的农民集体在宅基地使用权流转中有着独立的正当利益诉求,立基于所有权之上的相关权利的行使应当坚持自治的基本要求;另一方面,这是由宅基地使用权流转的重要性所决定的,无论是基于全面依法治国、建设社会主义法治国家的考量,还是基于物权变动、市场交易等社会效果的考虑,宅基地使用权流转以及由此产生的系列关系均应被纳入法治的轨道。在宅基地使用权流转革新中,坚持自治法治结合原则的关键是要科学界分自治与法治于宅基地使用权流转的调整范围,并在此基础上,探索自治、法治协同作用的具体路径,唯有如此,才能实现自治、法治的有效结合、良好互动。

---

〔1〕 参见孔繁金:《乡村治理体系中自治、法治、德治相结合的历史逻辑与现实必然》,载《老区建设》2019 年第 22 期。

〔2〕 参见《中共中央　国务院关于实施乡村振兴战略的意见》,载新华网:http://www.xinhuanet.com/politics/2018-02/04/c_1122366449.htm,最后访问日期:2020 年 6 月 30 日。

〔3〕 《土地管理法》第 9 条第 2 款规定:“农村和城市郊区的土地,除由法律规定属于国家所有的以外,属于农民集体所有;宅基地和自留地、自留山,属于农民集体所有。”

4. 权义均衡配置原则

权利和义务是法律关系中最重要的“资源要素”,而权利和义务的配置则是法律制度创新的核心命题所在,一个基本的原则就是要实行均衡配置,唯有如此才能实现真正的公平正义。对权利义务配置“均衡性”的强调就是对法治核心价值“公正性”的确认。[1] 权利义务均衡配置的基本要求在于,对法律关系当事人及利益相关者的权利与义务予以公平配置,实现对当事人及利益相关者合理权益的应有保护。总之,在现代法治社会中,权利的公平享有和义务的合理承担是所有主体在经济社会生活得以正常行为的基本前提,也是经济社会良好秩序得以有效维护的必要条件。[2]

就宅基地使用权流转革新而言,对相关主体的权利义务予以均衡配置具有重要意义。宅基地使用权流转革新的背景就在于现行严格限制流转规则对以使用权人为代表的宅基地相关主体的财产性权利保护不周,初衷就在于破除严格限制流转规则以对宅基地使用权人等相关主体的权利予以妥适保护。而更关键的是,从本质上讲,宅基地使用权流转革新就是宅基地相关主体之间的一种权利与义务的重新配置和平衡过程,明确相关主体之间的权利与义务关系是实现宅基地使用权流转革新总目标的基本前提。由此决定,权义均衡配置应是宅基地使用权流转革新所须遵循的基本原则。

权利义务均衡配置原则的落实须把握好以下关键问题:(1)合理界定作为宅基地使用权人的个体农民的权利与义务。作为宅基地使用权人的

---

〔1〕 参见江海:《全面依法治国的法经济学思考》,载人民网:http://theory.people.com.cn/n/2015/0611/c40531-27136986.html,最后访问日期:2020 年 6 月 30 日。

〔2〕 参见刘广明、尤晓娜:《京津冀区际生态补偿制度构建》,法律出版社 2018 年版,第 80~81 页。

个体农民是宅基地使用权流转的关键当事人,对其权利与义务的界定至关重要,直接关系宅基地使用权流转革新目标能否如期实现。就权利界定而言,关键是要明确个体农民在宅基地使用权流转中的意思自治限度,如在多大范围内、以何种方式流转宅基地使用权;就义务界定而言,关键是要明确个体农民在宅基地使用权流转中应当忍受何种“限制”,如依法流转其宅基地使用权后不得再次申请分配新的宅基地使用权。(2)合理界定宅基地使用权流转继受人的权利与义务。与作为宅基地使用权人的个体农民一样,流转继受人亦是宅基地使用权流转的关键当事人,其权利与义务的界定同样至关重要,直接关系宅基地使用权流转能否顺利进行。一方面,必须对流转继受人的权利予以明确规定并严格保护,以激励流转继受人参与宅基地使用权流转的动力和意愿,如应当赋予流转继受人以宅基地(使用权)征收补偿受益权,即有权参与宅基地(使用权)征收补偿款的分配;另一方面,必须对流转继受人的义务予以明确规定并落到实处,避免宅基地使用权流转失去正确方向、造成负面影响,基本要求是应当依法依规利用其通过流转方式获得的宅基地(使用权)。(3)合理界定宅基地所有权人的权利与义务。由人格化代表缺失所导致的所有权虚置是长期阻碍农地制度高效运行的突出障碍所在,因此,在宅基地使用权流转中一定要高度重视宅基地所有权人的权利与义务界定问题。这既是确保宅基地使用权流转得以顺利实施的必然要求,也是维护宅基地所有权人权益、彰显宅基地所有权人地位的必然之需。基本原则就是宅基地所有权人有权参与宅基地使用权流转并分享宅基地使用权流转收益,宅基地使用权流转革新应当成为完善宅基地所有权的重要“窗口”,而不应造成宅基地所有权的进一步弱化。(4)合理界定宅基地所属集体经济组织其他成员的权利与义务。宅基地所属集体经济组织其他成员虽非宅基地使用权流转的直接当事人,但其作用的正向发挥意义重大,关系宅基地使用权流转的顺利进行以及流转后宅基地使用权的有效利用,于农村社会稳定的维护至关重要。一方面,要对其权利予以明确规定,如赋予宅基地所属集体经济组织其他成员以优先权,即在同等条件下,其有权优先于非本集体经济组织成员通过流转方式获得属本集体经济组织所有的宅基地(使用权);另一方面,要对其义务予以明确界定,如应当明确宅基地所属集体经济组织其他成员(尤其是所流转宅基地的“四邻”)于宅基地使用权依法流转的“容忍义务”并配合宅基地使用权的依法变更,以确保流转继受人(尤其是非本集体经济组织成员)能够有效支配、合理利用其通过流转所依法取得的宅基地使用权。

5. 坚守复合功能原则

土地是农民的“命根子”,由其自然、经济、社会等多重属性以及之于农民的特殊意义所决定,宅基地具有显著的复合功能特征。宅基地的复合功能主要体现在以下方面:(1)经济功能。经济功能又可进一步划分为(建设)承载功能、融资功能等具体样态。所谓(建设)承载功能,是指基于宅基地的自然与经济属性,其是建设农村房屋及其他配套设施的必要载体;所谓融资功能,是指基于宅基地的经济属性,权利人可将宅基地(使用权)予以抵押、入股、出租等以融得所需资金。(2)社会功能。社会功能又可进一步划分为(居住)保障功能、心理依归功能等具体样态。所谓(居住)保障功能,是指在无偿申请、长期利用等规则的综合作用下,农民以较低成本获得宅基地(使用权)并将其用于住房建设,进而满足其居住需求、实现住有所居目标;所谓心理依归功能,是指宅基地(使用权)及其地上房屋不仅是农民于农村社会中地位与归属的体现,而且是财富传递与情感传承的载体,进而能够极大地满足农民作为社会一员的心理需求。

由当时的经济社会基础所决定,形成于人民公社时期的宅基地制度以显化(居住)保障功能为突出特征,通过严格限制宅基地(使用权)流转并辅之以无偿申请、长期利用、面积限定等规则,确保农民能够以极低代价获得并利用宅基地使用权,降低农民居住成本,进而确保农民住有所居目标的实现。但是,随着农村经济社会的发展,尤其是市场经济体制的确立与健全,宅基地复合功能发生显著变化,以融资为代表的经济功能得到极大增强,而以(居住)保障为代表的社会功能则渐趋势微。经济基础决定上层建筑,对宅基地制度予以系统革新,优化宅基地使用权制度设计,既是法制回应现实的必然之举,也是破解宅基地制度运行困局的应有之义。但是,需要清楚认识的是,由区域发展差距、农村情况复杂等实际因素所决定,宅基地社会功能的势微、(居住)保障功能的弱化仅是一个总体性、趋向性的描述,各地还有所差别,至少在部分农村地区,(居住)保障功能并未显著退化或仍为宅基地(使用权)的首要功能。

居住权是直接关系人类生存与发展的基本人权,"住有所居"是我国民生事业的首要目标之一。[1] 由"两权分离"到"三权分置"的变革,既是"破旧立新"的创举,也是逐步改良的演进,宅基地使用权流转革新亦应如此。在农村住房保障正式制度体系远未完善的情况下,[2] 宅基地(使用权)所承载的(居住)保障功能仍然是关系农民基本生存权的重大命题,仍然是关乎农村社会稳定的关键因素。因此,在推进宅基地使用权流转

---

〔1〕 参见刘广明:《农地抵押融资功能实现法律制度研究》,人民出版社2016年版,第217页。

〔2〕 从城镇来看,由改革开放前的"实物配房"到后来的"福利分房",再到现在的以经济适用房、廉租房、公租房等为表现形式的保障性住房供给,城镇居民住房保障虽经数次变迁,但总体来说一直是处于国家正式制度保障之内。尤其是党的十八大以来,我国进一步加大了城镇保障性住房的建设力度。从农村来看,仅有"五保户"这一特定对象被纳入了住房保障正式制度,且经历了由"集体保障"向"政府保障"的方式变迁;近年来,虽然从政策方面有所突破,如农村危房改造项目的实施,但是,总体来看,农村住房保障制度仍处于缺位状态。

革新以回应宅基地经济功能极大增强之现实需求的同时，仍然要兼顾宅基地其他经济社会功能，尤其是要对（居住）保障功能予以应有关切，不能矫枉过正，更不能因流转而致农民“流离失所”。

二、新型有限流转主张的提出缘由与理论设想

（一）新型有限流转主张的提出缘由

1. 基于对现行理论认知分歧进行反思的考量

如前文所述，鉴于宅基地使用权流转之于农民权益保护、农村经济社会发展的重要意义以及宅基地使用权流转存在问题的日益凸显，学界对宅基地使用权流转问题研究投入了极大热情、形成了丰硕成果，这对现存问题的解决和改革试点的推进起到了重要的理论指导作用。但不容回避的是，多数研究者虽对促进宅基地使用权规范流转及其深远意义达成共识，但对宅基地使用权流转理论方案却存在严重认识分歧，突出体现为宅基地自由流转的“开”“禁”之争，自由流转说与禁止自由流转说针锋相对，而持“中间道路”的有限流转说亦从未形成整体性方案。另外需要格外强调的是，与理论研究的“热”形成鲜明对比的是，宅基地使用权流转改革总体而言处于“冷”的状态，直至近年来才有所突破。缘何如此？一方面，这是由宅基地使用权流转问题的重要性所决定的。宅基地使用权流转规则的设计，既关乎农民基本生存需求的保障，又关涉农民财产与发展权益的保护。现行制度安排虽存在问题且日趋突出，但总体而言，还是较好地解决了农民的居住问题，是农民“住有所居”目标实现的关键支撑，并发挥了维护农村社会稳定的重要作用。因此，决策者对宅基地使用权流转制度改革问题“慎之又慎”，对改革所可能带来的社会风险高度重视。另一方面，这或许与目前主流的研究思路有关。现有研究思路或存在以

下问题:多执着于自己的主张,而疏于对反对观点的合理性分析;多从特定视角出发论述自己主张的合理性,而对于系统分析法应用的重视不够;多对有利论据予以重点阐释、“大书特书”,而对于相反论据予以“无意”漠视或淡化处理。一个典型的例子就是,持自由流转说观点的研究者多从宅基地使用权流转所带来的经济效益论述其主张的合理性,而持禁止自由流转说观点的研究则主要以宅基地使用权流转所导致的社会问题佐证其观点的科学性。而更需要清楚认识到的是,现有研究多为“演绎”而鲜有“归纳”,由此带来的问题是,部分主张及其论据因未经实践检验而难以被“证实”,却极易被“证伪”。这或许是理论研究与政府决策于宅基地使用权流转问题未能完全“合拍”,造成理论研究与实践进展处于“冰火两重天”尴尬境地的根本原因所在。

反思现行理论认知分歧,检讨现有研究思路,宅基地使用权流转问题研究或应把握好以下几个关键点:(1)恪守“大胆假设,小心求证”的研究态度,既要从未来发展视角于宅基地使用权流转制度革新予以前瞻研究,又应从当前实际出发于宅基地使用权流转制度革新予以科学设计。(2)遵循“法之理在法外”的研究思路,正视宅基地使用权流转问题的复杂性和跨域性,从经济、社会和政治等层面去探寻宅基地使用权流转制度革新的科学路径。(3)采用系统论的研究方法,既应清楚认识宅基地使用权严格限制流转规则存在的突出问题和促进宅基地使用权规范流转所带来的重要经济效益,又要全面考虑宅基地使用权流转放开所可能引发的社会问题及其解决之道。

基于上述考虑,严格限制流转说和旨在对作为宅基地使用权人的个体农民之财产与发展权益予以全面、绝对保护的自由流转说均不能成为当下的最佳选择。一言以蔽之,严格限制流转说因无视宅基地使用权流转现存问题和经济社会基础变迁而不具理论指导价值，而自由流转说则因未考虑经济社会变迁的渐进性、区域经济社会发展的差异性以及所可能引发社会问题的严重性而不符合当前实际需求。综合分析，有限流转说更具实践价值和理论优势，或能成为宅基地使用权流转革新的首选方案，但如前文所述，以分区域流转说为代表的相关主张因存在理论缺陷而不应被纳入考虑范围。

2. 基于对实现适度放活宅基地使用权改革设想的考量

“农业农村农民问题是关系国计民生的根本性问题”，[1]2017 年 10 月党的十九大报告明确提出，要“实施乡村振兴战略”。这是党中央着眼于全面建成小康社会、基本实现现代化、全面建设社会主义现代化国家作出的重大战略决策。[2] “务农重本，国之大纲”，“立政之本则存乎农”。实施乡村振兴战略是实现中华民族伟大复兴中国梦的客观要求，[3]是继社会主义新农村建设之后更加深入全面系统解决“三农”问题的重大部署，[4]是新时代“三农”工作总抓手，为有效解决城乡发展不均衡、农业农村发展不充分问题指明了方向。改革开放 40 余年的经验表明，改革的深化必然带来制度的革新，乡村振兴战略的实施亦是如此，而包括宅基地在内的农村土地制度革新则是推进乡村振兴、深化改革的应有之义。2018 年发布的《乡村振兴意见》不仅对“深化农村土地制度改革”进行了专门

---

〔1〕 参见《习近平：决胜全面建成小康社会　夺取新时代中国特色社会主义伟大胜利——在中国共产党第十九次全国代表大会上的报告》，载新华网：http://www.xinhuanet.com/politics/19cpcnc/2017-10/27/c_1121867529.htm，最后访问日期：2020 年 6 月 30 日。

〔2〕 参见刘家义：《深入贯彻落实十九大精神　全力推动乡村振兴》，载《人民日报》2018 年 1 月 12 日，第 10 版。

〔3〕 参见李云龙：《解读十九大报告：乡村振兴战略描绘农村发展新蓝图》，载中国网：http://opinion.china.com.cn/opinion_93_173493.html，最后访问日期：2020 年 6 月 30 日。

〔4〕 参见冯仕政、魏钦恭：《十九大报告为乡村振兴擘画新坐标》，载中国网：http://www.china.com.cn/opinion/think/2017-11/09/content_41866772.htm，最后访问日期：2020 年 6 月 30 日。

规定,而且确立了宅基地制度改革“三权分置”方略,即“探索宅基地所有权、资格权、使用权‘三权分置’,落实宅基地集体所有权,保障宅基地农户资格权和农民房屋财产权,适度放活宅基地和农民房屋使用权”。

较之“两权分离”模式,“三权分置”方略的最大创新在于,通过宅基地资格权的独立以剥离“两权分离”架构下宅基地使用权所负载的保障功能和身份属性而实现宅基地使用权的“纯化”,赋予新的宅基地使用权以流转功能,助力宅基地使用权回归用益物权属性,从而化解“两权分离”架构下宅基地权能结构冲突的矛盾,实现公益属性与私益属性、居住保障与财产保护的兼顾,觅得宅基地使用权流转存在问题的解决之道。适度放活宅基地使用权系“三权分置”方略的核心要义所在,结合“三权分置”方略的提出背景,对其理论意涵或可作出大致判断。如前文所述,在“两权分离”架构下,受严格限制流转规则所限,宅基地使用权正常流转受阻并由此诱发资源浪费、隐形流转等系列问题,适度放活宅基地使用权的直接目的就在于解决宅基地使用权流转现存问题。适度放活宅基地使用权的主线在于“放活”,底线在于“适度”。所谓“放活”,是指应当顺应农民流转意愿,回应宅基地使用权流转需求,革新严格限制流转规则,破除宅基地使用权于本集体经济组织内部流转的不合理限制,扩大流转范围、创新流转方式,以实现宅基地(使用权)资源的优化配置、促进乡村振兴战略的实施;所谓“适度”,是指宅基地使用权流转应当有目的、有条件、有限度地施行,不能自由流转、完全放开,以维护农村社会稳定、保障农民核心权益。由此可见,落实“三权分置”方略应当摒弃严格限制流转模式,而自由流转说因与宅基地使用权“适度放活”要求不符,亦非宅基地使用权流转革新的最佳选择。

(二)新型有限流转主张的理论设想

如前文所述,学界已对规范并促进宅基地使用权流转达成共识,且自由流转说与禁止自由流转说之激烈争论、有限流转说之多元探讨，核心命题在于宅基地使用权应当在多大程度、以何种方式进行流转，而严格限制流转说之于经济社会发展的严重不适及所导致的系列问题已渐趋式微。因此，宅基地使用权流转并不是一个“是”与“非”的问题，而是一个“路径选择”问题。[1] 或者说，是一个“开放程度”问题，即应当以何种程度、以何种方式开放宅基地使用权流转。[2] 就农村土地制度的未来格局而言，历史实际上已经指明，即在农民自愿、自主基础上的渐进变革之路，而且应当予以清楚认识的是，改变经数十年实践反复检验的发展路径不是明智之举。[3] 综合分析而言，秉持渐进式思路的有限流转方案或是宅基地使用权流转革新当前的最佳选择。这一判断的合理性或能从改革开放的宝贵经验中获得应验。回顾改革开放40余年历程，立足地域辽阔、区域差异大等现实国情，充分考虑人民群众可承受程度和社会经济发展程度，尊重人们对客观事物的认识规律，选择渐进式改革的方式，是改革开放取得巨大成功的宝贵经验之一。[4] 渐进式改革方式同样适用于宅基地使用权流转革新问题，而“三权分置”方略及适度放活宅基地使用权设想的提出则是最佳佐证。

---

〔1〕 参见董新辉：《新中国70年宅基地使用权流转：制度变迁、现实困境、改革方向》，载《中国农村经济》2019年第6期。

〔2〕 参见于宵：《建立国家信托制度　解决宅基地流转问题》，载《中国社会科学报》2013年2月27日，A07版。

〔3〕 参见冯开文：《聚集还是稳定？——对近年农村土地制度创新的历史反思》，载《中国农业大学学报（社会科学版）》2013年第2期。

〔4〕 参见胡敏：《改革开放40周年的宝贵经验和重要启示》，载人民网：http://opinion.people.com.cn/GB/n1/2018/1026/c1003-30364769.html，最后访问日期：2020年6月30日；何星亮：《改革开放40年的若干经验与启示》，载中国经济网：http://www.ce.cn/xwzx/gnsz/gdxw/201810/09/t20181009_30468570.shtml，最后访问日期：2020年6月30日。

任何一项法律制度都是历史的，都具有时代特征。[1] 不同于分阶段流转、分区域流转、适当拓展流转范围等现有有限流转主张，这里所提及的有限流转方案是置于“三权分置”方略之下并回应适度放活宅基地使用权设想的新型有限流转主张。所谓新型有限流转，是指扩大宅基地使用权流转范围、打破城乡间流转限制壁垒，实现宅基地使用权有条件流转以带动资金、技术、人才等要素由城市流入农村进而实现乡村振兴的理论方案。新型有限流转主张是一个全国性理论方案，分区域流转不在其理论意涵之中；新型有限流转主张是一个法治化方案，相关制度设计应当以法律规范的形式予以呈现；新型有限流转主张旨在推动宅基地（使用权）资源的优化配置，不以城乡居民身份差别作为界定宅基地使用权流转继受人的标准；新型有限流转主张肯认宅基地集体所有制度的特殊性，对宅基地所有权人、宅基地所属集体经济组织其他成员的合理权益予以必要保护；新型有限流转主张回应于适度放活设想、立基于“三权分置”方略、服务于乡村振兴战略，这是新型有限流转主张的核心意涵所在。

三、新型有限流转主张的制度设计

（一）妥适界定宅基地使用权继受人范围

作为对“谁可以通过流转方式获取宅基地使用权”或者“宅基地使用权可以流转给谁”问题的回答，对宅基地使用权流转继受人的范围界定至关重要，直接关系宅基地使用权流转制度革新的成败与否，是宅基地使用权新型有限流转的关键环节所在。在严格限制流转模式下，只有本集体经济组织成员才可以通过流转方式获得宅基地使用权，包括城镇居民在

---

〔1〕 参见刘俊：《农村宅基地使用权制度研究》，载《西南民族大学学报》（人文社会科学版）2007 年第 3 期。

内的非本集体经济组织成员不得以流转方式获得宅基地使用权,不能成为宅基地使用权流转的继受人。同时,宅基地使用权流转继受人的界定也是目前理论争议的焦点和难点所在。如前文所述,持自由流转观点的研究者认为,对宅基地使用权流转继受人不应予以限制,任何人都可以通过流转方式依法取得宅基地使用权;持禁止自由流转观点的研究者则对自由流转主张予以坚决反对,其中,持严格限制流转观点的研究者认为,只有本集体经济组织成员才能通过流转方式取得宅基地使用权,且需符合宅基地使用权申请条件;持有限流转观点的研究者对此持折中立场,且有多种具体主张,如依据宅基地使用权流转区域范围对继受人范围进行界定。对于这一问题,上述理论主张争议最大的就是,城镇居民能否通过流转方式取得宅基地使用权,即宅基地使用权流转继受人是否包括城镇居民?

在新型有限流转的推进中,对继受人范围予以界定的一个基本遵循就是服务于乡村振兴战略的实施,其原因在于,作为适度放活宅基地使用权设想的法律转化,新型有限流转的立基在于“三权分置”,而“三权分置”则是内嵌于乡村振兴总体战略之中。按照这一思路,对宅基地使用权流转继受人的界定或可作如下判断:(1)宅基地使用权流转继受人不应当限于本集体经济组织成员。宅基地使用权流转继受人(对象)不限于本集体经济组织成员,否则市场价格发现和形成机制无法达至。[1] 放活宅基地使用权、实行新型有限流转的一个基本要求就是改变现行严格限制流转模式,打破宅基地使用权仅可在集体经济组织内部流转的困局,因此,非本集体经济组织成员应可通过流转方式获得宅基地使用权。(2)宅基地使用权流转继受人界定不应当加以区域限制。持有限流转说的部分研

[1] 参见高圣平:《宅基地性质再认识》,载《中国土地》2010 年第 1 期。

究者认为,对宅基地使用权流转的变革亦应予以必要限制,宜将宅基地使用权流转限制在乡(镇)或县(市)或城市规划区范围之内。实际上,特定区域范围内流转的主张既无法避免宅基地使用权流转可能带来的风险,更不利于宅基地资源的优化配置。在一定意义上,市场需求将决定宅基地(使用权)的市场价值,特定区域范围流转的主张不仅会造成宅基地(使用权)经济价值受到抑制,而且会直接影响资本、技术、人才等要素于城乡间、区域间的优化配置,进而阻碍乡村振兴战略的顺利实施。(3)对宅基地使用权流转继受人范围的界定不应当加以城乡区别。宅基地使用权流转继受人是否应当城乡有别。或者说,城镇居民是否可以通过流转方式取得宅基地使用权,一直是理论认知的争点和实际操作的难点。持肯定说的研究者认为,城镇居民应可通过流转方式取得宅基地使用权进而成为宅基地使用权流转继受人,唯有如此,才能实现宅基地(使用权)配置的供需平衡、促进宅基地使用权的有效流转、彰显宅基地使用权的经济价值、维护宅基地使用权人的合法权益、解决宅基地资源浪费等现实问题,进而推动农村经济社会发展并加快城镇化进程;持否定说的研究者则认为,城镇居民不可以通过流转方式获得宅基地使用权进而成为宅基地使用权流转继受人,以避免处于弱势地位的农民在流转过程中权益受损,避免增加耕地保护压力。现行规定禁止城镇居民通过流转方式取得宅基地使用权。但是,“城镇居民”并非一个法定概念,其外延界定不易,“严禁城镇居民在农村购置宅基地”的政策表述很难实现向法律转换;而更关键的是,在乡村振兴视阈下,允许城镇居民通过流转方式获得宅基地使用权进而成为宅基地使用权流转继受人有其重要意义,有助于促进资金、技术、人才等要素由城镇向乡村的流动,为乡村经济发展带来活力,促进乡村振兴战略实施、推进城乡融合发展。

总之，在新型有限流转的推进中，基于乡村振兴等方面的考虑，应当突破本集体经济组织内部流转的现行模式，允许非本集体经济组织成员通过流转方式取得宅基地使用权并成为宅基地使用权流转的继受人，且不在区域上加以限制或对城乡居民予以区别对待。但是，并不意味着所有人都可通过流转方式取得宅基地使用权进而成为宅基地使用权流转继受人，必须对宅基地使用权流转继受人予以必要条件限制，否则，将可能导致投资或投机资金流入宅基地领域，导致“圈地”问题，不仅无助于宅基地资源的优化配置，扰乱正常的农村经济社会秩序，而且将极大地刺激宅基地资源规模扩张进而危及耕地资源保护。宅基地使用权流转继受人范围界定应当以服务乡村振兴为基本要求，即只有助力乡村振兴的主体才可以成为宅基地使用权流转继受人，才可以通过流转方式获得宅基地使用权，其获得宅基地使用权的目的也在于更好地参与乡村振兴战略的实施。这一设想具有可操作性，可以参考国有建设用地使用权出让的相关做法。具体来说，法律明确宅基地使用权流转继受人范围界定的基本原则，即参与乡村振兴战略实施的社会主体可通过流转方式取得宅基地使用权，具体规则授权地方立法予以确定，地方政府可结合本地乡村振兴实际需求制定宅基地使用权继受人范围界定的具体条件，[1]并由作为宅基

[1] 目前，学界对宅基地使用权流转继受人条件的界定进行了相应探讨，所形成的研究成果具有一定的参考价值。如有的研究者认为，有经济实力、有条件的城镇居民长期到偏远农村承包租赁土地，并有正式承包租赁土地合同的，经乡政府部门认定后，可以购买一处农村宅基地；非本村村民经土地流转获得长期土地经营权的，经村委会认定，可以购买一处农村宅基地；自愿到欠发达地区和贫困地区农村从事种植业、养殖业的大中专以上学校毕业生，以及国家专门为农村培养的免费师范毕业生，可以购买一处农村宅基地，让他们在农村有房子住。参见赵香兰：《宅基地使用权流转可有条件松绑》，载《中国土地》2012 年第 6 期。此外，有研究者认为，应当探索建立宅基地（使用权）分离流转制度，即针对不同流转类型，分别制定流转办法，实现分类指导、分类管理。这一主张也具有一定的参考价值。具体论述参见张勇：《农村宅基地制度改革的内在逻辑、现实困境与路径选择——基于农民市民化与乡村振兴协同视角》，载《南京农业大学学报》（社会科学版）2018 年第 6 期。

地所有权人的农民集体对条件适用予以监督。

如前文所述,在新型有限流转的推行中,不应对宅基地使用权流转继受人予以身份限制,即只要是投身于乡村振兴战略实施之中,不问是否属于本集体经济组织成员,便可按照规定通过流转方式获得宅基地使用权。那么,对宅基地使用权流转继受人是否应当加以其他限制?有研究者认为,为防范宅基地使用权流转所可能导致的大规模土地兼并问题,应当对流转继受人所获得(购置)的宅基地(使用权)规模(总量)予以必要限制。[1] 对于该主张,应持否定性态度,原因有二:一是由地域发展差距较大的现实国情所决定,很难对限制规模的标准予以准确界定,至少从法律层面不具有可行性;二是对流转继受人获得宅基地(使用权)规模予以限制很可能无法满足乡村振兴的多元需求,不符合经济社会发展规律要求。对于土地兼并风险,或可通过使用期限等方面的创新予以防范(下面将予以详细论述)。

(二)科学设定宅基地使用权流转条件

作为对"何种宅基地(使用权)可以进行流转"问题的回答,宅基地使用权流转条件的科学设定亦十分重要,其关乎公平价值目标的具体落实和耕地资源的有效保护。在新型有限流转的推行中,宅基地使用权须符合下列条件,方可进行流转:(1)必须是依法取得的宅基地使用权。在部分农村地区,还存在宅基地(使用权)违规占用的问题,包括多占、超占等具体形式,有的还属于违规占用耕地,危害后果十分严重,不仅直接造成土地资源浪费,而且严重影响社会公平。可用于流转的宅基地使用权必须是依法取得的,违规占用的不得流转,这是对宅基地使用权流转条件的

[1] 参见宋旭明、钟毅:《我国农村宅基地使用权流转问题及对策探析》,载《时代金融》2013年第20期。

基本要求。此外,对违规占用宅基地(使用权)行为予以清理整顿也是推进新型有限流转的一项前提性工作。(2)必须是依法取得不动产登记的宅基地使用权。物权以登记为公示公信方法,此乃贯通中西之基本法理。权属清晰是宅基地使用权得以流转的前提,可用于流转的宅基地使用权必须是依法取得不动产登记并领有产权证书的宅基地使用权,确保四至明确、权属合法,且流转后应当在规定时限内完成不动产的变更登记,以维护流转正常秩序并有效保护继受人的合法权利。未予以登记,不得流转,这是宅基地使用权流转的又一基本条件。(3)必须是符合规划要求的宅基地使用权。用于流转的宅基地(使用权)应当符合国土空间规划、土地利用总体规划、村镇规划以及旨在促进乡村振兴的专项发展规划的要求,以确保宅基地使用权流转的高效、宅基地资源配置的优化。(4)必须是非基本居住保障性质的宅基地使用权。宅基地使用权流转必须以保障农民基本居住需求为重要前提,这牵涉农民生存权益保障、农村社会秩序稳定等重大关切,是新型有限流转所须遵循的底线所在。因此,可用于流转的一定是非基本居住保障性质的宅基地使用权,即流转后原使用权人的居住需求仍然能够得到有效保障,具有其他合法稳定居所。对于非基本居住保障性质宅基地使用权的认定标准应当授权地方政府结合本地实际情况并在充分尊重农民意愿的基础上加以规定。另外,需要补充说明的是,如前文所述,宅基地使用权可以单独流转,无须以负载有地上住房并附随宅基地使用权流转为条件限制。

(三)探索完善宅基地使用权流转程序

作为对"依据何种规则进行宅基地(使用权)流转"问题的回答,宅基地使用权流转程序的合理设置具有重要意义,其不仅关乎宅基地使用权流转秩序的维护,而且关涉宅基地相关主体权益的均衡保护。在宅基地使用权流转程序的设置上，目前还存在不同认识，突出体现为地方政府和作为宅基地所有权人的农民集体在流转中的地位确定和职权厘定，主要有以下几种观点：(1)“农民集体同意＋地方政府审批”说。陈小君老师认为，应当按照“权利主体申请＋农民集体同意＋乡（镇）政府审批”的模式设置宅基地（使用权）流转程序。[1] 有研究者认为，宅基地使用权流转应征得农民集体的同意（实际上属于初审，主要审查该宅基地使用权是否符合流转条件），然后报县级地方人民政府土地行政管理部门（现为自然资源部门）审批。[2] 另有研究者认为，宅基地使用权流转在经所在地村委会或集体经济组织书面同意后，由乡（镇）人民政府审核、县级人民政府批准。[3] (2)农民集体同意说。有研究者认为，农民流转其宅基地（使用权）须经作为宅基地所有权人人格化代表的集体经济组织同意。[4] 在表决程序上又有不同认识。以转让为例，有研究者认为，宅基地使用权转让须经村民大会或者村民代表大会2/3成员表决同意；[5] 有研究者则认为，应当经过村民代表会议或者村民会议的过半数同意。[6] (3)区别对待说。有研究者认为，应当依据宅基地使用权流转方式的不

---

〔1〕 参见陈小君：《宅基地使用权的制度困局与破解之维》，载《法学研究》2019年第3期。

〔2〕 参见刘玲、邹文涛、陈诗高：《基于城乡互动的农村宅基地使用权流转制度构想》，载《商业时代》2014年第29期。

〔3〕 参见夏克勤：《宅基地流转改革的价值趋向与改革路径》，载《江西社会科学》2016年第9期。

〔4〕 参见董新新：《宅基地使用权流转现状的审思与展望——以放宽受让主体限制为视角》，载《广西政法管理干部学院学报》2018年第4期。

〔5〕 参见李全庆：《农村宅基地流转：法律分析、操作困境和出路》（哲学社会科学版），载《石河子大学学报》2009年第2期；涂圣伟：《农村宅基地制度改革最佳窗口期到来》，载《上海证券报》2014年9月11日，A03版；赵杨：《农村宅基地使用权流转的制度创新》，载《国土资源》2007年第11期。

〔6〕 参见罗亚海、张文臻：《农村宅基地流转及其法制研究——从法经济学的视角分析》，载《山东农业大学学报》（社会科学版）2009年第2期；吴洪锋：《宅基地使用权流转困境与突围》，载《中国土地》2012年第1期。

同而在程序设计上予以区别对待，对于宅基地使用权的出租仅须在不动产登记机构进行备案即可，但是对于宅基地使用权的转让则须办理审批手续。[1] (4)流转备案说。持该观点的研究者认为，宅基地使用权流转的，应当到作为宅基地所有权人的农民集体处进行备案。[2] (5)无须农民集体同意说。持该观点的研究者认为，宅基地使用权流转不以农村集体经济组织同意为必要条件。其原因在于，宅基地虽属于农民集体(农村集体经济组织)所有，但宅基地使用权一旦确立，其就已经成为一项独立物权，作为使用权人的农民得在法律规定范围对其进行包括流转在内的自主处分，若以农民集体(农村集体经济组织)同意为宅基地使用权流转必要条件就等于剥夺了农民之于宅基地使用权的处分权。[3]

在新型有限流转的推进中，对宅基地使用权流转程序的设置或应秉持“双轨制”的基本模式，即依据流转继受人的不同而适用不同的流转程序：(1)继受人为本集体经济组织成员适用简易程序。无论采取何种流转方式，均只需报作为宅基地所有权人的农民集体(实际主体可以是村民委员会、村民理事会、其他农村经济组织等)备案即可。(2)继受人为非本集体经济组织成员依据流转具体方式不同而予以区别对待。采取转让、

---

[1] 审批程序具体设计如下：第一步，农户及受让方共同向农村集体提出转让申请，农村集体重点对于该农户是否有其他稳定住所进行核实，但不必僵化于农户必须享有其他所有权的房产，如其子女能够提供长期稳定的居住环境亦可；第二步，农村集体将其审核合格的申请手续移交乡(镇)政府相关部门，由后者进行转让对价公允性的审核，如低于参考价的30%应判定为不合理低价，不予核定通过，此举实质是避免因交易信息的不对称导致农户利益受损；第三步，乡(镇)政府相关部门将审核通过的申请手续移交当地不动产登记部门，由该部门进行确权登记，在不动产登记簿和不动产证书上的权利类型登记为宅基地所有权和宅基地使用权，同时按宅基地使用权流转协议的约定内容在附记栏中注明宅基地所有权人(农村集体)及收回宅基地使用权的年限、宅基地使用权人(一般来说也是宅基地上建筑物的所有权人)及使用年限、宅基地使用权的取得方式(转让)。参见胡佳：《农村宅基地“三权分置”之权利内容与实现形式》，载《重庆文理学院学报》(社会科学版)2020年第1期。

[2] 参见宋志红：《宅基地使用权流转的困境与出路》，载《中国土地科学》2016年第5期。

[3] 参见苏号朋、宋崧：《宅基地使用权流转之法理分析》，载《人民论坛》2011年第8期。

赠与、抵押的流转方式,应当报经作为宅基地所有权人的农民集体同意(具体表决方式由村民集体决定)后,方可进行流转,同时报乡(镇)人民政府备案;采取出租等其他流转方式的,只需报作为宅基地所有权人的农民集体备案即可。

宅基地使用权流转程序设置之所以建议实行"双轨制",主要是基于以下考虑:(1)区别化防范宅基地使用权流转风险。一般来说,继受人为本集体经济组织成员、方式为不涉及用益物权人变更的,宅基地使用权流转所诱发的社会风险较低;而继受人为非本集体经济组织成员、方式为发生用益物权人变更的,流转所诱发的社会风险较高。(2)因应宅基地管理体制改革的最新进展。2019 年 8 月,《土地管理法》根据第十三届全国人大常委会第十二次会议的决定第三次修正,此次修法的亮点之一就是宅基地审批权限的下放,即由县级人民政府审批下放到"由乡(镇)人民政府审核批准"。与此改革趋势相适应,地方政府亦不应以审批方式直接介入宅基地使用权的流转过程中,而应做好包括信息发布、签约指导、价格评估等在内的流转服务工作。[1]

(四)建立健全宅基地有偿有期限使用规则

农民通过"申请—分配"机制所取得的宅基地使用权不仅是无偿的,而且是无期限限制的,由此导致其效力远高于一般意义上的用益物权,进而成为一种可以永续利用的特殊用益物权,或者说是准所有权,在效力上接近所有权,因此,只能由作为宅基地所有权人(农民集体一分子)的农民专享。[2] 新型有限流转的施行意味着不具有农村集体经济组织成员身份、不是农民集体一分子的其他社会主体可通过流转方式取得宅基地使

〔1〕 参见宋志红:《宅基地使用权流转的困境与出路》,载《中国土地科学》2016 年第 5 期。

〔2〕 参见宋志红:《宅基地"三权分置"的法律内涵和制度设计》,载《法学评论》2018 年第 4 期。

用权，与“两权分离”模式下宅基地使用权的设计初衷严重不符。因此，应当对现行无偿、无期限取得宅基地使用权规则予以革新，以适应宅基地使用权有限流转的现实需要。

1. 建立区别性的宅基地有偿使用规则

有偿是宅基地使用权流转的发展方向和正常样态，流转制度革新的动力就在于宅基地使用权经济价值的彰显与提升，目的就在于通过市场化方式实现宅基地（资源）的优化配置，初衷就在于通过流转使农民获得应有的财产收入。在新型有限流转中，宅基地使用权有偿流转规则的构建应当秉持如下原则。（1）区别适用原则。依据宅基地使用权继受人身份的不同而予以区别对待：宅基地使用权继受人为本集体经济组织成员且符合宅基地（使用权）无偿申请条件的，可实行有偿流转，但作为宅基地所有权人的农民集体不分享其流转收益，享有经济管理职权的政府亦不可通过税费等方式分享该流转收益，并可遵循自治与法治相结合的原则对宅基地使用权流转最高价格予以限定，其法理与宅基地使用权无偿申请规则一致，目的在于保障农民的基本居住需求；宅基地使用权继受人为非本集体经济组织成员或虽为本集体经济组织成员但并不符合无偿申请条件的，实行有偿流转。（2）保护农民集体利益原则。在宅基地使用权有偿流转的推行中，应当以保护农民集体利益为基本原则，农民集体有权分享宅基地使用权流转收益。在现行制度下，农民可基于本集体经济组织成员身份通过申请无偿获得宅基地使用权，非本集体经济组织成员不能享受这一福利。[1] 因此，当宅基地使用权流转给本集体经济组织以外成

---

〔1〕 参见王明中、杨环：《论农村宅基地使用权流转的法律规制》，载《前沿》2010 年第 22 期；龙翼飞、徐霖：《对我国农村宅基地使用权法律调整的立法建议——兼论“小产权房”问题的解决》，载《法学杂志》2009 年第 9 期。

员或者流转给本集体经济组织成员但并不符合无偿申请条件的,基于"公平"等一般理念,作为宅基地所有权人的农民集体有权分享由此带来的流转收益,这是彰显宅基地所有权收益权能的必然要求。(3)自愿与管制相结合原则。宅基地使用权有偿流转关涉作为宅基地使用权人、宅基地使用权继受人、宅基地所有权人以及地方政府等诸多主体的重大利益,宅基地使用权有偿与否应当由作为宅基地使用权人和宅基地使用权继受人遵循意思自治精神予以自主决定,但为防范宅基地使用权流转当事人利用自主规则侵害其他利益相关者合法权益行为的发生,当事人决定无偿流转时,继受人还应当按照规定向宅基地所有权人等主体支付相关费用。

2. 建立区别性的宅基地有期限使用规则

原《物权法》、《土地管理法》等法律以及有关政策并未对宅基地使用权的期限进行规定,而从实践来看,宅基地(使用权)亦被农民长期利用,由此使无期限性成为宅基地使用权的显著特征之一。[1] 就形成于人民公社时期的宅基地使用权制度而言,尤其是考虑宅基地所有权曾经历由私人所有向集体所有的社会变迁,长期利用规则的确立、无期限性特征的形成有其合理性,是对当时经济社会实践的合理反映,与无偿申请、限制流转、面积限定等规则综合作用,较好地满足了农民的基本居住需求,为住有所居目标的实现提供了有力的制度保障。实际上,长期利用规则、无期限性特征与宅基地使用权的他物权属性存在冲突,作为他物权理应负有一定的期限限制,否则将与作为自物权的所有权产生混淆和冲突,使所有权成为"空壳"。[2] 随着市场经济体制的完善、农村经济社会的发展,

---

〔1〕 参见李勇:《农村宅基地使用权制度研究》,载《哈尔滨市委党校学报》2011 年第 3 期。

〔2〕 参见吕军书、贾娟:《提高我国农村宅基地使用效率的途径分析》,载《求实》2012 年第 2 期。

其弊端愈发突出，带来了严重的负面效应。一方面，长期利用规则与无偿申请等规则综合作用，极大地刺激了农民更多占有宅基地资源的欲望，造成了宅基地资源处于低效利用状态并严重危及耕地资源的保护；另一方面，权利的无期限性使宅基地使用权基本上等同宅基地所有权，进而影响宅基地所有权人权益的应有保护。正如有研究者所指出的那样，宅基地使用权的无期限性将在事实上形成宅基地私有化的局面，并造成农民集体所享有的宅基地所有权被虚置。[1]

作为产权制度安排的重要内容，产权期限不仅影响资源配置的效率和财产的占有秩序，而且关系产权主体间权利义务关系的稳定有序和有效运行。[2] 学界对宅基地（使用权）长期利用规则的存废一直存在不同认识，[3]但不容回避的是，宅基地使用权的无期限性与宅基地使用权流转制度的创新存在直接冲突：（1）非本集体经济组织成员无正当理由享有无期限限制的宅基地使用权。流转制度的创新意味着宅基地使用权人不再限于本集体经济组织成员，非本集体经济组织成员可通过流转方式获得宅基地使用权，非本集体经济组织成员没有长期利用宅基地的正当性

---

〔1〕 参见申建平：《宅基地使用权流转的路径》，载《学术交流》2011 年第 5 期。

〔2〕 参见杨久栋、苏强：《农地产权“长久不变”的法律创新及其实现》，载《农业经济问题》2015 年第 4 期。

〔3〕 持保留观点的研究者认为，长期利用规则是对宅基地使用权社会福利和居住保障性质的回应，目的在于减轻农民的居住成本、保障其生存权［参见孙淑云、吴海玲：《论我国宅基地使用权流转制度的完善》，载《湖南科技大学学报》（社会科学版）2012 年第 1 期］。持废除观点的研究者则认为，宅基地使用权有无期限限制与宅基地福利属性、农民生存保障并无必然联系（参见吕军书：《物权效率视角下我国农村宅基地市场配置探微——兼论宅基地市场配置的风险防范》，载《法学杂志》2011 年第 7 期），无期限限制将使宅基地使用权与宅基地所有权难以区分，所有权人的权利和意志将无从体现（参见郭忠浩：《论宅基地使用权用益物权属性的构建与完善》，载《怀化学院学报》2016 年第 2 期），对宅基地使用权加以期限限制将使所有权落地落实（如宅基地收回权的行使）并有助于避免宅基地资源的限制浪费（参见申建平：《宅基地使用权流转的路径》，载《学术交流》2011 年第 5 期）。持折中论观点的研究者则认为，作为在他人之物上设立的一类用益物权，宅基地使用权是否具有期限限制，自然应当取决于当事人的意愿，即由宅基地所有权人（农民集体）与使用权人协商确定（参见高圣平：《宅基地性质再认识》，载《中国土地》2010 年第 1 期）。

依据,否则将严重侵害作为宅基地所有权人的农民集体的核心权益。(2)无期限性将动摇宅基地使用权流转的基础。使用期限是关乎宅基地使用权流转收益的重要因素,宅基地使用权的无期限性将阻碍宅基地使用权的正常流转。例如,无期限性将造成无法对宅基地使用权的价值予以准确评估,导致宅基地使用权流转失去基本的价格指引。总之,宅基地使用权的无期限性特质只适用于本集体经济组织成员,与无偿申请等一并成为农民的专享福利,一旦突破本集体经济组织内部流转的限制,使用期限应由永久性、[1]长期性改为有期限限制。[2]“三权分置”改革视阈下,对新的宅基地使用权予以期限限制的要求更迫切,其原因在于,原宅基地使用权所具有的福利属性、所承载的保障功能已经剥离出去并由新创设的宅基地资格权予以承受、加以体现,新的宅基地使用权纯化为一项单纯的用益物权,[3]适度放活宅基地使用权所引至的商业用途拓展、营利性因素注入以及使用权主体的突破则更须对宅基地使用权的无期限性作出变革。[4] 总之,在新型有限流转的推行中,必须对长期利用规则进行变革,变无期限使用为有期限使用。

落实“三权分置”改革方略、推行新型有限流转需要对宅基地使用权的期限予以限制,但对使用期限的具体界定,学界仍然存在不同认识。多数研究者

---

〔1〕 学界对于宅基地使用权的无期限性还存在不同解读,主要有两种观点:第一种观点认为,无期限是指“宅基地使用权是永久的”;第二种观点认为,无期限只是指“宅基地使用权没有确定期限”。综合分析来看,宅基地使用权的“无期限性”(立法上所说的“长期性”)更接近于“永久性”,而非“不确定性”。参见于宵:《宅基地使用权“福利性”法律解析》,载《清华法治论衡》2014年第1期。

〔2〕 参见晁健宇:《我国农村宅基地使用权流转的现实困境与制度创新》,载《农业经济》2013年第6期。

〔3〕 参见董新辉:《宅基地使用权流转制度的困境、出路与重塑》,载《学术交流》2018年第9期。

〔4〕 参见江帆、李苑玉:《宅基地“三权分置”的利益衡量与权利配置——以使用权为中心》,载《农村经济》2019年第12期。

认为,宅基地使用权期限的设置应当参考国有建设用地使用权的期限设置,[1]即最高期限为70年,[2]只有延长到70年,才能真正激活市场,[3]并有助于统一规范交易市场的形成。[4] 少数研究者认为,宅基地使用权期限不宜过长,有的认为应当在20年以下,[5]有的认为以不超过30年为宜,[6]还有的认为最高使用年限应规定为50年。[7] 另有研究者认为,宅基地使用权的期限应当比国有建设用地使用权期限更长,宜界定为80年。[8] 此外,很多研究者认为,在宅基地使用权到期后应当参考住宅类

---

〔1〕 依据我国现行法律规定,以出让方式取得的国有建设用地使用权的最高年限按如下标准确定:(1)居住用地70年;(2)工业用地50年;(3)教育、科技、文化、卫生、体育用地50年;(4)商业、旅游、娱乐用地40年;(5)综合或者其他用地50年。

〔2〕 参见董红:《我国农村宅基地使用权市场化流转机制研究》,载《求索》2011年第3期;向乾勇:《对农村宅基地“三权分置”改革试点的思考——以娄底市为例》,载《国土资源导刊》2019年第1期;董新辉:《宅基地使用权流转制度的困境、出路与重塑》,载《学术交流》2018年第9期;吕军书、贾娟:《提高我国农村宅基地使用效率的途径分析》,载《求实》2012年第2期;张子任:《宅基地使用权流转的法律思考》,载《经济研究导刊》2010年第7期;王明中、杨环:《论农村宅基地使用权流转的法律规制》,载《前沿》2010年第22期;方金华:《禁止农村宅基地使用权流转的正当性质疑》,载《中州大学学报》2010年第3期;黄安盛:《我国农村房屋及宅基地权属管理制度的缺陷与对策》,载《中国房地产》2012年第7期;申建平:《宅基地使用权流转模式的选择》,载《政法论丛》2011年第3期;孟俊红:《论平等意义上的农村宅基地使用权流转》,载《生产力研究》2011年第12期;孙淑云、吴海玲:《论我国宅基地使用权流转制度的完善》,载《湖南科技大学学报》(社会科学版)2012年第1期;王小莹:《“保障”功能视域下的农村宅基地流转制度评析》,载《农村经济》2013年第12期;李宁顺、徐微:《新型城镇化过程中宅基地制度改革的创新思路》,载《人民论坛》2015年第17期;等等。

〔3〕 参见郑风田:《让宅基地“三权分置”改革成为乡村振兴新抓手》,载《人民论坛》2018第10期。

〔4〕 参见徐凤真:《关于完善宅基地使用权的若干思考》,载《理论学刊》2010年第1期。

〔5〕 参见吕广挥、张同德:《宅基地“三权分置”面临的问题和对策》,载《中国土地》2018年第8期。

〔6〕 参见刘宇晗、刘明:《宅基地“三权分置”改革中资格权和使用权分置的法律构造》,载《河南社会科学》2019年第8期;申建平:《宅基地使用权流转的路径》,载《学术交流》2011年第5期。

〔7〕 参见沈彭:《改进农村宅基地管理思考》,载《中国土地》2011年第7期。

〔8〕 参见龙翼飞、徐霖:《对我国农村宅基地使用权法律调整的立法建议——兼论“小产权房”问题的解决》,载《法学杂志》2009年第9期。

国有建设用地使用权续期规定,实行自动续期。[1]

从宅基地改革试点实践来看,义乌市采取了最高使用年限70年的模式,德清县规定社会主体取得宅基地使用权的最高年限为30年,象山县规定最高年限为20年。[2] 之所以存在严重认知分歧,是因为宅基地使用权期限的规定十分重要,期限规定过短将影响宅基地(使用权)财产功能的实现,流转期限过长又将影响宅基地(使用权)保障功能的发挥。

在新型有限流转的推行中,宅基地使用权期限的设置或应当遵循区别对待的基本模式。对本集体经济组织成员依法通过申请取得或流转取得的宅基地使用权,仍应当维持无期限使用规则,以充分发挥宅基地使用权的保障功能,并尊重宅基地使用权形成的历史基础和农村传统习俗;[3]对非本集体经济组织成员依法通过流转取得的宅基地使用权,实行有期限使用,其最高使用期限由当事人在规定期限内自主选择确定。需要说明的是,本集体经济组织成员依法取得的但超过限定标准的(如"一户多宅"),超出部分应当实行有期限使用,不得超过最高使用期限。本集体经济组织成员所拥有的宅基地使用权到期后,若符合面积限定等要求,则自动续期,超出限定面积的部分实行有偿续期;非本集体经济组

---

〔1〕 参见曾祥龙:《宅基地使用权制度研究》,载《中国不动产法研究》2014年第1期;董红:《我国农村宅基地使用权市场化流转机制研究》,载《求索》2011年第3期;吕军书、贾娟:《提高我国农村宅基地使用效率的途径分析》,载《求实》2012年第2期;方金华:《禁止农村宅基地使用权流转的正当性质疑》,载《中州大学学报》2010年第3期;申建平:《宅基地使用权流转模式的选择》,载《政法论丛》2011年第3期;孟俊红:《论平等意义上的农村宅基地使用权流转》,载《生产力研究》2011年第12期;王小莹:《"保障"功能视域下的农村宅基地流转制度评析》,载《农村经济》2013年第12期。

〔2〕 参见靳相木等:《宅基地"三权分置"的逻辑起点、政策要义及入法路径》,载《中国土地科学》2019年第5期;束邱恺、郑扶军:《农村宅基地"三权分置"潜在问题及对策建议》,载《浙江国土资源》2019年第9期。

〔3〕 现有农村宅基地有很大一部分是人民公社化时期由农民带进集体经济组织的,不是集体经济组织分配取得的,而且当时政策已允诺社员可长期利用,不宜再设定使用期限的限制。参见郑振源:《农村宅基地制度改革刍议》,载《中国法律评论》2019年第5期。

织成员所拥有的宅基地使用权到期后,若符合乡村振兴要求,可通过自主申请并在支付规定使用费的基础上进行自动续期,否则不能续期。此外,还要对宅基地使用权流转的最高使用期限进行必要限制。基于服务于乡村振兴战略和降低宅基地使用权投资价值以避免其沦为投资对象进而诱发土地兼并的考虑,宅基地使用权的最高使用期限不宜太长,绝对不能参考住宅类国有建设用地使用权的最高使用期限设置,应当结合实际需要加以确定,建议最长不超过 20 年。

第五章　宅基地使用权有限流转配套措施与辅助机制

一、完善宅基地使用权流转配套措施

(一)推进宅基地确权登记

不动产以登记为公示公信方法系贯通中西之物权基本法理,而权属清晰则是市场发挥资源配置之基础性作用的基本前提。因此,革新宅基地使用权流转制度、推进宅基地使用权有限流转首先应当做好宅基地确权登记工作。[1] 权属清晰、登记规范既是实现有序流转、降低交易成本、减少流转纠纷、加强监督管理、维护当事人权益的重要保障,[2]也是政府的法定职责所在。[3] 如前文所述,从义乌市、余江区、泸县等宅基地改革试点实践来看,宅基地使用权流转改革能够取得良好成效的重要原因之

---

〔1〕 需要明确的是,确权登记的意义重大,绝不限于为宅基地使用权流转提供重要保障,正如有研究者所指出的那样,推进宅基地使用权确权登记是保障农民房屋财产权的最佳做法,将农民的房屋财产权以发放权利证书的方式确定下来,并于证书上明确宅基地房屋的"四至"等基本信息,是农民成员权利最简洁明了的真实反映,有利于农民权利的明晰和稳定,也给农民吃了一颗"定心丸",为其解决了最根本的安身立命问题,在从事生产劳动中没有后顾之忧。参见温世扬、梅维佳:《宅基地"三权分置"的法律意蕴与制度实现》,载《法学》2018 年第 9 期。

〔2〕 参见宣玉:《宅基地使用权流转:法律困境、利益考量与制度构想》,载《九江学院学报》(社会科学版)2015 年第 2 期。

〔3〕 原《物权法》第 10 条明确规定"国家对不动产实行统一登记制度",该法第 12 条、第 13 条则分别对登记机构的具体职责履行以及禁止性行为进行了具体规定。2020 年 5 月 28 日第十三届全国人民代表大会第三次会议通过的《民法典》则以专节的形式对"不动产登记"问题进行了专门规定,并明确规定:"不动产物权的设立、变更、转让和消灭,经依法登记,发生效力;未经登记,不发生效力,但是法律另有规定的除外。"

一就是高度重视宅基地(使用权)确权登记工作,确权登记工作的有序推进、规范实施为改革奠定了良好基础、提供了重要保障。此外,需要清楚认识的是,宅基地(使用权)确权登记的意义并不限于促进宅基地使用权流转,更是关系农民切实利益的基础性工作,意义重大。[1]

但是,从实践来看,宅基地(使用权)确权登记还存在较多问题,突出表现为宅基地(使用权)权属争议的存在和统一登记的滞后。[2] 其成因复杂,一方面,我国不动产登记正式制度确立时间较晚,且在很长一段时期内实行城乡二元分离体制;另一方面,受农村“熟人社会”结构形态、宅基地制度变迁历史、农民权利意识状况[3]等因素所限,在很长一段时间内,农民是以占有方式体现而非以登记方式公示其宅基地使用权,[4]宅基地使用权流转则是依据“众人作证”等非法律化的乡土规则进行。[5]

---

〔1〕 原国土资源部2008年7月发布的《关于进一步加快宅基地使用权登记发证工作的通知》明确指出,“加快宅基地使用权登记发证工作,是依法保护宅基地使用权人合法权益的重要措施,是加强农村宅基地管理的重要手段,也是集体土地使用制度改革和土地统一登记的重要基础和保障”;“通过开展宅基地使用权登记,可以有效规范农村住宅建设,防止乱占滥用耕地,推进社会主义新农村建设,维护社会的和谐与稳定”。

〔2〕 受不动产登记制度滞后所限,学界对宅基地使用权流转登记模式产生了不同认识,主要表现为“登记生效主义”与“登记对抗主义”之争。前者认为,宅基地使用权流转须以登记为生效要件;后者则认为,登记并非宅基地使用权流转的生效要件而仅为对抗要件,即宅基地使用权流转的生效并不以登记为必要程序,但是未经登记则不能对抗善意第三人。登记对抗主义观点主要是着眼于宅基地使用权登记长期滞后的现实状况,并立基于宅基地使用权严格限制流转背景,其优势在于节约交易成本、提高交易效率。但是,在改严格限制流转为有限流转后,登记对抗主义的弊端尽显,无法维护交易安全,尤其是无法有效保障宅基地使用权流转继受人的合法权益,因此,在宅基地有限流转改革方案中应当坚持登记生效主义而舍弃登记对抗主义主张。

〔3〕 时至今日,很多农民还认为,宅基地(使用权)确权登记没有什么价值,自己祖祖辈辈居住在此,宅基地属于自家所有根本无须证明,是否拥有宅基地使用权证并不重要。参见宣玉:《宅基地使用权流转:法律困境、利益考量与制度构想》,载《九江学院学报》(社会科学版)2015年第2期。

〔4〕 参见史卫民:《农村宅基地使用权流转的法律思考》,载《理论导刊》2007年第9期;方金华:《禁止农村宅基地使用权流转的正当性质疑》,载《中州大学学报》2010年第3期;申建平:《宅基地使用权流转模式的选择》,载《政法论丛》2011年第3期。

〔5〕 参见林建伟:《宅基地交易的法律困境》,载《福建行政学院学报》2009年第1期;杨一介:《农村宅基地制度面临的问题》,载《中国农村观察》2007年第5期。

调查数据显示，在湖南省部分县市，受工作经费匮乏等诸多因素所制约，农村宅基地（使用权）发证率普遍不到70%。[1] 另有调查数据显示，四川省平昌县在2006年至2008年，登记发证率不足2%。[2] 此外，即便是已经完成确权登记的，也存在面积不符、物权类型错位等诸多问题。[3]

在严格限制流转模式下，宅基地使用权流转被限定于本集体经济组织内部这一封闭区域中且流转规模较小，依托村规民约等规范就能够较好地理顺宅基地（使用权）占有、利用和流转所引发的社会关系，但是，推行有限流转意味着农村原有的“熟人社会”将被打破而“陌生人社会”则会逐渐形成，农民对关系其切身利益的宅基地权属问题的认识也将会发生重大变化，[4]而立基于封闭运行基础上的原宅基地使用权流转规范体系必定会“力有不逮”，将极大地提高交易风险，严重影响交易安全，直接影响流转当事人合法权益的有效保护。

总之，宅基地（使用权）确权登记的滞后不仅直接影响宅基地使用权的有序流转，成为推进宅基地使用权流转的最大障碍，更可能造成流转当事人权益的难以保障，诱发流转纷争、影响交易安全。[5] 近年来，政府虽在积极推进宅基地（使用权）确权登记工作，[6]但受限于宅基地（使用权）

---

〔1〕 参见《农村用地管理混乱　多地区宅基地发证率不到七成》，载中国新闻网：http://www.chinanews.com/estate/2011/05-23/3058557.shtml，最后访问日期：2020年6月30日。

〔2〕 参见向德平、吴小林、贾军：《宅基地发证仅2%的背后——来自四川省平昌县的调查》，载《中国土地》2010年Z1期。

〔3〕 参见张未来、张颖军：《城镇化进程中农村宅基地使用权流转问题研究》，载《牡丹江师范学院学报》（哲学社会科学版）2015年第3期。

〔4〕 参见宣玉：《宅基地使用权流转：法律困境、利益考量与制度构想》，载《九江学院学报》（社会科学版）2015年第2期。

〔5〕 参见张金玲：《物权法下的农村宅基地使用权探析》，载《中国海洋大学学报》（社会科学版）2008年第3期。

〔6〕 例如，2013年“中央一号文件”（《中共中央、国务院关于加快发展现代农业进一步增强农村发展活力的若干意见》）就曾明确提出“加快包括农村宅基地在内的农村集体土地所有权和建设用地使用权地籍调查，尽快完成确权登记颁证工作”。

规模大、遗留问题多，纠纷调处、边界指认等工作繁重，加之专业人才缺乏、资金保障不力，工作成效未尽如人意。[1]

从农村实际和工作实践来看，以少批多建、未批先建等为代表的历史遗留问题非常多，尤其是以“一户多宅”“超标占用”最为突出，这直接阻碍了宅基地确权登记工作的顺利开展。[2] 如前文所述，在无偿申请、长期利用等规则的“激励”下，部分农民存在“不占白不占”的错误心理认知，受此驱使，多占地、占好地的行为在部分农村地区十分盛行，由此形成了以“一户多宅”“超标占用”为典型的不合理用地现象。例如，有调查数据显示，在宅基地改革试点前，余江区有40%的农户存在“一户多宅”的问题。[3] 从一定意义上讲，推进宅基地确权登记关键是要对“一户多宅”“超标占用”等问题予以科学解决，这是工作的重点和难点所在。有研究者认为，未依法予以处罚是“一户多宅”“超标占用”等问题存在的根本原因，因此，处置该问题的关键在于给当事人以法律惩罚：对恶意超标占用的，超出的部分应当由政府无偿收回，或者按照宅基地(使用权)流转价格进行双倍惩罚性收费。[4] 还有研究者认为，对于违法获得的宅基地(使用权)应当予以罚没。[5] 但是，更多的研究者认为，对“一户多宅”“超标占用”等问题的解决应当秉持“分类处置”思路，即针对不同情况而予以

---

〔1〕 参见岳永兵、孙涛：《宅基地使用权转让：实践、问题与建议》，载《中国国土资源经济》2015年第12期。

〔2〕 参见杨秀琴：《基于试点地区实践的我国宅基地改革及其路径研究》，载《企业改革与管理》2018年第23期。

〔3〕 参见郑振源：《农村宅基地制度改革刍议》，载《中国法律评论》2019年第5期。

〔4〕 参见任卉：《解禁农村宅基地流转之辩》，载《成都航空职业技术学院学报》2014年第2期。

〔5〕 参见王月春：《农村宅基地流转的法律困境及路径选择》，载《河北青年管理干部学院学报》2015年第6期。

不同的处置措施。[1] 例如，有主张认为，对于因用地指标限制等原因未经审批但实际已经占用宅基地并建成房屋的，且在农村集体经济组织确认的用地面积内并符合村庄建设规划要求的，允许直接补办手续；对于轻微违法超占的（如超占面积20%以内），且无法通过拆除农民住房予以处理的，允许农村集体经济组织通过一次性缴纳宅基地有偿使用费的方式，确认超面积宅基地的有限期使用权；对于严重违法超占的（如超过面积20%以上），应当责令退回宅基地（使用权），也可以由农村集体经济组织通过对农民房屋进行适当补偿后予以收回。[2] 在义乌市宅基地改革试点实践中，亦采取了“分类处置”思路：对于轻微违法的，经村集体收取有偿使用费后，办理权证；对于严重违法的，严格按照规定予以拆除。[3] 综合分析，在“一户多宅”“超标占用”等问题的解决上，“分类处置”应为正确思路，其原因在于，“一户多宅”“超标占用”等问题产生的原因复杂且牵涉农民的切身利益，“一刀切”的做法既有失公平，也易影响农村社会稳定。对于该问题的处置还应遵循自治与法治结合的基本原则。对于“分类处置”的具体方案应当交由农民集体或农村集体经济组织结合本地实际情况通过民主方式依法制定并予以落实。同时，法律应当划定“一户多宅”“超标占用”等问题处置的“底线”，如对于占用永久基本农田的，必须予以退出。[4] 在秉持“分类处置”思路的同时，“一户多宅”

---

[1] 杨秀琴：《基于试点地区实践的我国宅基地改革及其路径研究》，载《企业改革与管理》2018年第23期；张待水：《农民宅基地使用权流转法律制度探析》，载《江西社会科学》2004年第3期。

[2] 参见沈国明、章鸣、蒋明利：《关于省级层面引导地方规范开展宅基地“三权分置”改革的建议——从闲置农房激活看浙江宅基地“三权分置”改革》，载《浙江国土资源》2018年第8期。

[3] 参见汪明进、赵兴泉、黄娟：《农村宅基地“三权分置”改革的经验与启示——基于浙江省义乌市的实践视角》，载《世界农业》2019年第8期。

[4] 2019年8月26日第十三届全国人民代表大会常务委员会第十二次会议修正通过的《土地管理法》第62条第3款规定：“农村村民建住宅，应当符合乡（镇）土地利用总体规划、村庄规划，不得占用永久基本农田，并尽量使用原有的宅基地和村内空闲地。”

“超标占用”等问题的解决还应当遵循循序渐进原则，以“时间换空间”，但在问题解决之前，凡牵涉“一户多宅”“超标占用”等问题的农民不得流转其宅基地使用权（包括依法取得的部分在内），以确保问题的公平解决。同时，政府主管部门应当做好宅基地（使用权）调查统计工作，摸清宅基地占用、使用情况，为宅基地（使用权）确权登记的顺利推进奠定基础。

在宅基地（使用权）确权登记中，除须妥善解决“一户多宅”“超标占用”等问题外，还应当解决私下交易所带来的效力确认与变更登记问题。这一问题的复杂性不亚于“一户多宅”和“超标占用”问题，且更为紧迫。对于该问题的解决，应当充分尊重当事人的意思自治，原则上由当事人双方在自愿、平等的基础上自主决定流转的效力：若当事人认可其流转效力，则对继受人所获得的宅基地使用权予以确权登记；若当事人不认可其流转效力，则仍应将宅基地（使用权）确权给原使用权人，因此给继受人造成的损失依据之前的流转协议并遵循公平公正原则加以解决。但是，需要予以明确的是，当事人意思自治须以符合法律规定为前提，即所流转的宅基地使用权应当是由原使用权人合法取得的，否则，流转协议将因标的违法而归于无效，所涉宅基地使用权依法予以处理。

（二）拓展宅基地利用范围

于宅基地使用权有限流转的推行而言，宅基地（使用权）利用范围的妥适界定具有重要意义。其缘由不难理解，宅基地（使用权）利用范围直接决定宅基地使用权人的权利范围，并进而对宅基地使用权的经济价值、对宅基地使用权继受人流转意愿产生重要影响。原《物权法》第 152 条规定，“宅基地使用权人依法对集体所有的土地享有占有和使用的权利，有权依法利用该土地建造住宅及其附属设施”，2020 年 5 月 28 日第十三届全国人民代表大会第三次会议通过的《民法典》作出了相同规定。[1] 由现行法律规定来看,宅基地(使用权)的利用范围相对偏窄,仅限于农民用以"建造住宅及其附属设施"。[2] 这一制度设计基本上反映了严格限制流转模式下宅基地(使用权)利用的实际面向——以居住保障为核心目标,与宅基地使用权制度设立的初衷相契合。[3] 但是从发展的角度来看,尤其是着眼于乡村振兴战略的实施,现有规定稍显保守,不能满足农村经济社会发展需要,也无法适应宅基地使用权流转革新要求、难以满足继受人对宅基地(使用权)的流转需求。

在宅基地使用权流转革新视阈下,宅基地(使用权)利用范围应当如何界定?学界对此还存在不同的认识。概言之,主要有严格限定说和适当放宽说之争。[4] 持严格限定观点的研究者认为,无论以何种方式流转宅基地使用权、无论何种社会主体通过流转方式获得宅基地使用权,对流转后的宅基地(使用权)在利用范围(使用用途)上应当予以严格限定,只能将其作为居住之用途加以利用,经营性(商业)用途必须严格限制。[5] 严格限定宅基地(使用权)利用范围的重要原因在于实现耕地资源的有效

---

〔1〕 参见《民法典》第362条的规定。

〔2〕 《民法典》第362条规定:"宅基地使用权人依法对集体所有的土地享有占有和使用的权利,有权依法利用该土地建造住宅及其附属设施。"

〔3〕 参见刘宇晗、刘明:《宅基地"三权分置"改革中资格权和使用权分置的法律构造》,载《河南社会科学》2019年第8期。

〔4〕 有研究者认为,宅基地(使用权)可用于二、三产业发展之需,这是乡村振兴必需的、必然的,但须以土地性质变更为前提,即将宅基地(使用权)转变为建设用地(使用权),该转变无须政府批准、但应经集体所有权人许可、同意。参见郑振源:《农村宅基地制度改革刍议》,载《中国法律评论》2019年第5期。该观点类似宅基地使用权"转权"流转模式,已经超出宅基地使用权流转问题的讨论范畴,在此不予赘述。

〔5〕 参见李蒙梅:《农村宅基地市场化改革法律问题研究——顺应十八届三中全会改革潮流》,载《巢湖学院学报》2014年第2期;董祚继:《三权分置——农村宅基地制度的重大创新》,载《中国土地》2018年第3期;郭忠浩:《论宅基地使用权用益物权属性的构建与完善》,载《怀化学院学报》2016年第2期;江帆、李苑玉:《宅基地"三权分置"的利益衡量与权利配置——以使用权为中心》,载《农村经济》2019年第12期。

保护,因为宅基地(使用权)利用范围的拓展将带来更多收益,在经济收益刺激下,极可能出现将耕地改为宅基地的情况。如有研究者指出,应当认定宅基地(使用权)不可“转作他用”,否则将会危及耕地保护政策的实施。[1] 持适当放宽观点的研究者认为,对宅基地(使用权)利用范围不应加以过分限制,应适当放宽宅基地(使用权)用途管制,如通过建立负面清单的方式为宅基地利用限制(使用权能)“松绑”,为宅基地及其地上房屋的多元化利用提供制度空间,以适应农村经济结构的变化,为农村二三产业融合发展提供重要保障。[2] 此外,又以宅基地使用权是否可用于经营性用途为争论焦点。严格限定说自不待言,持适当放宽说的研究者对该问题亦存在不同认识。有的研究者认为,应当变革宅基地(使用权)利用范围限制,将其扩展至经营性用途,如可利用宅基地(使用权)从事饮客栈、田园综合体、文化创意产业、养老居住等多样化之需。[3] 有的研究者则认为,应当消除对宅基地(使用权)利用上歧视,明确宅基地(使用权)可直接用于经营性用途,但是对宅基地(使用权)经营性用途应当予以适当限制,如需符合村庄规划要求且不应对周边农户的生产生活产生不利影响。[4]

---

〔1〕 参见陈小君:《农村土地制度的物权法规范解析——学习〈关于推进农村改革发展若干重大问题的决定〉后的思考》,载《法商研究》2009 年第 1 期;王利明:《物权法研究》,中国人民大学出版社 2002 年版,第 474 页;陈小君:《我国〈土地管理法〉修订:历史、原则与制度——以该法第四次修订中的土地权利制度为重点》,载《政治与法律》2012 年第 5 期。

〔2〕 参见胡建:《农村宅基地使用权有限抵押法律制度的构建与配套》,载《农业经济问题》2015 年第 4 期;刘宇晗、刘明:《宅基地“三权分置”改革中资格权和使用权分置的法律构造》,载《河南社会科学》2019 年第 8 期;苏号朋、宋崧:《宅基地使用权流转之法理分析》,载《人民论坛》2011 年第 8 期。

〔3〕 参见陈耀东:《宅基地“三权分置”的法理解析与立法回应》,载《广东社会科学》2019 年第 1 期。

〔4〕 参见宋志红:《宅基地“三权分置”的法律内涵和制度设计》,载《法学评论》2018 年第 4 期。

综合分析,推进宅基地使用权有限流转,应当适度扩展宅基地(使用权)利用范围,主要理由如下:(1)基于促进宅基地使用权流转的考虑。作为一种市场行为,宅基地使用权流转的成效在很大程度上取决于社会需求度,适度扩大宅基地(使用权)利用范围有助于在更大程度上满足社会主体之于宅基地(使用权)的多元需求,有助于激励更多的社会主体参与到宅基地使用权流转过程中,进而促进宅基地使用权的更好流转,同时实现农民之于宅基地(使用权)的财产权益。(2)基于落实乡村振兴战略的考虑。"乡村振兴,关键是产业要振兴。"基于促进乡村新产业新业态发展的需要,应当赋予宅基地(使用权)以经营性使用功能,无论是农民自行利用宅基地(使用权),还是社会主体通过流转方式取得宅基地(使用权),均可将之用于经营性活动。[1] 总之,宅基地"三权分置"改革方略、宅基地使用权适度放活设想内嵌于乡村振兴总体战略,适度扩大宅基地(使用权)利用范围将为产业兴旺的实现提供必要土地资源保障,进而有助于促进乡村振兴战略的落实。(3)基于宅基地(使用权)利用现状的考察。从实践来看,在很多地区,尤其是经济较为发达的农村地区,对宅基地(使用权)利用范围早已突破"建造住宅及其附属设施"的现行规定,农民在宅基地上建造房屋用于开设小卖铺、开办小型作坊等经营性活动已是十分普遍的现象,在旅游景区农民利用宅基地开办"农家乐"经营餐饮活动也日渐普遍。[2] 另有调查显示,宅基地(使用权)在利用上已经出现了餐饮客栈、咖啡茶馆、文化创意产业、养老居住、互联网办公等多元化方

---

〔1〕 参见宋志红:《宅基地"三权分置"的法律内涵和制度设计》,载《法学评论》2018 年第 4 期。

〔2〕 参见韩宁:《我国农村宅基地使用权法律问题探析》,载《重庆科技学院学报》(社会科学版)2011 年第 9 期。

式。[1] 总之,对于广大农民来说,除居住功能外,宅基地(使用权)还承载着生产、生活和休闲等综合性功能。[2] (4)基于宅基地改革试点实践的考察。近年来,随着宅基地改革试点的启动及深化,宅基地(使用权)的利用范围进一步拓展:在浙江省义乌市,大量的淘宝店、批发商通过租用宅基地(使用权)、民房用于日常运营;在云南省大理市,农民将其闲置的宅基地(使用权)、房屋出租给外来人员用于经营住宿、餐饮事业;在北京市大兴区,城市居民通过租用宅基地(使用权)、民宅用于农家乐住宿、乡村旅游等经营;[3]在天津市蓟州区,流转后的200余宗宅基地(使用权)被用于发展乡村旅游;[4]在四川省泸县,通过共建共享等方式将宅基地(使用权)的用途扩展至商业用途;[5]在安徽省望江县,通过租赁、入股等方式,宅基地解决乡村旅游发展用地难的大问题。[6] 浙江省德清县在宅基地改革试点实践中,也对宅基地(使用权)利用实行了较为宽松的政策,鼓励将流转后的宅基地(使用权)用于兴办农村电商、民宿、餐饮、养老、科研、创意、文化产业和符合条件的小型加工业等新产业、新业态。[7] 以上关于宅基地(使用权)利用范围的实践探索,为农村新产业新业态的发展、

---

[1] 宋志红:《宅基地“三权分置”的法律内涵和制度设计》,载《法学评论》2018年第4期。

[2] 参见魏程琳:《非财产性权利:农村宅基地的属性与价值辨析》,载《山西农业大学学报》(社会科学版)2016年第4期。

[3] 参见操小娟、徐姝、杜丹宁:《乡村振兴战略下农村宅基地“三权分置”的法律制度构建》,载《浙江大学学报》(人文社会科学版)2019年第6期。

[4] 参见IDM中国领导决策信息中心·大数据战略重点实验室:《33个试点地区“三块地”数据盘点》,载《领导决策信息》2019年第4期。

[5] 参见宋志红:《宅基地“三权分置”的法律内涵和制度设计》,载《法学评论》2018年第4期。

[6] 参见於忠祥、胡雯雯、宋鑫煜:《基于发展不充分不平衡视角的农村土地政策创新研究》,载《安徽农业大学学报》(社会科学版)2018年第4期。

[7] 参见束邱恺、郑扶军:《农村宅基地“三权分置”潜在问题及对策建议》,载《浙江国土资源》2019年第9期。

一二三产业融合的发展提供了重要的用地保障,[1]也为制度革新提供宝贵经验和理论启迪。"经济基础决定上层建筑",在推进宅基地使用权流转的同时,应当从制度层面将宅基地(使用权)的利用范围拓展至经营性用途。"产业兴旺是乡村振兴的重点,是解决农村一切问题的前提。"为加快发展乡村产业,2020 年 7 月 9 日农业农村部印发了《全国乡村产业发展规划(2020—2025 年)》,该规划指出,"乡村产业内涵丰富、类型多样",其中,"农产品加工业提升农业价值,乡村特色产业拓宽产业门类,休闲农业拓展农业功能,乡村新型服务业丰富业态类型,是提升农业、繁荣农村、富裕农民的产业"。[2] 据此,宅基地(使用权)利用范围应可用于上述产业发展需要。但是,需要强调的是,在拓展宅基地(使用权)利用范围的同时,还应当对宅基地(使用权)利用加以必要限制,以使其处于合理限度之内。一个总体的原则就是,宅基地(使用权)利用范围的拓展应当服务乡村战略实施需要,且不得以破坏土地资源、影响他人权益为底线。

在拓展宅基地(使用权)利用范围的同时,还要强化土地用途管制:一是要划定宅基地(使用权)利用"红线";二是要严格控制对耕地资源的占用,确保宅基地(使用权)的分配、利用与流转处于一个"闭环"模式,不能因宅基地使用权流转而额外占用耕地,严控耕地向宅基地的转用,进而实现耕地资源的有效保护。为确保土地用途管制落到实处,在严格政府主管部门法定职责、加强土地管理执法力量建设的同时,还可考虑赋予宅基地所有权人的农民集体和作为宅基地使用权转出方的个体农民以必要监

---

〔1〕 参见宋志红:《宅基地"三权分置"的法律内涵和制度设计》,载《法学评论》2018 年第 4 期。

〔2〕 参见《农业农村部关于印发〈全国乡村产业发展规划(2020—2025 年)〉的通知》,载农业农村部官网:http://www. farmchina. org. cn/ShowArticles. php? url = Aj4BZApqAzYIOAdkADd-WNAJj,最后访问日期:2020 年 7 月 18 日。

督权。当宅基地使用权流转继受人未依规利用其通过流转方式获得的宅基地使用权时，或有其他危及用地安全的情形时，作为宅基地所有权人的农民集体和作为宅基地使用权转出方的个体农民有权无偿收回所流转的宅基地使用权，[1]其中，在权利行使顺位上，后者应当优先于前者。

（三）强化宅基地规划管理

规划于土地利用具有重要意义，用地规划的科学制定不仅是实现土地资源集约利用的重要前提，[2]而且关乎经济社会的有序发展。因此，法律对土地规划问题予以高度重视。1986年《土地管理法》不仅明确规定，要遵循“全面规划”原则以“保护、开发土地资源”，而且要求“各级人民政府编制土地利用总体规划”；1998年第九届全国人民代表大会常务委员会第四次会议修订通过的《土地管理法》则进一步提高了土地规划的法律地位，以专章形式对“土地利用总体规划”进行了全面规定，涉及政府职责、编制依据、编制原则、规划审批、规划修改、规划期限、规划衔接、土地利用区、利用计划等方面。在宅基地使用权有限流转的推行中，亦应高度重视规划的重要作用，宅基地使用权流转应当遵守规划要求，在规划控制框架内进行流转。[3] 一方面，这是由规划的法定地位所决定的。如上文所述，规划于土地利用不仅具有重要意义，而且具有法定地位，违反规划将面临法律的惩罚。就宅基地而言，现行法律亦明确了规划于宅基地利用的法定地位，[4]“举重以明轻”，宅基地使用权流转亦应符合土地规

---

〔1〕 参见陈小君：《宅基地使用权的制度困局与破解之维》，载《法学研究》2019年第3期。

〔2〕 参见孙淑云、吴海玲：《论我国宅基地使用权流转制度的完善》，载《湖南科技大学学报》（社会科学版）2012年第1期。

〔3〕 参见肖峰：《农村宅基地使用权流转制度的完善》，载《江苏经济报》2014年4月23日，B03版。

〔4〕 《土地管理法》第62条第3款规定：“农村村民建住宅，应当符合乡（镇）土地利用总体规划。”

划管理要求。另一方面,这是由有效防范宅基地使用权流转风险的要求所决定的。如前文所述,持反对观点的研究者认为,宅基地使用权流转的扩大将严重危及耕地资源保护,农民极有可能将更多的其他用地(包括耕地)变更为宅基地并将其用于流转以换得流转收益。由耕地资源保护实践来看,这种担心不无道理。加强耕地资源保护既是一个长期过程,须久久为功,更是一项系统性工程,且首先需要扎紧制度的“篱笆”,而土地利用规划则是需要系紧的“第一颗扣子”。此外,宅基地使用权流转须以加强规划管理为重要前提的这一论断的科学性亦为实践所证明。如前文所述,在余江区、义乌市等地的宅基地改革试点中,规划被置于重要地位,高度重视规划引领和管控作用的发挥,并因此取得了良好成效。在余江区宅基地改革试点中,政府先后筹资2000余万元,按照“布局合理、功能齐全、配套完善、生态优美”的要求,〔1〕编制完成了全县1040个自然村村庄规划,〔2〕做到“村村有特色”“县域全覆盖”,〔3〕尤其是依据村庄人口规模、产业发展、耕地数量等因素对村庄建设用地规模进行了确定,〔4〕为农民建房确立了行为依据,为农村发展勾画出了美丽蓝图。〔5〕通过规划引领作用的有效发挥,不仅为宅基地使用权流转奠定了坚实基础,更极大地推动了村庄治理工作:规范了农民的建房行为,提高了土地的利用效率,提高了农村基础设施供给水平,改善了农村人居环境,实现了从“建新房”

〔1〕 参见《从“城乡统筹”到“城乡融合”——专家在UP论坛上讨论乡村振兴》,载《国土资源》2017年第12期。

〔2〕 参见余江县政协:《变“要我改”为“我要改”——余江县全域推进农村“宅改”的有益探索》,载《江西政协报》2017年8月4日,第3版。

〔3〕 参见《从“城乡统筹”到“城乡融合”——专家在UP论坛上讨论乡村振兴》,载《国土资源》2017年第12期。

〔4〕 参见曾旭晖、郭晓鸣:《传统农区宅基地“三权分置”路径研究——基于江西省余江区和四川省泸县宅基地制度改革案例》,载《农业经济问题》2019年第6期。

〔5〕 参见王倩雅:《江西余江宅改“密码”中的改革艺术》,载《决策》2018年第10期。

到“建新村”的重大转变。[1] 在义乌市宅基地改革试点中,亦格外重视规划引领作用的充分发挥,统筹编制“1(镇区、城区) + X(中心村) + Y(保留村)”的村镇规划和“多规合一”的村庄发展规划,坚持“科学、合理、长远、高效”原则配置村域内各类资源要素,通过入市、出租等方式引入工商资本盘活闲置宅基地资源、发展乡村新产业和新业态,促进乡村生产、生活、生态的可持续发展,进而有力推动了乡村振兴。[2]

从整体来看,宅基地规划管理制度尚未健全,规划于包括流转在内的宅基地管理实践并未发挥应有的作用,缺乏规划、规划不科学、规划衔接不力等问题仍然存在,尤其是体现在村庄规划的滞后,进而导致宅基地布局分散杂乱、宅基地利用粗放低效、宅基地流转失序失范,并危及耕地资源的有效保护。[3] 因此,在宅基地使用权有限流转的推进中,充分发挥规划的引领作用须以科学制定宅基地利用规划为基本前提。第一,宅基地利用规划的制定须遵循“多规合一”的改革思路,做好规划衔接工作,尤其是要明确国土空间规划的统领定位。[4] 第二,宅基地利用规划的制定要遵循民主原则,尤其是要充分尊重农民意愿,切实反映农民的合理诉

---

〔1〕 参见王向阳:《超越“保障权”与“财产权”:宅基地改革的治理路径探析——基于江西“余江宅改”的案例分析》,载《理论与改革》2019 年第 5 期。

〔2〕 参见汪明进、赵兴泉、黄娟:《农村宅基地“三权分置”改革的经验与启示——基于浙江省义乌市的实践视角》,载《世界农业》2019 年第 8 期。

〔3〕 参见刘震宇、王崇敏:《我国农村宅基地管理的法治化构造》,载《当代法学》2016 年第 5 期。

〔4〕 为解决类型过多、内容重叠冲突,审批流程复杂、周期过长,地方规划朝令夕改等问题,2019 年 5 月中共中央、国务院印发《关于建立国土空间规划体系并监督实施的若干意见》,以推动“建立全国统一、责权清晰、科学高效的国土空间规划体系”,“发挥国土空间规划在国家规划体系中的基础性作用,为国家发展规划落地实施提供空间保障”。2019 年 5 月 28 日自然资源部印发《关于全面开展国土空间规划工作的通知》(自然资发〔2019〕87 号),该通知规定,要“按照自上而下、上下联动、压茬推进的原则,抓紧启动编制全国、省级、市县和乡镇国土空间规划(规划期至 2035 年,展望至 2050 年)”,“各地不再新编和报批主体功能区规划、土地利用总体规划、城镇体系规划、城市(镇)总体规划、海洋功能区划等”。

求。第三,宅基地利用规划的制定要坚持因地制宜,要紧密结合各地的实际情况,坚决杜绝“一刀切”。第四,宅基地利用规划的制定要服务于乡村振兴总体战略的实施,尤其要回应乡村产业兴旺需要;第五,宅基地利用规划的制定一定要秉持集约化利用理念,严控宅基地总量,切实解决宅基地资源闲置问题。[1] “以规为纲,重在落实。”在科学制定宅基地利用规划的基础上,还应当严格规划的执行落实、强化规划的刚性约束。规划落实的职责在于政府,但亦应充分发挥宅基地所有权人的监督作用。在余江区宅基地改革试点中,为确保规划的严格执行,在村民事务理事会成员中选定一名规划监督员,专门负责监督村庄规划执行工作,坚决杜绝“开天窗”建房及规划区外建房行为;有的村子还建立了建房履约保证金制度,建房申请人必须按规定交纳建房履约保证金,并按照规划和时间进度建房,否则履约保证金不予退还;此外,还加强了建房过程的监督管理,确保按规划要求进行施工,进而切实维护了规划的严肃性和权威性。[2] 需要强调的是,规划于宅基地管理的引领和管控是全方位的,包括宅基地使用权分配、利用、流转等方面,通过流转方式取得宅基地使用权的非本集体经济组织成员在利用宅基地时亦应遵循规划管理要求。

二、建立宅基地使用权流转辅助机制

(一)建立宅基地使用权流转促进机制

从本质上讲,宅基地使用权流转是一种市场行为,但是我国对宅基地

---

〔1〕 正如有研究者所指出的那样,控制宅基地总量不再增加是宅基地使用权流转和宅基地资源优化配置的前提条件,若宅基地供给的“龙头”控制不住,宅基地这个“水池”里的水量就可能不减反增,宅基地使用权流转和宅基地资源优化配置等改革将失去意义。参见李景国:《农村宅基地制度改革势在必行》,载《社会观察》2015 年第 3 期。

〔2〕 参见吕萍、赵祯:《宅基地制度改革的成效、意义和启示——基于江西余江调研的思考》,载《土地经济研究》2017 年第 2 期。

使用权流转一直秉持严格限制流转的态度，在流转市场建设、流转环境培育、流转机制建立等方面均处于严重滞后状态，农户自己寻找交易对象往往要承担较大的搜寻成本，农民私下缔结契约往往要支付较大的谈判成本，农户自发完成交易往往要面临较大的履约成本，其中，隐形流转所导致的系列问题就是典型例证之一。上述问题的存在是由市场机制的局限所决定的，市场机制作用的发挥须具备相应条件、环境的培育须经历必要过程，而在此方面，政府机制则有其比较优势。因此，政府有必要介入宅基地使用权流转过程中，通过建立健全相应机制以促进宅基地使用权的顺利流转、规范流转、高效流转，并最终实现保护农民财产权益、助力乡村建设的目的，这也是政府更好发挥其公共服务职能的必然要求。

1. 搭建宅基地使用权流转平台

与国有建设用地使用权流转不同，宅基地使用权流转已有实践是通过私下交易进行的，而缺乏规范的流转平台加以支撑，由此导致的后果就是，交易搜寻成本大、交易效率低、交易风险高。并且可以预见的是，对于多数农村地区，若无外部力量介入，很难自发形成完备的交易平台、成熟的流转市场，至少在短期内不具有可能。因此，政府应当积极推动宅基地使用权流转平台建设，政府不仅要主导交易场所及设施建设，而且应当提供信息发布、交易撮合、签约指导、政策咨询等服务，以改变宅基地使用权流转信息不对称、供需衔接不畅的问题，[1]降低交易双方在搜寻信息、发现价格、谈判缔约等方面的交易成本，提高交易效率、降低交易风险、维护交易安全。未来，可考虑探索建设城乡统一的土地交易市场，将宅基地使用权流转纳入国有建设用地使用权交易系统之中，建设城乡统一、开放有

---

〔1〕 参见张勇：《农村宅基地制度改革的内在逻辑、现实困境与路径选择——基于农民市民化与乡村振兴协同视角》，载《南京农业大学学报》（社会科学版）2018 年第 6 期。

序的建设用地使用权流转市场。

2. 给予宅基地使用权流转予以必要经济激励

实施宅基地使用权流转制度革新、推进宅基地使用权有限流转的意义重大，除有助于有效保护农民财产权益外，还有助于解决宅基地（使用权）资源的规模闲置、促进宅基地资源的优化配置，进而助力乡村振兴战略实施、推进城乡融合发展。因此，应予以必要经济激励进以促进宅基地使用权的更好流转，使宅基地使用权流转的经济社会价值得以更好彰显。此外，这一建议的必要性亦被实践证明。在义乌市宅基地改革试点实践中，为促进金融机构于宅基地使用权流转的参与，成立了1000万元的风险基金，通过分担交易风险以促进宅基地使用权的更好流转，取得了不错的经济社会效果。[1] 除建立流转风险基金这一方式外，为更好地促进宅基地使用权流转，还可授权地方政府依据本地实际情况和财力状况采取税费优惠、财政补贴等其他激励措施。总之，在宅基地使用权流转问题上，地方政府虽然不应成为直接主导者，但可以成为很好的激励者，[2] 通过设计科学的激励机制、创新有效的激励措施，协调利益分配、提高交易效率，进而促进宅基地使用权的有效流转。[3]

3. 促进宅基地使用权流转中介服务机构的发展

中介服务机构是促进宅基地使用权规范、高效流转的重要力量，其在流转信息采集、流转价格评估、契约缔结指导等方面都能够发挥重要作用。因此，政府应当通过政策激励，以积极推进中介服务机构和行业的更

---

〔1〕 参见胡振红、叶桦：《农村宅基地转让制度改革目标及总体方案研究》，载《贵州社会科学》2018年第4期。

〔2〕 参见张琴、王凯宇、赵丙奇：《农村宅基地流转中政府定位研究——基于利益相关者博弈分析》，载《宁波大学学报》（人文科学版）2018年第4期。

〔3〕 同上。

好发展，进而为宅基地使用权的顺利、高效流转提供重要支撑。

（二）建立宅基地使用权流转管理机制

从隐形流转所导致的系列问题可以知道，政府必须加强对宅基地使用权流转的管理；否则，极易失范，非但无法实现既定目标，而且会产生较严重的负面问题。此外，加强宅基地使用权流转管理也是政府的职责所在。因此，在实施宅基地使用权流转革新、推进宅基地使用权有限流转的过程中，还应当建立健全宅基地使用权流转管理机制。

1. 建立宅基地使用权流转价格管理机制

如前文所述，农民是否能够基于“理性经济人”角色而准确认知宅基地使用权流转风险、自主判断宅基地使用权流转后果并切实维护自身利益是自由流转说与禁止自由流转说争执的焦点之一，对这一理论假定或很难给出一个准确回答，但受信息占有、知识储备、议价能力、经济实力等因素所限，在面对其他社会主体，尤其是面对机构投资者时，农民在交易关系中处于劣势地位，突出表现为价格欺凌（诈），即宅基地使用权流转由居于优势地位的社会主体主导而致价格偏（畸）低，未能真实体现宅基地使用权的经济价值。由此决定，应当建立健全宅基地使用权流转价格管理机制，以实现宅基地使用权流转的公平交易、维护农民之于宅基地使用权的财产权益。此外，建立健全宅基地使用权流转价格管理机制也是规范流转市场秩序、维护社会公共利益的必然要求。

首先，应当建立宅基地使用权基准价格制度。土地基准价格制度并不是新事物，在国有建设用地（使用权）管理中已经实行了很多年。所谓土地基准价格，又称基准地价，是指在城镇规划区范围内，对不同级别的土地或者土地条件相当的均质地域，按照商业、居住、工业等用途而分别评估确定的国有建设用地使用权平均价格。国有建设用地（使用权）价格的确定须以基准地价为基础,该价格并不是一成不变的,会根据城市的发展状况和区域的成熟度而发生调整。作为国有建设用地(使用权)管理的重要举措,基准地价能够反映土地市场中地价总水平及变化趋势,能够为经济调控、税收管理等提供重要依据。在推进宅基地使用权有限流转中,建立宅基地使用权基准价格制度具有多重意义:能够防范宅基地使用权流转价格欺凌(诈),进而有助于保护农民合法权益;能够避免宅基地使用权流转价格畸高畸低,进而有助于维护正常交易秩序;能够确保宅基地使用权流转处于正常区间,进而有助于更好地进行经济调控。基准地价制度的重要价值亦被宅基地改革试点实践证明。例如,义乌市建立了全国首个宅基地(使用权)基准地价体系,全市宅基地分为九大均质区片,区片宅基地(使用权)基准价格在 2870 ~ 25,870 元/平方米。〔1〕这一基准地价体系为宅基地使用权的流转提供了价格基础,助力了宅基地改革试点的顺利推进。〔2〕宅基地使用权基准价格制度的构建应当借鉴国有建设用地(使用权)基准价格制度设计,核心规则是低于宅基地(使用权)基准价格的流转原则上归于无效;同时,与国有建设用地(使用权)基准价格制度设计不同的是,在流转价格低于基准价格时,应授予宅基地所属集体经济组织其他成员、作为宅基地所有权人的农民集体、宅基地所在地的基层政府以优先受让或优先回购权,三者的权利效力按顺序由强到弱。其中,集体经济组织基于所有权人身份通过行使优先回购权所获得宅基地使用权应当优先用于保障符合申请条件的本集体经济组织成员的用地需求,在此前提下,可用于乡村振兴战略实施需要。地方政府通过行使优先受

---

〔1〕参见胡振红、叶桦:《农村宅基地转让制度改革目标及总体方案研究》,载《贵州社会科学》2018 年第 4 期。

〔2〕参见叶剑锋、吴宇哲:《宅基地制度改革的风险与规避——义乌市“三权分置”的实践》,载《浙江工商大学学报》2018 年第 6 期。

让权所获得的宅基地使用权则应当用于乡村振兴战略实施需要。

其次,应当建立宅基地使用权流转成交价申报与公示制度。所谓宅基地使用权流转成交价申报与公示,是指宅基地使用权完成流转后,当事人(如流转继受人)应当将实际成交价向主管部门(如农业农村部门)如实申报,而主管部门应当将该成交价向社会公开(包括在宅基地使用权交易市场进行公开)。成交价申报与公示制度的主要意义在于,为宅基地使用权的顺利、有序流转提供价格依据,并为宅基地使用权流转的调控与管理提供数据支撑。

最后,应当建立宅基地使用权流转价格评估制度。作为宅基地使用权流转的重要环节,流转价格评估具有重要意义,其关乎宅基地使用权价值的客观、真实、准确反映,关系宅基地使用权流转当事人合法权益的有效保护与流转目的的顺利实现,关涉宅基地使用权流转的规范管理与宅基地(使用权)资源的优化配置。因此,建立健全宅基地使用权流转价格评估制度是促进宅基地使用权顺利、规范、高效流转的必然要求。从本质上讲,宅基地使用权流转价格评估是一种市场行为,应当遵循市场经济基本规律,由市场化的中介机构负责实施,但考虑宅基地使用权有限流转制度初建以及宅基地使用权流转问题的重要性,政府应当加强对宅基地使用权流转评估工作的指导并采取措施促进价格评估中介机构的发展,如制定准入规则、技术规程、管理规范等,以确保评估机构按照公正、公平、公开的原则开展价格评估工作。[1]

2. 宅基地使用权流转行为监督机制

在宅基地使用权应否予以扩大流转的论辩中,保守主张的重要论据

---

〔1〕 参见彭欣欣、陈美球、徐星璐:《农户对农村宅基地流转中投机的态度及其影响因素分析——基于238户农户的调研》,载《价值工程》2016年第6期。

为,一旦开禁宅基地使用权流转,将会导致资本投机行为(如囤积宅基地、利用宅基地进行房地产开发等)。这不仅影响农民权益的有效保护,而且可能造成包括危及耕地资源保护、影响社会秩序稳定等在内的系列负面后果。如果说对上述论据的确定性还存在严重认知分歧或者难以证实,但市场机制存在固有缺陷则早已被理论和实践证明。因信息偏在等缺陷的存在,市场机制会存在失灵问题,进而会影响其资源优化配置作用并造成经济运行效率的降低。[1] 此外,从微观市场运行来看,在宅基地使用权流转过程中,实力雄厚的社会主体(如用地企业)很可能会利用其信息占用、议价能力等优势,压低宅基地(使用权)流转价格以减少经济成本支出、获得商业价值最大化,造成处于劣势地位的个体农民利益受损,并可能会导致流转市场的无效率。[2] 因此,在宅基地使用权流转过程中,还应当建立健全流转行为监督机制,以规范宅基地使用权流转行为、维护宅基地使用权流转秩序、避免宅基地使用权流转失范、消除宅基地使用权流转风险。一方面,政府应当加大对宅基地使用权流转市场的监管,避免宅基地使用权流转中存在的社会福利损失、流转无效率等问题,促进宅基地使用权的有序、有效流转;[3]另一方面,农村集体经济组织定亦有权基于所有权人身份以及村规民约规对宅基地使用权流转行为予以监督,与政府基于法定职责的监督形成合力,以有效维护宅基地使用权流转市场秩序。

(三)建立流转收益分配与利用机制

1. 合理分配宅基地使用权流转收益

于宅基地使用权流转而言,流转收益分配问题至关重要,实现流转收

[1] 参见张琴、王凯宇、赵丙奇:《农村宅基地流转中政府定位研究——基于利益相关者博弈分析》,载《宁波大学学报》(人文科学版)2018年第4期。

[2] 同上。

[3] 同上。

益的合理分配是推进宅基地使用权流转的初衷所在和强大动力,而完善的流转收益分配机制则是确保宅基地使用权有序、高效、持续流转的制度性基础。隐形流转所诱发的利益分配失序现象及连锁反应则从反方面印证了宅基地使用权流转收益分配问题的重要性。在宅基地使用权隐形流转中,流转收益基本上为作为宅基地使用权人的转出方所独享,由此易造成严重社会不公、引发社会矛盾;其中,宅基地(使用权)规模持有人(以“一户多宅”为典型)私下交易其宅基地使用权并独享流转收益所带来的负面后果最严重。在推进宅基地使用权有限流转中,流转收益分配的一个基本原则就是秉持利益均衡保护理念兼顾个体农民、农民集体、政府等相关主体的合理利益。

(1)保护作为宅基地使用权转出方的个体农民的流转收益分配权。切实保护个体农民的收益分配权是宅基地使用权流转收益分配所需遵循的首要原则,是宅基地使用权流转的直接目的所在,是促进宅基地使用权顺利、高效流转的关键所在。首先,需要明确的是,在宅基地(使用权)及其地上农房一并流转时,应当区分农房流转收益和宅基地使用权流转收益。农房系个体农民所拥有的私有财产,农房流转收益应当由个体农民独享;宅基地使用权流转收益可由个体农民与其他利益相关者公平分享,但作为宅基地使用权人的个体农民应当获得收益的主要份额。[1] 此外,还要依据宅基地使用权取得方式的不同而予以区别对待。农民将其无偿分配取得的宅基地使用权用于流转所获得的收益应当由个体农民与其他利益相关者公平分享,而农民基于有偿(包括初始取得和继受取得两种情

〔1〕 参见贺日开:《我国农村宅基地使用权流转的困境与出路》,载《江苏社会科学》2014 年第 6 期;向叶生:《农村宅基地使用权流转制度的法律探讨》,载《湖北经济学院学报》2014 年第 6 期。

况）或其他原因（如宅基地为农业合作化前所拥有且在新中国成立后被确认为个体农民所有的）所取得的宅基地使用权在进行流转时，所获得收益应当由个体农民独享。

（2）保护作为宅基地所有权人的农民集体的流转收益分配权。给予农民集体以合理收益分配是宅基地使用权流转收益分配的重点所在，其原因在于，受人格化代表缺失所限，作为农地所有权人的农民集体长期处于“虚位”状态，收益、处分等权能未能得以有效彰显，体现在宅基地使用权流转问题上，就表现为在流转收益分配上未能给予农民集体以应有对待，造成集体土地收益流失并诱发社会公正底线受损、农地集体所有制动摇的严重后果。在宅基地使用权有限流转的推进过程中，要对农民集体的权益予以应有保护、要在流转收益分配上给予其合理对待。保护农民集体流转收益分配权的关键在于，要妥适界定个体农民与农民集体的利益分配，实现二者利益的均衡保护。对于该问题的解决要秉持自治与法治相结合的原则，即个体农民与农民集体于流转收益的具体分配比例原则上交由农民集体经济组织通过民主方式予以确定，但为避免“少数服从多数”方式的简单适用，法律（主要是指地方性法规）应当对分配比例在大致范围上予以相应规定，以避免个体农民利益遭受不当侵害。同时，地方政府应当对个体农民与农民集体流转收益分配比例的具体确定予以必要指导。此外，农民集体基于宅基地所有权人身份所获得的宅基地使用权流转收益应当做到“取之于地，用之于民”。

（3）保护作为经济管理者的政府的流转收益分配权。如果说农民集体基于所有权人身份参与分配是宅基地使用权流转收益分配的重点所在，那么政府基于经济管理者身份参与分配则是宅基地使用权流转收益分配的难点所在，突出表现为对政府有无资格参与宅基地使用权流转收益分配这一前提性问题还存在不同认识。持否定观点的研究者认为,政府不具有参与流转收益分配的主体资格,其原因在于,政府并非宅基地的所有权主体或使用权主体,若允许政府参与流转收益分配将导致宅基地使用权流转制度蜕变为政府攫取利益的手段。[1] 持肯定观点的研究者则认为,政府有权分享宅基地使用权流转收益,其原因包括:宅基地使用权流转收益中包含土地资源利益部分,政府是土地资源利益的代表者;[2] 在宅基地使用权流转中,政府提供了必要的公共产品和服务,尤其是通过对基础设施的投资使宅基地(使用权)实现了增值;[3] 分配与政府以合理流转收益也是确保公共产品和服务得以持续提供的重要保障。[4] 在改革实践中,亦存在不同操作模式。《成都市集体建设用地使用权流转管理暂行办法》第33条第3款规定:“农户房屋(含宅基地)转让的,转让收益大部分归农户所有,县、乡政府可按一定比例,从流转收益中提取为城乡统筹配套建设的资金,用于农业农村发展,具体比例由区(市)县研究确定。”[5] 从该规定来看,成都市改革实践对政府于宅基地使用权流转收

〔1〕 参见贺日开:《我国农村宅基地使用权流转的困境与出路》,载《江苏社会科学》2014年第6期。

〔2〕 正如有研究者所指出的那样,“来源于土地的资源利益,属于社会成员共同利益,只能由国家或者政府以土地‘信托人’的名义取走,并用于社会公共目的,或者由社会成员共同分享”。参见刘俊:《土地所有权国家独占研究》,法律出版社2008年版,第333页。

〔3〕 参见向叶生:《农村宅基地使用权流转制度的法律探讨》,载《湖北经济学院学报》2014年第6期;周倩:《我国农村宅基地使用权流转制度创新研究》,载《农业经济》2017年第7期;杨雅婷、陈薇舒:《宅基地使用权流转改革思路——以新生代农民工市民化为背景》,载《中国房地产》2016年第30期;张子任:《宅基地使用权流转的法律思考》,载《经济研究导刊》2010年第7期;唐自政、孔峰:《论现行我国农村宅基地流转法律制度的完善》,载《长春理工大学学报》2011年第2期。

〔4〕 参见夏克勤:《宅基地流转改革的价值趋向与改革路径》,载《江西社会科学》2016年第9期。

〔5〕 参见《成都市国土资源局关于印发〈成都市集体建设用地使用权流转管理暂行办法〉的通知》(国土资发〔2008〕124),载成都市人民政府网:http://gk.chengdu.gov.cn/govInfoPub/detail.action?id=17583&tn=6,最后访问日期:2020年6月30日。

益的分配权予以肯认,但重庆市改革实践则对政府流转收益分配权持不同态度。例如,《重庆农村土地交易所管理暂行办法》第 31 条规定:"农村宅基地使用权交易收益,原则上大部分归农民家庭所有,小部分归农村集体经济组织所有,具体分配比例由农民家庭和农村集体经济组织协商确定。"[1]综合分析,应当确认政府于宅基地使用权流转收益的分配权,这主要是基于公权基础的判断而非私权依据的推理,即政府可以按照法律法规规定以税费方式参与宅基地使用权流转收益的分配。[2] 但是,需要指出的是,在宅基地使用权流转收益分配问题上,政府应当尽力做到让利于民,尤其是在宅基地使用权流转之初,可考虑通过税费减免方式暂不参与流转收益分配,[3]以更好地促进宅基地使用权流转。

2. 合理利用宅基地使用权流转集体收益

如上文所述,在宅基地使用权有限流转中,给予农民集体以合理流转收益分配是落实集体土地所有权、维护宅基地所有者收益权能的应有之义,是避免宅基地使用权流转分配失范、实现利益均衡保护的重点所在。但是,仅完成这一步还不足以确保公平价值目标的贯彻落实,还不足以规避由宅基地使用权流转所可能引发的公平忧虑和风险防范,还应当对集体收益利用问题予以妥适规制。一方面,在程序上,应当比照征地补偿费

---

[1] 参见《重庆农村土地交易所管理暂行办法》(渝府发〔2008〕127),载中央人民政府网:http://www.gov.cn/gzdt/2008-12/10/content_1173675.htm,最后访问日期:2020 年 6 月 30 日。

[2] 参见张琴、王凯宇、赵丙奇:《农村宅基地流转中政府定位研究——基于利益相关者博弈分析》,载《宁波大学学报》(人文科学版)2018 年第 4 期;李文谦、董祚继:《质疑限制农村宅基地流转的正当性——兼论宅基地流转试验的初步构想》,载《中国土地科学》2009 年第 3 期;李凌:《规范农村宅基地使用权流转探析》,载《江西农业学报》2009 年第 7 期。

[3] 鉴于部分地方政府财政收入有限、财政支出压力较大,在税费减免方面,中央政府或可承担更多责任,即主要减免归属中央财政的税费收入。

的使用规则，[1]以法律的形式明确规定，经村民会议讨论决定后，方可对宅基地使用权集体流转收益进行利用，并应做到公开公正，接受政府和集体经济组织全体成员的监督。另一方面，在范围上，应当秉持“严”字理念，对流转集体收益利用范围予以严格限制，这是合理利用宅基地使用权流转集体收益的关键所在。之所以要严格限制宅基地使用权流转集体收益利用范围，主要是基于农村治理现有水平的考虑。从整体上看，农村治理水平较改革开放之初已经有了显著进步，但受区域发展差距大、实际情况复杂等因素影响，在部分地区，农村治理水平还有待提高，农村治理问题还较为突出。因此，为避免“一放就乱”，为防范权力“寻租”等问题的产生，对集体流转收益的利用范围应当予以必要限制。此外，随着近年来城市“反哺”农村力度的加大，在很多农村地区，环境卫生等公共支出已经由政府财政予以保障，集体收入支出的范围已经大大限缩，扩大集体流转收益利用范围的意义已经不大。那么，集体流转收益可以用于哪些支出范围呢？农村社会保障支出或应当成为第一选项。首先，这是由农村社会保障的重要价值决定的。作为社会秩序的“稳定器”和市场风险的“减压阀”，[2]社会保障制度关乎民生福祉，关涉经济社会持续健康发展。但受城乡二元体制影响，农村社会保障制度建设在很长一段时间内发展较为缓慢，由此导致农村社会保障水平低于城市，包括宅基地在内的农村土地“被动”承载社会保障功能。因此，很多研究者基于对农村社会保障水

[1] 征地补偿费关乎农民集体和农民个体的切身利益，其使用和分配一直是农村社会治理中的重点和难点，征地补偿费使用不合理、分配不公平往往会诱发纠纷、产生矛盾，进而影响农村社会稳定。为规范征地补偿费使用和分配程序，2010 年 10 月 28 日第十一届全国人民代表大会常务委员会第十七次会议修订通过的《村民委员会组织法》第 24 条明确规定，“征地补偿费的使用、分配方案”，“经村民会议讨论决定方可办理”。2018 年 12 月 29 日第十三届全国人民代表大会常务委员会第七次会议修正通过的《村民委员会组织法》因循了这一立法例。

[2] 参见朱新华：《农村宅基地制度创新与理论解释——江苏省江都市的实证研究》，载《中国人口 · 资源与环境》2012 年第 3 期。

平的考察、对宅基地使用权流转风险的担忧而对流转持否定或谨慎态度。正如有的研究者所指出的那样，在农村社会保障制度尚未完善的情况下，推行宅基地（使用权）自由流转存在较大风险，有可能导致部分农民失去安身立命之所。[1] 很多研究者认为，宅基地使用权能否（自由）流转的关键在于农村社会保障体系是否健全，[2]唯有构建城乡一元社会保障机制、完善农村社会保障制度、加大农村社会保障资金投入、剔除宅基地所承载的社会保障功能，使农民真正从土地中解放出来，宅基地使用权方可流转。[3] 作为重要的社会公共产品之一，社会保障之责在于政府，无论从何种角度考虑，政府都应当高度重视农村社会保障体系的建设，充分发挥社会保障职能，通过持续增加农村社会保障的财政资金投入以提高农村社会保障的水平。[4] 但是，由农村社会保障资金投入规模巨大且政府（主要是指地方政府）财力相对不足的现实情况所决定，农村社会保障水平的提高尚需政府、农村集体经济组织、农民三方合理分工、协同发力。例如，2009 年 9 月发布的《国务院关于开展新型农村社会养老保险试点的指导意见》就明确规定"新农保基金由个人缴费、集体补助、政府补贴构

[1] 参见尚晓光：《我国宅基地使用权流转现状及制度完善》，载《鸡西大学学报》2015 年第 12 期；周国平、徐诤、王丹：《农村宅基地流转的风险防范》，载《科学发展》2013 年第 11 期。

[2] 参见严海涛：《农村宅基地制度现状与改革探讨》，载《甘肃农业》2015 年第 21 期；王庆、周安平：《农村宅基地使用权流转在建设新农村形势下存在的问题及对策研究——结合物权法的相关条文分析》，2008 年全国土地资源可持续利用与新农村建设学术研讨会论文，重庆 2008 年 7 月，第 86 ~ 93 页。

[3] 参见周中举：《城乡统筹综合配套改革视野下的宅基地使用权流转——兼评〈重庆市农村土地交易所暂行管理办法〉》，载《中国不动产法研究》2009 年第 1 期；尚晓光：《我国宅基地使用权流转现状及制度完善》，载《鸡西大学学报》2015 年第 12 期；贺日开：《我国农村宅基地使用权流转的困境与出路》，载《江苏社会科学》2014 年第 6 期；贺卫东：《我国宅基地使用权流转法律问题探析》，载《菏泽学院学报》2013 年第 4 期；林绍珍、廖桂荣：《我国农村宅基地使用权流转机制研究》，载《东南学术》2014 年第 5 期。

[4] 参见刘广明：《农地抵押融资功能实现法律制度研究》，人民出版社 2016 年版，第 202 页。

成”。但是，在很多农村地区，由农村集体经济基础薄弱、农村集体经济收入不足所致，集体于农村社会保障的投入少之又少，对农村社会保障的贡献可忽略不计。鉴于此，《国务院关于开展新型农村社会养老保险试点的指导意见》对“集体补助”的投入进行了“柔性”而非“刚性”的规定，即“有条件的村集体应当对参保人缴费给予补助”。综上所述，由农村社会保障的重要意义，尤其是对宅基地使用权流转的决定性影响，以及农村集体于农村社会保障投入不足的客观现实所决定，宅基地使用权流转集体收入应当主要用于农村社会保障支出，通过完善农村社会保障制度体系、提高农村社会保障水平为宅基地使用权流转的顺利推进奠定坚实基础。

后　记

本书为作者承担的2019年度河北省社会科学基金项目“三权分置视阈下宅基地使用权流转研究”（项目批准号：HB19FX018）之最终研究成果。

行文至此，感慨颇多！感慨于承载着快乐童年时光的祖屋，日渐破败并最终坍塌；感慨于繁华与凋零景象并存的故乡，村外新宅林立，村内断壁残垣；感慨于儿时玩伴的“无奈”，在老家耗费大量资财建设的小洋楼长期空置，在城里一家人又不得不挤在逼仄的筒子楼内辛劳生活。而更感慨的是自己行动力的不足，“想法多、落实少”，对问题的思考浅尝辄止，对思考的落实更是踟蹰不前，于宅基地问题的研究就是典型例证。早在西南政法大学读研期间，自己就因成长经历而喜欢上了包括宅基地在内的农村土地法制研究领域，并完成了自己的科研处子作——《农村宅基地的法理思考与制度完善》，该文更是有幸发表于李昌麒先生主编的《经济法论坛》（第2卷）（由群众出版社于2004年出版）。时光如白驹过隙，今日再读该文，透过稚嫩的文笔尚能感受到彼时如“初生牛犊”般的热情与勇气，摩挲皱褶的纸张尚能回忆起成文发表后的激动与欢愉，在此再次感谢西南政法大学经济法学科各位老师的指导与帮助！毕业多年后，虽也发表过以《“双轨”运行：城镇化进程中农村宅基地（使用权）制度解困的可行解》等文为代表的相关成果，但研究并未连续，思考仍是零散。

2018 年 2 月 4 日，《中共中央、国务院关于实施乡村振兴战略的意见》发布，该意见以专题形式对“深化农村土地制度改革”进行了系统性规定，并明确提出，要“探索宅基地所有权、资格权、使用权‘三权分置’，落实宅基地集体所有权，保障宅基地农户资格权和农民房屋财产权，适度放活宅基地和农民房屋使用权”。宅基地“三权分置”方略的提出为宅基地制度改革指明了方向，也重燃了自己于宅基地问题的研究热情，遂以“三权分置视阈下宅基地使用权流转研究”为题申报河北省社会科学基金项目并成功获批。在热情激励和任务压力下，再续宅基地问题研究之路，用两年时间完成书稿，以期对所思所想做一整理与总结。但是，此时的心情更多的是惶恐，虽然对宅基地问题早有关注、有所思考，在课题研究过程亦付出了不少心血与精力，但受个人能力所限，就这一问题所作探究仍不够深入，有待进一步学习和思考予以完善。于此，敬请读者、学界前辈与同仁、相关实务专家不吝批评指正！

刘广明

2021 年 1 月